Elainne Ourives

DNA DO DINHEIRO

Aprenda a ativar o DNA da Prosperidade, através da fórmula secreta que transforma sonhos em riqueza, e alinhe sua frequência vibracional com a abundância!

BUZZ

© Elainne Ourives, 2024
© Buzz Editora, 2024

As marcas registradas Algoritmo da Cocriação®, Alquimista da Riqueza®, Alta Frequência®, Assinatura Vibracional®, Áudio Frequência Hertz®, Brilhonário®, Cocriação®, Cocriação de Riqueza®, Cocriador de Tudo®, Cocriador Quântico®, Códigos Norm®, Cocriador Milionário®, DNA Milionário®, DNA da Cocriação®, DNA Revelado das Emoções®, DNA Cura Quântica®, DNA Healing®, Duplo Quântico®, Elixir Hertz®, Emosentizar®, Emosentizar Quântico®, Eu Holográfico®, Frequência Vibracional®, Hertz Quântico®, HertzFlix.TV®, Hertz Therapy®, Hertztesia®, Holoaformações®, Holo Cocriação®, Holofractometria®, Holo Painel®, Holoterapeuta®, Jump Meta Matrix®, Lei da Atração Quântica®, Matriz Holográfica®, Meta Cocriação®, NeuroCrenças®, Ourives Quantum Hertz®, ResetMental4D®, Técnica Hertz® e Unoholograma® são **propriedades exclusivas** de Elainne Ourives. Todos os direitos reservados. Qualquer uso não autorizado é proibido.

PUBLISHER Anderson Cavalcante
CORDENADORA EDITORIAL Diana Szylit e Jaqueline Bresolin
EDITOR-ASSISTENTE Nestor Turano Jr.
ANALISTA EDITORIAL Érika Tamashiro
ESTAGIÁRIA EDITORIAL Beatriz Furtado
CONTEÚDO Kédma Lucia Silva
PREPARAÇÃO Amanda Di Giorgio, Kelly Coelho Brasil e Maísa Kawata
REVISÃO Daniela Franco, Bárbara Waida, Paula Queiroz e Soraya Maia
PROJETO GRÁFICO Equatorium Design
DESIGN DE CAPA Anderson Junqueira e Valeska Pavoski
IMAGENS DE MIOLO Reprodução/ Adobe Stock (exceto quando indicado na própria imagem)

Nesta edição, respeitou-se o novo Acordo Ortográfico da Língua Portuguesa.

Dados Internacionais de Catalogação na Publicação (CIP)
(Câmara Brasileira do Livro, SP, Brasil)

Ourives, Elainne
    DNA do dinheiro: Aprenda a ativar o DNA da Prosperidade, através da fórmula secreta que transforma sonhos em riqueza, e alinhe sua frequência vibracional com a abundância! / Elainne Ourives. — 1ª ed. — São Paulo : Buzz Editora, 2024.

    ISBN 978-65-5393-386-6

    1. Abundância 2. Constelação sistêmica familiar 3. Dinheiro 4. Finanças 5. Física quântica 6. Prosperidade 7. Riqueza 8. Sucesso 9. Vibração
I. Título.
24-234787   CDD-158.2

Índice para catálogo sistemático:
1. Prosperidade : Saberes sistêmicos : Psicologia 158.2
Eliete Marques da Silva – Bibliotecária – CRB-8/9380

Todos os direitos reservados à:
Buzz Editora Ltda.
Av. Paulista, 726, Mezanino
CEP 01310-100, São Paulo, SP
[55 11] 4171 2317
www.buzzeditora.com.br

SUMÁRIO

AGRADECIMENTOS **7**

APRESENTAÇÃO **9**

INTRODUÇÃO: Autoridade — Como tudo começou **11**

CAPÍTULO 1: A consciência do dinheiro **19**

CAPÍTULO 2: Frequência vibracional do dinheiro **31**

CAPÍTULO 3: Como funciona a holo cocriação de dinheiro e riqueza **60**

CAPÍTULO 4: Holo cocriação de dinheiro sob a perspectiva da física quântica **69**

CAPÍTULO 5: Holo cocriação de dinheiro sob a perspectiva das neurociências **93**

CAPÍTULO 6: Holo cocriação de dinheiro sob a perspectiva das constelações familiares **112**

CAPÍTULO 7: Holo cocriação de dinheiro sob a perspectiva das leis universais **124**

CAPÍTULO 8: Crenças limitantes **143**

CAPÍTULO 9: Principais sabotadores da cocriação de dinheiro **178**

CAPÍTULO 10: *Mindset* de abundância e riqueza **190**

CAPÍTULO 11: Autoimagem de riqueza e sucesso **204**

CAPÍTULO 12: Arquétipos de comportamentos em relação ao dinheiro **219**

CAPÍTULO 13: Princípios, segredos e ações para cocriação da riqueza **225**

CAPÍTULO 14: Dinheiro é energia **258**

CAPÍTULO 15: As chaves do dinheiro **263**

CONCLUSÃO **274**

APÊNDICE **276**

AGRADECIMENTOS

Escrever este livro foi uma jornada intensa de amor, dedicação e transformação — e uma realização que só foi possível com o apoio e a presença de pessoas muito especiais que me inspiraram a cada página.

Primeiro, agradeço aos meus filhos, **Julia, Arthur e Laura**. Vocês são o motivo pelo qual escolho evoluir todos os dias, a centelha que ilumina o meu caminho e o propósito da minha vida. Cada sorriso, cada vitória e até mesmo os desafios compartilhados com vocês são a força que me leva a buscar o impossível e acreditar no que parece inatingível. Este livro é para vocês e pelo exemplo que quero deixar de que a prosperidade é uma jornada de fé, amor e coragem.

Ao meu amor, **Diego Coelho**, que tem sido meu pilar de força e serenidade, meu companheiro em todos os momentos, especialmente nas horas em que me perdi nos meus próprios pensamentos e desafios. Obrigada por acreditar em mim e na nossa visão, por trazer leveza e um brilho único ao meu dia. Você é o reflexo de tudo o que prego e da abundância que sempre soube que estava à nossa espera.

À minha sócia e amiga **Jaqueline Bresolin**, por estar ao meu lado desde o início, compartilhando o mesmo sonho e a visão de transformar vidas. Somos cúmplices de um propósito grandioso, e não há nada mais precioso do que ver nosso trabalho crescer e impactar tantas pessoas ao redor do mundo. Obrigada pela confiança, lealdade e parceria.

Agradeço especialmente à minha equipe, que é a extensão das minhas mãos e do meu coração. **Kédma Lucia Silva e Kelly Brasil**, que estiveram comigo na construção deste conteúdo com uma dedicação indescritível. Vocês são as artesãs deste projeto, cada palavra e ideia que transmito aqui carrega o toque de vocês. Sem o amor e comprometimento de cada um na equipe, este sonho não seria possível. Vocês são a força invisível que sustenta o nosso propósito.

Agradeço a todos os meus mais de 300 mil alunos que acompanham minha jornada até aqui. Absolutamente todos os projetos que desenvolvo são pensados e desenhados especialmente para vocês. Analisando suas dores, seus desejos, suas ambições e o que pode ajudar ainda mais no seu despertar de consciência.

Já são mais de 15 milhões de livros vendidos, 9 best-sellers, meu coração transborda de alegria e emoção ao receber tanto carinho dos meus alunos, leitores, seguidores. Sou imensamente grata pela confiança e por permitir que minha mensagem entre em suas casas, reverbere em suas famílias e transforme suas vidas.

E a você, querido leitor. Por estar aqui, por dedicar seu tempo a esta leitura, eu sou imensamente grata. Este livro foi escrito para você, que sente em seu coração o chamado para a mudança, que busca a verdadeira liberdade financeira e emocional. O universo nos conecta por um propósito maior, e é por isso que você está aqui, pronto para acessar o seu próprio DNA da prosperidade e descobrir o poder que sempre esteve em você.

Cada página que você lê o deixa um passo mais perto de uma nova realidade, uma nova história e um novo destino. Que este seja o primeiro de muitos encontros, que juntos possamos cocriar um mundo de abundância, paz e plenitude.

Com todo o meu amor e gratidão,
Elainne Ourives

APRESENTAÇÃO

Após anos estudando sobre a relação que temos com o dinheiro, resolvi criar um guia eficaz e abrangente que mostra como despertar a cocriação, ou seja, como desenvolver seu magnetismo e atrair a prosperidade financeira. Este material que você tem em mãos tem formato e parece apenas um livro, mas na verdade é uma enciclopédia, uma biblioteca inteira, pois é o resultado de todo o conhecimento que obtive ao investir mais de 1 milhão de reais em cursos e treinamentos. É a sistematização e compilação de quase trinta anos de estudos, pesquisas e experiências pessoais sobre reprogramação mental e vibracional para o desenvolvimento da cocriação consciente da realidade.

Pode parecer que esta será apenas mais uma leitura comum, mas garanto que você está começando uma linda e extraordinária jornada de autoconhecimento, cura e transformação que o levará para a vida de prosperidade, abundância, liberdade, sucesso e riqueza que você deseja há tanto tempo, mas que até agora foi apenas um sonho distante, que lhe parece impossível de realizar.

Talvez ache que ser rico é um sonho distante, impossível de ser realizado, porém, este livro o levará a descobrir todos os segredos da cocriação consciente de dinheiro e riqueza, e tudo de forma muito bem fundamentada por conhecimentos da frequência vibracional, da física quântica, das neurociências, das leis cósmicas universais e da constelação familiar e sistêmica.

Você entenderá como se meteu na confusão em que se encontra agora, como criou o caos financeiro que afeta tão negativamente a sua saúde, a sua família e os seus relacionamentos. E, mais importante, aprenderá a reverter essa situação, a interromper o círculo vicioso da escassez e a começar a manifestar a abundância.

Não importa onde está agora, se está bem no meio do caos, no fundo do poço, vivenciando pobreza, escassez e fracasso; tampouco importa de onde vem, sua origem, as tragédias e os traumas da sua infância, seu histórico de crenças limitantes. Nada disso importa.

O que importa é o que deseja conquistar a partir de agora. Ah, eu sei que almeja o sucesso e a riqueza! Pois, confie em mim e me acompanhe durante todo este livro: conheço muito bem o caminho e vou mostrar como você pode trilhá-lo. Porém, já aviso que só posso fazer essa jornada *com* você, não posso percorrê-la *por* você, o que significa que terá que fazer algumas escolhas e agir para cocriar os seus sonhos de riqueza.

Você está pronto? Está pronto para deixar seu passado para trás e ressignificar sua história? Está pronto para sair da zona de conforto e fazer o que precisa ser feito para chegar ao sucesso? Está pronto para desapegar do seu lixo emocional, das suas mágoas, dos seus ressentimentos? Está pronto para assumir total responsabilidade por sua vida e o comando do seu destino? Está pronto para deixar de ser uma vítima de sua história e se tornar um cocriador da realidade?

Não é fácil.

Não é mágica.

Não vai acontecer da noite para o dia.

Mas é possível.

Eu consegui.

Milhares de alunos meus também conseguiram.

Você também consegue!

Tenho certeza de que você tem toda a força necessária para cocriar a vida que deseja, basta estar firme em seu propósito e me aceitar nessa jornada.

Vamos em frente?

INTRODUÇÃO

Autoridade — Como tudo começou

Há pouco menos de dez anos, eu me encontrava em um estado de miséria e escassez em todos os pilares da minha vida: estava sozinha, com três crianças para cuidar; estava doente, com depressão suicida e sem dinheiro para comprar medicação; meu filho Arthur estava gravemente doente, passando por várias cirurgias e internações; estava falida, com quase 1 milhão de reais em dívidas; sem casa para viver com a minha família, eu e meus filhos morávamos no meu escritório. Minha geladeira e armários estavam sempre vazios, e mal tinha como alimentar meus filhos, muito menos eu mesma; perdi a conta de quantas noites fui dormir com fome e, mesmo sem me alimentar bem, estava muito acima do peso por conta das minhas questões emocionais: morria de vergonha do meu corpo e meu rosto estava deformado por causa de um procedimento estético malfeito, que resultou em paralisia facial.

Todas as noites eu ia dormir desejando não acordar na manhã seguinte. Até ensinei meus filhos a telefonarem para o pai deles caso "a mamãe não acordasse". Mas, no dia seguinte, ao acordar, eu chorava compulsivamente e me autoflagelava por ainda estar viva, em uma tentativa de que a dor do corpo pudesse aliviar a dor da alma.

Minha autoestima estava destruída; me considerando uma completa fracassada, sentia muita raiva e ódio de mim e, até mesmo, de Deus, porque não conseguia entender por que Ele parecia ter me abandonado em meio a tanto sofrimento, apesar de eu sempre ter sido uma pessoa boa, justa e honesta. Naquela altura, se existisse um prêmio para a "vítima do ano", certamente o teria ganhado. Eu era pura lamentação.

Em poucas palavras, estava abaixo do fundo do poço, falida em todos os níveis, como empresária, mãe, mulher e pessoa. Acreditava que a única solução para pôr fim ao sofrimento era a morte e, de fato, tentei o suicídio algumas vezes... felizmente, até nisso fracassei.

Enquanto no meu mundo interno de pensamentos e emoções negativos, e entre as quatro paredes do escritório, onde morava, vivia um pesadelo angustiante que parecia não ter fim, no mundo externo, mantinha as aparências e seguia trabalhando, fazendo atendimentos individuais como terapeuta, e palestrando pelo Brasil como se tudo estivesse normal; afinal, o dinheiro que ganhava com esse trabalho era o que me permitia sobreviver e alimentar meus filhos.

Paralelamente, de forma ainda muito tímida e com recursos tecnológicos precários, abri meu canal no YouTube, "Elainne Ourives", oferecendo conteúdo gratuito sobre o conhecimento teórico de cocriação da realidade que eu já tinha acumulado, embora ainda não o tivesse cocriado.

Você pode até achar que, por isso, eu não tinha autoridade para ter um canal sobre o assunto. De fato, isso não deixa de ter certa verdade, afinal, ainda não havia chegado ao tão sonhado sucesso, mas já tinha todo o conhecimento teórico e, por isso, em todos os momentos fui verdadeira, seguindo meu propósito de transmitir meu conhecimento, o qual já dominava com excelência. Pesquiso sobre os poderes da mente desde os meus dezesseis anos; desde então, li e estudei mais de 2 mil livros sobre o assunto e fiz diversos cursos, oficinas e treinamentos. Porém, tinha consciência de que todo o conhecimento que eu havia adquirido até ali não valeria muita coisa se eu não conseguisse aplicá-lo em minha própria vida. O canal no YouTube foi só o primeiro, e tímido, passo. Deu muito certo. E, com o objetivo de ser cada vez mais leal aos seguidores do canal, coloquei em prática todos os meus ensinamentos. Fui a cobaia de meu próprio experimento: coloquei em prática todo o meu conhecimento em mim.

Afinal, caso não tivesse cocriado tantas transformações incríveis para mim, não só no pilar das finanças, mas em todos os pilares da minha vida (saúde, beleza, família, amor, lazer, sucesso profissional, desenvolvimento pessoal e aprimoramento espiritual), eu até poderia reproduzir e ensinar o que aprendi, mas seria um mero "papagaio" ou uma atriz interpretando um papel, não teria a legitimidade que tenho atualmente.

O que faço questão de que você entenda é que minha autoridade sobre como cocriar não apenas dinheiro, mas tudo o que desejar, decorre, sim, da enorme bagagem de conhecimento teórico que possuo, mas, sobretudo, está fundamentada na minha experiência pessoal: sou capaz de guiar você no caminho da cocriação de riqueza porque eu mesma trilhei esse caminho, conheço bem cada obstáculo, cada desafio, e superei todos.

Atualmente, tenho certeza de que Deus, o Criador, nunca me abandonou. A verdade é que Ele sempre me guiou, pois mesmo com tanto sofrimento e desespero pelos quais eu estava passando, ainda tinha uma faísca de fé em meu coração que me fazia continuar estudando e pesquisando, em busca da minha transformação, da minha cura e da realidade abundante que desejava para mim e meus filhos.

Ironicamente, em muitas das manhãs nas quais chorava por ter acordado viva, depois de me recompor para focar o trabalho, encontrava mensagens lindas de agradecimentos de seguidores tão aflitos quanto eu, que diziam estar prestes a cometer suicídio, mas que meu conteúdo os impediu, dando-lhes esperanças. Eu os ajudava, e eles me ajudavam mais ainda.

Cada vez mais frequentemente também recebia retornos positivos tanto dos meus clientes de consultório quanto dos participantes das minhas palestras, os quais relatavam que, com minhas orientações, tinham conseguido mudar, transformar, curar e realizar cocriações magníficas.

Por um tempo, não entendia o que estava acontecendo — como era possível tantas pessoas estarem se beneficiando do meu conhecimento, obtendo resultados espetaculares, enquanto eu continuava na depressão, na escassez, na pobreza, no sofrimento e no desespero?

Isso me deixava intrigada, precisava compreender por que eles conseguiam, mas eu não. Até que finalmente desvendei o mistério: meus clientes, seguidores e ouvintes tinham sucesso em suas cocriações porque não apenas ouviam o que eu dizia, mas colocavam em prática, efetivamente vivenciavam aquilo que eu apenas sabia teoricamente.

Agora parece óbvio e simples, mas naquela altura isso foi uma revelação avassaladora, pois achava que estava fazendo tudo certo: meditava regularmente e praticava dezenas de técnicas de afirmações positivas, ou seja, tinha certeza absoluta de que fazia tudo que era possível, e fazia tudo muito certo. E se as coisas não funcionavam para mim, o problema não era eu.

Estava muito enganada. Tudo bem que tentava pensar positivamente, verbalizava afirmações positivas e praticava várias técnicas que consumiam algumas horas do meu dia, porém não sentia e não agia com coerência em relação a toda essa positividade.

Praticando a auto-observação, percebi que, embora passasse uma ou duas horas pela manhã e pela noite pensando e verbalizando coisas positivas e, no momento da prática das técnicas, me sentisse bem, no restante do meu dia, quando precisava interagir com o mundo exterior cheio de problemas, eu pensava, sentia e agia de maneira totalmente diferente. Fora dos momentos em que usava as técnicas, eu era muito negativa, disfuncional e autodestrutiva, totalmente incompatível com os desejos que projetava nos momentos de meditação.

Por exemplo, passava uma hora afirmando "eu sou rica, eu sou próspera, eu sou milionária", e visualizava meu mundo perfeito com todos os meus sonhos realizados, mas logo em seguida voltava para o modo vítima, emanava ódio para o meu ex, que me abandonou grávida, me desesperava com as contas que tinha para pagar, reclamava, xingava, praguejava, não me aceitava nem me amava, sentia vergonha, culpa, raiva, medo, tristeza e todo um turbilhão de sentimentos negativos, e me comportava de acordo com esses sentimentos na maior parte do meu dia.

No entanto, mesmo com toda a turbulência em minha vida, continuava buscando respostas em meus estudos, e foi assim que desvendei mais um mistério: o segredo da cocriação consciente está na *frequência vibracional*; ela é o sinal eletromagnético que nós emitimos para o universo e pelo qual sintonizamos frequências equivalentes para manifestá-las em nossa realidade, o que chamamos de assinatura eletromagnética.

Vou explicá-la com mais detalhe ao longo deste livro, mas adianto que ela é formada pela soma das frequências de todos os nossos pensamentos, sentimentos, emoções, ações, imagens mentais e palavras. É por meio dela que sintonizamos e cocriamos cada fragmento da realidade que vivemos.

Com esse conhecimento, entendi que passava uma ou duas horas por dia sendo positiva, mas era negativa no restante, então, matematicamente, era impossível que meu "saldo" fosse positivo e que eu estivesse enviando uma frequência vibracional elevada para o universo.

Qual a frequência que eu estava predominantemente emanando? Medo, ansiedade, reclamação, vitimização, raiva, ódio, vergonha, culpa e tristeza. Estava explicado por que não conseguia sair da escassez e atraía cada vez mais problemas em minha realidade. Bingo!

Com essa descoberta, compreendi que não era vítima de nada nem de ninguém, muito menos de Deus; eu era a única *responsável* pela realidade que se reproduzia, e até multiplicava, dia após dia.

Finalmente, percebi que não bastava acordar cedo e passar horas tentando elevar minha frequência, eu precisava efetivamente *ser* uma frequência elevada, precisava mantê-la alta, precisava vivenciá-la. Essa compreensão foi a chave que mudou minha vida: minha realidade é diretamente influenciada pela minha frequência vibracional.

Foi assim que dei um salto quântico de consciência. Aceitando que o caos em minha vida era resultado da baixa frequência que eu estava emitindo, saí da posição de vítima e me coloquei no caminho da autorresponsabilidade, enchendo-me de empoderamento e de certeza de que, se tive o poder de, inconscientemente, cocriar miséria, também tinha o poder de conscientemente cocriar abundância, sucesso e felicidade.

Enfim, sabendo que a frequência que emanava era responsável por tudo o que vivenciava, tudo começou a mudar. Primeiro, mudei internamente; depois, por consequência, toda a minha volta também mudou, até que cheguei na vida de plena abundância, prosperidade e sucesso em todos os pilares!

Assumi o comando da minha vida e do meu destino, me tornei imparável, uma fonte inesgotável de sucesso. E ainda estou em expansão, pois tudo que é bom pode melhorar; tudo tem um próximo nível!

Minhas cocriações de milhões:

- ✓ *A cura do meu filho Arthur.*
- ✓ *A cura da minha depressão suicida.*
- ✓ *A aceitação e a harmonização do meu passado.*
- ✓ *O perdão e a liberação de quem me ofendeu, magoou, rejeitou e abandonou.*
- ✓ *A quitação de todas as minhas dívidas! (Sim, quitei mais de 700 mil reais em dívidas.)*
- ✓ *Ter o livro mais vendido do Brasil.*
- ✓ *Ser autora de um dos livros mais vendidos do mundo.*
- ✓ *Comprar a casa dos meus sonhos.*
- ✓ *Comprar os carros dos meus sonhos.*
- ✓ *Escolher roupas, bolsas, calçados e joias de grife.*
- ✓ *Fazer viagens luxuosas.*
- ✓ *Ser feliz no amor.*
- ✓ *Ter uma família harmoniosa.*
- ✓ *Alcançar o corpo dos sonhos.*
- ✓ *Meu sorriso e as expressões naturais do meu rosto.*
- ✓ *Aparência dez anos mais jovem.*
- ✓ *Ter fama, sucesso e reconhecimento nacional e internacional.*
- ✓ *Ser autora de livros best-sellers.*
- ✓ *Faturamento 8 em 7.*
- ✓ *Ser a primeira mulher a fazer dez milhões em sete dias em infoproduto.*
- ✓ *Ser a primeira mulher a faturar duzentos milhões de reais em infoproduto.*
- ✓ *Ser uma das mulheres mais bem-sucedidas do Brasil.*
- ✓ *Transformar a vida de milhares de pessoas com a Técnica Hertz, criada por mim.*

Ao vivenciar profundamente o conceito de frequência vibracional, transcendi o pensamento positivo e os conhecimentos teóricos e passei a moldar a vida dos meus sonhos de dentro para fora. Nesse processo, desenvolvi a Técnica Hertz, única técnica do mundo que reprograma a frequência vibracional. Neste livro, você vai aprender como usá-la para ativar a energia do dinheiro, exatamente como apliquei e transformei minha vida. Foi por meio dela que percebi que eu tenho um propósito muito maior do que apenas a conquista de toda a minha riqueza, eu precisava compartilhá-la com a humanidade.

Atendi a esse chamado criando o treinamento Holo Cocriação de Sonhos e Metas, no qual apresento a Técnica Hertz, ensinando as pessoas a cocriarem seus sonhos em uma escala muito maior do que eu alcançaria com meus atendimentos individuais e palestras presenciais.

Todas essas cocriações pessoais, combinadas com meu vasto conhecimento teórico, me colocam na posição de autoridade para ser sua treinadora a partir de agora.

Sei que você está começando esta leitura porque seu foco no momento é cocriar sucesso financeiro, prosperidade, abundância e liberdade, mas se deseja realizar sonhos em outros pilares da sua vida, também pode contar comigo, porque o que vai aprender aqui pode ser replicado em tudo que desejar ser, fazer ou ter.

Compartilhei minha história e minha trajetória para que entenda de onde vim e quem eu era, bem como aonde cheguei e quem sou agora. Compartilhei minha jornada, sobretudo, para você se inspirar e fortalecer a sua crença de que tudo é possível — se eu consegui sair do meu fundo de poço e cocriar uma vida incrível, você também consegue!

Para isso, não precisa ter empatia por minha história ou gostar de mim, das minhas roupas, da minha voz ou do meu jeito, só precisa gostar de si mesmo, ser apaixonado pelo sonho de riqueza e agir por você. Também não precisa ler a mesma quantidade de livros que li ou investir grandes quantias em cursos e treinamentos; não precisa cometer os mesmos erros que cometi ou demorar o tempo que demorei para cocriar minha vida de riqueza.

INTRODUÇÃO 17

Eu já fiz tudo isso por você! Conheço bem o caminho que leva à prosperidade e vou mostrar cada passo dessa caminhada. Mas não posso caminhar por você. Mostrar o caminho da riqueza é a minha parte, seguir o caminho é a sua parte, combinado? Você só precisa se permitir, abrir-se para a mudança, para o novo, estar disponível para sair da sua zona de conforto, desapegar das dores do seu passado, se apaixonar pelo seu futuro de abundância infinita.

Tenha uma ótima, produtiva e transformadora leitura!

Ah, e vá além da leitura: coloque em prática tudo o que vai aprender aqui. Os cadernos de exercícios e as técnicas, que podem ser acessados pelo QR Code ao fim de cada capítulo, o ajudarão a colocar em prática tudo que vai aprender aqui. Assim, verá a prosperidade batendo à sua porta muito em breve!

Beijos de luz!
Elainne Ourives

CAPÍTULO 1

A consciência do dinheiro

O que é dinheiro?

Dinheiro é uma energia cujo valor está intrinsecamente ligado à maneira como você valoriza a sua vida e às escolhas que faz para mudar sua realidade. É nele que está baseada a sua decisão de cocriar uma nova realidade de riqueza e sucesso, é o ponto de partida para que uma dimensão próspera comece a se materializar em sua vida. E, sendo energia, para ter acesso a ele, é necessário expandir a consciência.

A expansão da consciência por meio do conhecimento adquirido (e não apenas o conhecimento em si) é fundamental, pois é ela que determina a quantidade de dinheiro que terá. É ela que o faz compreender que você não é uma vítima, que os problemas ou conflitos que enfrenta não são causados por fatores externos, como o governo ou a sua família, mas sim por sua própria mente e campo vibracional, de modo que os conflitos externos são apenas reflexos dos seus desequilíbrios internos.

A compreensão e a limpeza dos aspectos internos que ressoam como situações desafiadoras são essenciais para a transformação da sua realidade e a sua evolução. Mas, entenda: elevar a vibração e expandir a consciência não elimina os problemas, e sim altera profundamente a forma como você reage e lida com eles. Os problemas sempre existirão, o mundo continuará o mesmo; quem mudará é você!

O dinheiro, como uma extensão de sua energia e consciência, também é afetado por suas crenças internas, pela sua vibração e pela expansão da sua consciência, que determinam a maneira como você o percebe, ganha e gasta. Por isso, para mudar a sua realidade financeira, o primeiro passo é a mudança interna, especialmente assumindo a responsabilidade pela frequência em que vibra e por suas escolhas.

Para que você quer dinheiro?

Pare um pouco e responda: para que você quer dinheiro? Quer guardá-lo? Ou quer usá-lo para proporcionar liberdade e felicidade para você e sua família?

Saiba que autoconfiança, segurança e compreensão sobre o dinheiro influenciam diretamente a capacidade de cocriar e manter a prosperidade. Se quer ter dinheiro somente por ter, apenas para guardar e acumular, infelizmente, você não o terá; mas se quer dinheiro para fazê-lo circular e gerar mais e mais prosperidade, então pode cocriar o quanto desejar!

O princípio central da prosperidade é que o dinheiro, sendo energia, deve estar em constante movimento. Querer apenas acumulá-lo, sem um propósito por trás disso, pode levar à escassez, uma vez que impede que sua energia circule e se multiplique.

Eu, particularmente, tenho a maravilhosa crença de que "quanto mais gasto, mais ganho", e assim cocrio a minha realidade. Isso não deve ser praticado de forma "irresponsável": deve-se estar ciente de que se visto como investimento ou algo que lhe fará bem, é um ganho; no entanto, o gasto de forma desenfreada ou irresponsável pode trazer problemas financeiros. Quando o dinheiro circula, adquire bens e serviços que beneficiam você e sua família, e ao mesmo tempo contribui para a sustentabilidade da economia e a manutenção do comércio, gerando prosperidade não só para si mesmo, mas também para os outros.

Certa vez, pensei em dispensar um dos quatro funcionários que tenho em minha chácara, para cortar gastos, mas logo mudei de ideia, pois, ao refletir, passei a ver a situação pelo ponto de vista da abundância, da gratidão e da responsabilidade. Ao perceber que o dinheiro gasto com eles circula e beneficia outras pessoas e negócios, transformei a sensação de "gasto" em "investimento", ajustando a minha mente para uma perspectiva de abundância.

Ter coisas de valor, como uma Ferrari, não é visto como um problema; o problema é o apego excessivo a esses bens. As coisas devem ser vistas como meios para desfrutar da vida, não como fins em si mesmas ou como símbolos de status social que definem o valor de uma pessoa.

Em resumo, a sua capacidade de cocriar riqueza depende da sua mentalidade em relação ao dinheiro: se o enxerga como uma energia que deve circular livremente, aliando isso à gratidão e à responsabilidade no uso dessa energia, você tem tudo para viver uma vida de prosperidade verdadeira e sustentável.

Qual o valor que dá ao dinheiro?

Dinheiro é uma representação de valor, que é determinada pelo quanto você valoriza a si mesmo e a sua vida. Se você se considera merecedor de uma vida melhor, de possuir bens, como uma boa casa, um carro novo, roupas de marca ou joias, é essencial reconhecer e afirmar o seu merecimento.

Uma mentalidade de escassez, marcada por sentimentos de pobreza, baixa autoestima e autodesvalorização, pode impedi-lo de se presentear com algo tão simples quanto um par de brincos de valor modesto. Se fica hesitante em gastar, mesmo com pequenas coisas, por medo de comprometer suas finanças ou por achar que não merece se presentear, isso reflete negativamente na sua frequência vibracional.

Se, além de hesitar em gastar consigo, você critica quem age de forma diferente, julgando a prosperidade alheia, isso reforça ainda mais sua sensação de inadequação e falta de merecimento.

Para romper com esse círculo vicioso, o primeiro passo é cultivar o amor-próprio, consciente de que se amar e se valorizar também significa permitir-se desfrutar das coisas que você merece, seja um objeto de desejo ou uma experiência que lhe traga alegria.

Ao se presentear, você afirma seu valor e merecimento, além de elevar a sua autoestima, abrindo as portas para a prosperidade e para que mais e mais presentes cheguem até você, vindos de múltiplas fontes!

O momento mais transformador da minha vida ocorreu quando compreendi que tinha a missão de compartilhar com o mundo o conhecimento que me salvou. Esse insight me atingiu num período de profunda depressão e falência financeira, mas também foi um momento em que finalmente descobri quem eu era.

Um dia, enquanto estava dentro de um táxi e observava os prédios de São Paulo passando, me questionei por que eu era e agia de determinadas maneiras, por que me preocupava tanto com a aparência, por que gostava de joias... Foi então que entendi que sou exatamente o que o Criador planejou. Até então, acreditava que, se quisesse falar de perdão, de paz, de liberdade e de amor, não poderia usar joias; se quisesse falar de gratidão, não poderia ter dinheiro. Onde isso está escrito?

Percebi que esses pensamentos eram apenas crenças limitantes e, finalmente, entendi que sou o arquétipo perfeito para falar de gratidão, perdão, amor e, sim, sobre dinheiro também, pois sou a prova de que é possível, ao mesmo tempo, praticar a espiritualidade, ser rico e próspero. Não há nada de errado nisso.

O que realmente importa é o significado que a prosperidade e a espiritualidade têm na sua vida. Com mais dinheiro, posso contratar mais pessoas, gerar conteúdo gratuito para quem não pode adquirir meus cursos pagos... Portanto, é esse o valor que o dinheiro tem para mim.

Para você, qual é o valor do dinheiro?

O que você aprendeu sobre dinheiro?

Talvez tenha aprendido que o dinheiro não é espiritual, que é sujo, que é feio gostar de dinheiro e ter certas ambições, que não pode ser apegado a bens materiais. Se aprendeu qualquer coisa no sentido de que dinheiro é ruim e é errado desejar ter mais prosperidade financeira, você precisa "desaprender".

Historicamente, a ignorância foi uma estratégia de controle para concentrar a riqueza nas mãos de poucas pessoas. A ideia de que "quanto menos as pessoas souberem, mais ricos seremos" criou uma sociedade baseada em crenças limitantes e críticas destrutivas, e essa mentalidade foi transmitida sem questionamento por várias gerações, perpetuando um mundo de vítimas.

Você precisa agora mesmo começar a desconstruir tudo de negativo que aprendeu sobre o dinheiro e a prosperidade. O dinheiro não é incompatível com a espiritualidade, nem é sujo ou moralmente reprovável querer atrair a riqueza material.

Eu mesma enfrentei, e ainda enfrento, muitas críticas quando falo de cocriação, poder da consciência e espiritualidade. Algumas pessoas equivocadamente pressupõem que eu deveria me apresentar de forma mais "humilde", sem maquiagem, sem joias, usando roupas mais simples, pois elas acreditam que espiritualidade é incompatível com dinheiro, prosperidade e luxo.

A princípio, quase cedi a essa exigência, adotando uma imagem estereotipada de espiritualidade — comecei a vestir roupas indianas e a usar maquiagem com cores mais suaves. No entanto, logo compreendi que minha autoaceitação é mais importante do que tentar me enquadrar nas expectativas alheias.

Não estou aqui para agradar as outras pessoas. Nem para ser aceita. Estou aqui para fazer meu trabalho para quem quiser me ouvir, para quem se identificar comigo. E isso não tem nada a ver com a forma como eu me visto. A minha verdadeira missão não é buscar aprovação externa, mas sim compartilhar minha mensagem com as pessoas que estão abertas a recebê-la, ou melhor, com quem está decido a mudar a sua realidade e viver uma vida extraordinária.

Entendi que a verdadeira prosperidade vem da capacidade de compartilhar conhecimento e ajudar os outros a prosperarem, criando um círculo virtuoso de abundância, independentemente dos meus gostos pessoais relacionados à estética e à moda. A autenticidade e a autoaceitação são fundamentais para liberar todo o potencial de prosperidade que existe em você e nos outros.

O que pensa e sente sobre o dinheiro

O que você pensa e sente quando ouve a seguinte frase: "Eu amo o dinheiro"? Costumo dizê-la em minhas palestras e *lives*, e percebo que ela costuma causar certo desconforto e até assusta alguns ouvintes, causando polêmica e, eventualmente, me faz virar alvo de questionamentos e até de xingamentos. Mas acredite: você só vai ter dinheiro se amá-lo.

Um dos motivos que me levaram a uma depressão suicida e a um caos generalizado foi por eu não amar o dinheiro. As minhas crenças me levaram a acreditar que o dinheiro era sujo, pecaminoso, a raiz do mal da humanidade. Portanto, foram as minhas crenças limitantes que causaram todo o caos em minha vida.

Mas, atualmente, posso dizer com convicção: sim, eu amo o dinheiro e sei que ele também me ama! Quanto mais tenho, mais feliz eu sou. Quanto mais tenho, mais pessoas eu posso contratar. Quanto mais tenho, mais coisas posso comprar e mais prosperidade faço circular no mundo!

Reflita: qual é o benefício que o dinheiro lhe proporciona e como ele faz com que você sinta felicidade, alegria, gratidão e abundância? Qual o significado que você dá para o dinheiro na sua vida?

Se odeia o dinheiro, ele também o odeia. Se acredita que ele é a raiz de todo o mal, é esse o significado que ele vai ter na sua vida. Por isso é preciso buscar um significado para ele. Sem isso, não conseguirá mudar sua realidade.

A crença de que o dinheiro é a raiz do mal, de que o dinheiro é ruim, gera dívidas. Tinha tanto ódio dele, tanta raiva, que nem o pegava, nem o via, por causa de tantos bloqueadores que eu tinha.

Os bloqueadores surgem quando você implora desesperadamente por dinheiro, por exemplo. Implorar por algo ressoa com as frequências de falta, escassez, desespero e, por isso, o dinheiro se distancia, em vez de ser atraído.

Então, nunca implore para que o dinheiro apareça em sua vida, e sim ordene. Ordene aquilo que deseja. É você quem dá as ordens; o inconsciente, que tem a função de atender aos seus desejos conscientes, trabalhará a seu favor.

É possível mudar a sua mente? Eu não consigo mudar a *sua* mente, nem a de ninguém. Só você tem esse poder. Eu posso compartilhar meu conhecimento por meio deste livro, mostrar os caminhos para reprogramar sua mente, mas é você quem vai usar este manual, é você quem terá de colocá-lo em prática. Não há nada nem ninguém na face da Terra que possa mudar a sua vida a não ser você. Esse é um bingo que vale milhões!

Se eu consegui mudar a minha vida, foi porque apliquei em mim o que ensino! Foi porque consegui comandar o meu inconsciente para ser meu servo. Eu dou as ordens. Eu sou o mestre. Eu sou a decisão.

A mente inconsciente funciona por meio do seu comando. Ela não se reprograma sozinha. Assim como o despertador não vai se programar sozinho, você tem que determinar a hora que deseja que o alarme toque. Então, você também precisa clicar nos "botões" da sua mente para mudá-la.

A mente inconsciente, que é a mente que começa a modificar tudo, precisa da sua ordem, do seu comando. Você está no comando, no poder, é você quem decide, é você quem faz. Nada vai acontecer se não pedir, se não decretar o que quer. Por isso, é preciso aceitar que você está no comando e que precisa ser um bom comandante, ordenando o que deseja com convicção, firmeza e clareza.

Escolha sua realidade

As escolhas que faz sobre como filtra e aplica o conhecimento e as informações que acessa em sua vida são fundamentais para que trilhe o caminho da prosperidade e da riqueza. A perspectiva com que recebe o que lhe é oferecido, seja com gratidão, compaixão ou amor, determina como a abundância se manifestará.

A escassez e a limitação não residem na falta de recursos, mas na percepção do que é verdadeiramente importante para você. Assim, uma vez que decide mudar, o universo se adapta e responde à decisão e às intenções firmes, criando as condições para que essa mudança ocorra.

A sua realidade é moldada por suas emoções, escolhas e atitudes: quando você intenciona um objetivo, envia uma mensagem ao seu corpo e ao universo, iniciando a configuração de uma nova realidade. Essa transformação começa no pensamento, mas também influencia sua fisiologia e, dessa maneira, você começa a modificar seu mundo externo por meio da energia que emite.

A sua energia, gerada pelo poder da palavra, do pensamento, do sentimento e das ações, cria um campo eletromagnético capaz de concretizar seus desejos. Quando ela está alinhada com as leis do universo, você começa a trilhar o caminho da prosperidade.

Tenha em mente e vibre que você merece mudar, crescer, vencer e prosperar. Com isso, a pergunta sobre qual a realidade que você escolhe se resume a como decide perceber e agir diante das informações e oportunidades que a vida lhe apresenta, se escolhe ser cocriador ou vítima.

Diante de tudo o que vimos até agora, como planeja liberar sua energia para o universo? Lembre-se, é a sua mente que molda e cria a realidade ao seu redor, por isso, cultive emoções de gratidão e reconhecimento.

Ao focar uma realidade específica, você está, na verdade, escolhendo vivenciá-la. Então, imagine aquele carro que sempre quis, o apartamento ideal, o salário que deseja, o número de alunos, pacientes ou clientes necessários para alcançar suas metas. Ao focar essas informações, elas começam a se tornar reais para você, iniciando o processo de materialização, passando por seu corpo, suas sensações e sentimentos. Isso é o que significa ser um cocriador consciente: compreender a interligação entre espiritualidade, prosperidade, amor, perdão e gratidão.

Antes de mim, ninguém ousou ensinar isso por falta de conhecimento. Por que decidi compartilhar esse conhecimento? Porque cresci livre de crenças religiosas limitantes. Aprendi que Deus é amor e, se Deus é amor, conceitos como pecado e inferno não existem. Essa compreensão me permitiu absorver e, mais tarde, transmitir esses ensinamentos de forma clara.

A chave para prosperar é ajudar os outros a alcançarem seus sonhos. Por isso, apoie o máximo de pessoas possível em suas jornadas. Quanto mais pessoas ajudar, mais prosperidade retornará para você. Se deseja riqueza, auxilie os outros a enriquecerem também. Torne-se um ímã de prosperidade, e ela naturalmente virá até você. Além disso, seja grato por tudo o que tem e já viveu. Ame-se profundamente e, assim, terá acesso à consciência do dinheiro.

Consciência próspera

Para entrar em ressonância com a consciência do dinheiro e da prosperidade, é preciso estar em coerência harmônica, ou seja, cérebro (pensamentos) e coração (sentimentos) devem estar na mesma frequência para que possam criar o eletromagnetismo, o campo eletromagnético adequado.

O que faz essa atração acontecer é a sua fé. Por isso, sua mente consciente precisa estar alinhada com a sua fonte, com Deus, com o universo, com a centelha divina, com o seu sonho, com o seu coração. Se falta qualquer um desses elementos, está desalinhado: e o desalinhamento pode levar ao caos. Nem sempre o desalinhamento perdura o tempo necessário para o caos, porque o caos pode ser evitado a tempo.

Reflita: quando você pensa, fala e lida com o dinheiro, sente alegria e gratidão? Ou basta alguém mencionar a palavra "dinheiro" que você se lembra das dívidas, contas a pagar, coisas que queria, mas não pode comprar, dificuldade que tem para ganhá-lo e, imediatamente, sente-se angustiado, triste, ansioso e preocupado?

O que sente em relação ao dinheiro é definido por suas crenças, e se estiver desalinhado com ele, enquanto essas crenças não forem reprogramadas, você vai continuar inconscientemente repelindo a prosperidade. Para mudar essa situação, é preciso se tornar um ímã que vibra em ressonância com a consciência do dinheiro e da prosperidade.

As suas crenças determinam quem você foi no passado, mas a sua consciência agora, hoje, no presente, determina o seu futuro. Tudo o que você foi até chegar aqui, neste momento, lendo este livro, determina quem você *era*. Mas, agora mesmo, está aprendendo e absorvendo novas informações. E não há como não mudar algo dentro de você com todo o conhecimento que está adquirindo.

Assinatura vibracional

O que cria a sua realidade não é aquilo que você quer, não são os seus desejos conscientes, mas sua *assinatura vibracional*.

Ela é a soma de tudo o que você é. Ela é quem você é. A sua assinatura vibracional é criada e codificada com base naquilo pelo que você reza, ora e pede; naquilo que quer, aprecia e agradece; naquilo que reclama, condena e julga; naquilo que fala, assiste, lê, ouve; na forma como age, no ambiente que frequenta; nas crenças inconscientes; no diálogo interior; nas sombras ocultas; no lixo que está dentro de você vinte e quatro horas por dia.

Entenda que você pode querer mudar, ser rico e ter mais dinheiro, mas ter dinheiro não muda nada em você, não muda quem você é. Para conseguir o que deseja, é preciso ter consciência, saber como alcançar seu objetivo. Querer ser rico é apenas o desejo consciente, um pedido, mas você se lembra de que o que está vibrando e cocriando a sua realidade não é o seu desejo, é quem você é. Então, tem que mudar o seu *ser*. Bingo!

Se muda quem você é, torna-se abundante. Torna-se verdadeiramente rico. Torna-se grato. Torna-se feliz. Torna-se harmônico. Sua frequência é ajustada e alinhada com a fonte, passando a emitir uma nova assinatura vibracional, conectada com a frequência dos seus sonhos.

Nesse processo, os sentimentos vibram em uma frequência cinco mil vezes mais potente do que aquilo que você quer. Então, de nada adianta pensar "eu quero riqueza", mas sentir pobreza, caos, angústia, preocupação, escassez.

É isso que causa o desalinhamento, entende?

Com os exercícios e técnicas apresentados neste livro, você vai aprender como alterar sua vibração de maneira definitiva, espelhando na sua realidade o seu alinhamento com a consciência da abundância.

Para começar a mudar, experimente reclamar menos e agradecer mais. Valorize as pequenas coisas, apreciando e compartilhando o que tem. Comece a amar o dinheiro para que ele o ame também e queira circular alegremente por sua vida.

Todo o processo de cocriação, desde o primeiro passo, é conectado com um poder maior. Você é o cocriador, Deus é o Criador. Você cocria a sua felicidade, a sua riqueza, a sua vida junto com Deus. Tudo já lhe pertence. É tudo seu. Felicidade, abundância, riqueza, tudo é um direito divino seu; basta pedir. No entanto, lembre-se de que você tem livre-arbítrio em suas decisões, por isso, precisa desejar e praticar intensa e verdadeiramente uma vida incrível.

Você pode estar se perguntando como demonstrar para o Criador que quer usar seu livre-arbítrio para cocriar abundância, sucesso, riqueza, liberdade e prosperidade. Acha que é pedindo "Deus, por favor, me dê dinheiro porque eu estou precisando muito"? Não! De jeito nenhum! Deus, o universo, não entende o que você pensa, fala ou deseja racionalmente, só entende quem você é, a vibração que emana. Então, para sinalizar ao universo que quer riqueza e sucesso, é preciso emitir essa vibração, ou seja, você precisa *ser* e *sentir* muito antes de *ter*. Bingo!

Lembre-se: a sua mente não tem vontade própria, você é quem está no comando, é o dono dela. É você quem determina o seu futuro, a sua vida. Por isso, tem que trabalhar para tomar posse de sua realidade.

Neste primeiro capítulo, mostrei diversas dicas preciosas para mudar sua relação com o dinheiro. Mas isso foi só o começo. Vamos muito mais além! Quero ver você vivendo abundantemente em todas as áreas da sua vida.

Prepare-se para uma imersão transformadora com conhecimentos que vão redefinir sua vida e abrir portas para uma realidade abundante e extraordinária!

CAPÍTULO 2

Frequência vibracional do dinheiro

O que é frequência vibracional?

Para explicar o conceito de frequência vibracional, recorro ao David Hawkins (1927-2012), médico psiquiatra e cientista, cujo trabalho influenciou bastante minha vida. Vou apresentar um pouco mais sobre os estudos desenvolvidos por ele posteriormente; agora, basta falarmos que ele compartilhou os resultados de duas décadas de pesquisa sobre emoções e comportamentos humanos por meio de seu Mapa da Consciência Humana.[1]

MAPA DA CONSCIÊNCIA

VISÃO DE DEUS	VISÃO DA VIDA	NÍVEL	FREQUÊNCIA	EMOÇÃO	PROCESSO
Eu	É	Iluminação	700-1000	Inefável	Consciência Pura
Todo Ser	Perfeito	Paz	600	Êxtase	Iluminação
Alguém	Completo	Alegria	540	Serenidade	Transfiguração
Amar	Benigno	Amor	500	Reverência	Revelação
Sábio	Significado	Razão	400	Entendimento	Abstração
Misericordioso	Harmonioso	Aceitação	350	Perdão	Transcendência
Inspiração	Esperançoso	Boa Vontade	310	Otimismo	Intenção
Capaz	Neutralidade	Satisfatório	250	Confiança	Desprendimento
Permissível	Viável	Coragem	200	Afirmação	Fortalecimento
Indiferença	Exigência	Orgulho	175	Desprezo	Presunção
Vingativo	Raiva	Antagônico	150	Ódio	Agressão
Negação	Desapontamento	Desejo	125	Súplica	Escravização
Punitivo	Assustador	Medo	100	Ansiedade	Retirada
Desdenhoso	Trágico	Mágoa	75	Arrependimento	Desânimo
Condenação	Desesperança	Apatia	50	Abdicação	Desespero
Vingativo	Maldade	Culpa	30	Destruição	Acusação
Desprezo	Vergonha	Miserabilidade	20	Humilhação	Eliminação

PODER / *FORÇA*

1. HAWKINS, David. *The Map of Consciousness explained: A proven energy scale to actualize your ultimate potential.* Carlsbad: Hay House, 2020.

O Mapa da Consciência Humana se fundamenta em princípios da física quântica, na dinâmica não linear e no conceito junguiano de inconsciente coletivo, estabelecendo uma correlação entre os níveis de consciência e as emoções, cujas frequências são medidas em hertz (Hz).

O mapa não apenas associa emoções em relação a Deus e à vida, mas também oferece uma interpretação científica de conceitos tradicionalmente espirituais, anteriormente considerados como exclusivamente esotéricos ou ocultos.[2] Além de ser uma ferramenta clínica valiosa, ele contribui para o autoconhecimento, a autotransformação, a cura e o crescimento pessoal, profissional, moral e espiritual. Ele ajuda a compreender que a elevação do nível de consciência requer a elevação da "frequência" ou "vibração" das emoções correspondentes, ou seja, de sua frequência vibracional.

Do Mapa da Consciência Humana deriva a Escala das Emoções, ou Tabela de Hawkins, uma versão mais simplificada que facilita a visualização e a compreensão das emoções e suas respectivas frequências.

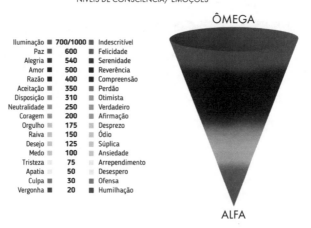

2. David Hawkins realizou várias pesquisas usando a cinesiologia e relacionou os níveis de consciência em estratificações que contêm algumas semelhanças com, por exemplo, as estruturas dos chakras do yoga e dos latiaf do sufismo (ou de outras escolas espirituais e abordagens psicoespirituais).

Você, ou melhor, sua consciência, se encontra em um ponto determinado na hierarquia dos níveis de consciência e emoções, mas pode mudar. Essa posição não é fixa; ela é fluida e dinâmica, permitindo oscilações entre frequências baixas e altas.

A média dessa variação determina sua vibração predominante, que define quem você é, suas percepções e crenças, como interage com o mundo e as experiências e os relacionamentos que sintoniza e manifesta em sua vida. Seu nível de consciência, que corresponde à frequência vibracional, funciona como lentes através das quais a realidade é interpretada, o que cria uma visão subjetiva da realidade, mesmo que a considere objetiva e verdadeira. Como vimos anteriormente, a isso damos o nome de assinatura vibracional, o que atrai circunstâncias e eventos de frequência similar.

Compreender e vivenciar isso vai transformá-lo de uma vítima das circunstâncias em um cocriador da sua realidade: ao reconhecer que você é a própria fonte dos seus problemas, por causa da baixa frequência que tem emitido, consegue agir para mudar essa situação. Bingo!

Ativando a autorresponsabilidade, descobrirá como essa compreensão é extremamente libertadora e empoderadora. Ao entender que é 100% responsável pela sua vida e destino, tudo se torna mais fácil: a cocriação de abundância ou qualquer outra forma de riqueza e prosperidade financeira depende unicamente de você alinhar sua frequência vibracional com o que deseja manifestar no universo.

Com simplicidade, elegância e certeza infalível de uma explicação matemática, o Mapa da Consciência Humana e a Escala das Emoções apresentam que a realidade de pobreza e escassez que você está vivendo é um mero efeito da vibração que emite ao universo.

Assim, se está vivenciando a pobreza, é porque está emitindo uma frequência equivalente a ela. Você pode até praticar o pensamento e as afirmações positivas — como eu fazia —, pode se imaginar diariamente vivendo em meio a riqueza e desejar conscientemente ter muito dinheiro, porém, se estiver vibrando nas frequências abaixo de 200 Hz da Escala das Emoções, não conseguirá cocriar riqueza.

Frequência vibracional e campos atratores

Hawkins apresenta um conceito fundamental para aprofundar o entendimento sobre frequência vibracional: o conceito de campo atrator, que eu denomino *matriz holográfica*.

Esse conceito se alinha ao "inconsciente coletivo" de Carl Jung e aos "campos morfogenéticos" de Rupert Sheldrake. Ele descreve um extenso e poderoso campo atrator universal que organiza as infinitas possibilidades do comportamento humano. Dentro dele, existem infinitos campos menores, com diversas frequências que correspondem aos distintos padrões de comportamento e interações humanas através do tempo.

A partir dessa ideia, Hawkins afirma que a realidade é formada pelas interações entre infinitos campos de energia, variando desde padrões de alta frequência (campos de poder, associados a uma consciência acima de 200 Hz na Escala das Emoções), que favorecem a expansão da vida e da consciência, até padrões de baixa frequência (campos de força, consciência abaixo de 200 Hz), que levam a contração e entropia, ou seja, à desordem da consciência. A frequência vibracional funciona como uma antena que sintoniza os padrões do campo atrator que correspondem à frequência que você emite, criando sua realidade material.

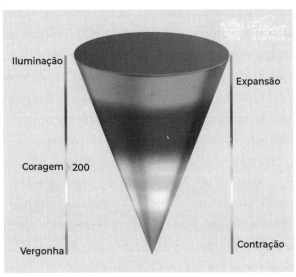

Assim, sintonizar campos de força ou de poder define sua experiência de vida, se ela é marcada por fracasso e escassez ou por sucesso e abundância.

Frequência vibracional da cocriação de dinheiro e riqueza

Os processos eletromagnéticos são fundamentais para a compreensão de como criamos a nossa realidade, sendo a base de muitos ensinamentos sobre cocriação e manifestação. A ideia central é que o universo funciona de acordo com leis energéticas que governam todos os seres e elementos. Entre essas leis, o eletromagnetismo, que rege as interações entre campos elétricos e magnéticos, é uma das mais cruciais. Na cocriação da realidade, ele é traduzido na máxima "semelhante atrai semelhante", ou seja, aquilo que você vibra retorna para você.

>> O eletromagnetismo e a realidade vibracional

O eletromagnetismo é a interação entre cargas elétricas e campos magnéticos, que geram forças que se propagam pelo espaço. Da mesma forma, nossos pensamentos e emoções geram frequências vibracionais que se espalham em nosso campo vibracional, influenciando a realidade ao nosso redor. Esse processo funciona de acordo com a física quântica, que demonstra que tudo no universo é energia e vibração, incluindo nossos corpos, pensamentos e intenções.

Quando falamos de cocriação da realidade, estamos essencialmente falando da emissão de vibrações eletromagnéticas que ressoam com frequências similares no universo. Cada pensamento ou emoção gera um campo elétrico e magnético específico, criando um padrão energético. Esse padrão interage com o ambiente e atrai situações, pessoas e experiências que vibram na mesma frequência.

>> A lei da atração e o campo eletromagnético

O princípio "semelhante atrai semelhante" está intimamente ligado à lei da atração, que afirma que você atrai para sua vida aquilo que está vibrando energeticamente. Assim como dois ímãs de polaridades opostas se atraem, os campos eletromagnéticos de nossos pensamentos e emoções funcionam de forma semelhante: quando você está vibrando em uma frequência elevada — como amor, gratidão ou abundância —, você atrai mais dessas mesmas energias para sua vida.

Por outro lado, quando você emite frequências de medo, escassez ou insegurança, essas mesmas energias são amplificadas no seu campo vibracional, criando uma "ressonância" com eventos, pessoas ou circunstâncias que vibram em níveis similares. Isso significa que, se você deseja cocriar uma realidade próspera, saudável e plena, é essencial que suas vibrações estejam alinhadas com esses objetivos.

>> O coração e o cérebro como centros eletromagnéticos

Dois dos maiores geradores de campos eletromagnéticos no corpo humano são o coração e o cérebro. O cérebro, com sua vasta rede de neurônios, emite ondas elétricas a cada pensamento. Essas ondas, por sua vez, geram um campo magnético que influencia diretamente o nosso ambiente. Estudos de neurociência mostram que pensamentos repetidos formam padrões neurais que não apenas condicionam nosso comportamento, mas também afetam o campo eletromagnético que emitimos.

O coração, por outro lado, gera um campo eletromagnético muito mais forte do que o cérebro. De acordo com o Instituto HeartMath, o campo eletromagnético do coração pode ser detectado a vários metros de distância do corpo, e ele se expande quando sentimos emoções positivas como amor, compaixão ou alegria. Isso demonstra que nosso estado emocional tem um impacto direto na qualidade da nossa vibração e, consequentemente, na nossa capacidade de "atrair" aquilo que desejamos.

>> Vibração consciente: a chave para a cocriação

A cocriação da realidade, portanto, depende da nossa habilidade de gerenciar conscientemente nossas vibrações. Isso envolve a prática constante de monitorar nossos pensamentos e emoções, direcionando-os para frequências elevadas. Ferramentas como meditação, visualização criativa e afirmações positivas são maneiras eficazes de alinhar o campo eletromagnético pessoal com os objetivos que se deseja manifestar.

Quando você se alinha com uma intenção clara e mantém sua vibração em harmonia com ela, você se torna um "ímã" para as experiências correspondentes. Isso ocorre porque, no nível quântico, tudo é energia vibracional, e as frequências semelhantes tendem a se atrair e ressoar. Assim, aquilo que você vibra — consciente ou inconscientemente — é aquilo que você irá atrair de volta.

>> Frequências elevadas e o estado de fluxo

Alcançar frequências vibracionais elevadas é essencial para manifestar uma realidade positiva. Quando estamos em estados elevados de vibração — como amor, alegria e gratidão —, entramos no que se chama "estado de fluxo". Nesse estado, o campo eletromagnético do corpo está em coerência, o que significa que o cérebro e o coração estão em ressonância, funcionando em perfeita harmonia.

Esse estado de coerência facilita a manifestação rápida de intenções, já que o campo eletromagnético está livre de bloqueios e resistências. Assim, quanto mais tempo passamos nesses estados de alta vibração, mais rapidamente cocriamos realidades positivas em nossa vida.

>> Bloqueios energéticos e o eletromagnetismo

Quando não estamos conscientes das nossas vibrações, podemos criar bloqueios no nosso campo eletromagnético. Pensamentos negativos repetidos ou emoções não resolvidas criam padrões energéticos de baixa frequência, atraindo experiências desafiadoras. Esses bloqueios se manifestam tanto em aspectos externos da vida quanto em nossa saúde física e emocional, pois o fluxo natural de energia é interrompido.

A chave para evitar esses bloqueios está em cultivar uma consciência constante das nossas vibrações e fazer ajustes quando necessário. Processos como a liberação emocional, o perdão e a prática da gratidão podem ajudar a "limpar" o campo eletromagnético, permitindo que as energias de alta frequência fluam livremente. Explicarei nos próximos capítulos.

Os processos eletromagnéticos são fundamentais na cocriação da realidade. Cada pensamento, emoção e intenção gera um campo vibracional que influencia diretamente o que atraímos para nós mesmos. Ao entendermos e controlarmos nossas vibrações, podemos alinhar nosso campo eletromagnético com os desejos e objetivos que buscamos manifestar, vivendo de forma consciente e intencional. A realidade que cocriamos é, em última análise, um reflexo direto do que estamos vibrando no nível energético, confirmando a máxima: semelhante atrai semelhante.

Existem dois pontos críticos no Mapa da Consciência Humana: o nível da coragem, em 200 Hz, e o nível do amor, em 500 Hz. A partir do nível da coragem, você começa a vibrar nos campos de poder, e, ao alcançar o nível do amor, transcende a racionalidade, funde-se ao divino e acessa o conhecimento diretamente da fonte.

Nos níveis abaixo de 200 Hz, dominados pela expressão do ego, a cocriação de prosperidade, abundância e riqueza é *impossível*, pois não há fluidez da energia do dinheiro. Portanto, para a cocriação consciente de uma realidade financeiramente abundante, a *aceitação*, calibrada acima de 350 Hz — o meio-termo entre a coragem e o amor —, é a frequência mínima necessária. A aceitação, aliada ao perdão, libera a energia antes drenada por sentimentos negativos, permitindo a ressonância com os campos atratores de poder e a sintonia com as infinitas possibilidades de cocriar.

Veja, na tabela a seguir, a relação entre frequência e poder de cocriação.

FREQUÊNCIA	PODER
Inferior a 200 Hz (vergonha, culpa, apatia, tristeza, medo, desejo, raiva e orgulho)	Não há energia para a cocriação consciente. Você está preso à realidade material, à vitimização, à não aceitação e aos condicionamentos do ego.
Entre 200 Hz e 349 Hz (coragem, neutralidade e disposição)	A energia se eleva; você começa a perceber que pode existir algo além da realidade material e se abre para o novo, sentindo-se motivado para sair da zona de conforto. Ainda não há energia suficiente para a cocriação de grandes sonhos, mas já não sintoniza mais problemas e escassez, nem "cocria o contrário". A prosperidade começa a fluir, ainda que timidamente.
Entre 350 Hz e 499 Hz (aceitação e razão)	Você abandona a posição de vítima e assume a responsabilidade por sua vida. A frequência da cocriação se consolida, tornando possível a manifestação consciente de grandes sonhos de prosperidade e riqueza.
Superior a 500 Hz (amor, alegria, paz e iluminação)	As altas frequências dos níveis espirituais coincidem com a frequência do universo, possibilitando um nível avançado de cocriação, no lendário estilo "pensou, criou". As cocriações transcendem os interesses pessoais, tendo como objetivo o bem de toda a humanidade.

Essencialmente, a prosperidade financeira está condicionada à consciência de que o seu trabalho, seja ele qual for, serve não apenas como fonte de renda pessoal, mas também como meio de contribuir amorosamente para a humanidade. As verdadeiras prosperidade e abundância ilimitadas fluem para aqueles cujo trabalho é realizado com amor, alegria e intenção de servir, conciliando interesses pessoais com o bem maior de todos. Bingo!

> As verdadeiras prosperidade e abundância ilimitadas fluem para aqueles cujo trabalho é realizado com amor, alegria e intenção de servir, conciliando interesses pessoais com o bem maior de todos.

A frequência da cocriação: alegria e amor

Existe uma profunda conexão entre estados emocionais de alegria, felicidade e otimismo e a cocriação de riqueza, prosperidade e abundância. A alegria e o otimismo não só levam à riqueza, mas também são fundamentais para uma vida plena em todas as áreas, indo além da riqueza material ou de grandes quantias em dinheiro.

Na verdade, a riqueza material não garante a felicidade ou a satisfação pessoal. Antes de se expressar externamente, a riqueza deve ser cultivada internamente, como um atributo divino, como um estado de ser de fortuna e fartura. Por isso, é fundamental cultivar uma condição de bem-estar emocional e uma perspectiva positiva sobre a vida.

A riqueza, quando é meramente externa, não associada ao estado interno de abundância e à frequência vibracional elevada, não se sustenta e muito menos se expande; pelo contrário, ela tende a se desmaterializar. É isso que acontece, por exemplo, com pessoas que recebem grandes prêmios de loterias ou heranças e, em pouco tempo, perdem tudo e voltam à escassez. Se a riqueza não vier de dentro, ela não se mantém do lado de fora!

Também existem pessoas com recursos financeiros abundantes, mas que são infelizes ou têm uma mentalidade de escassez, encontrando-se carentes de riqueza em outras áreas da vida, como relacionamentos, saúde e bem-estar pessoal.

Se você mantiver uma vibração alegre, feliz e otimista, a tendência é que se torne rico e próspero não apenas no aspecto financeiro, mas em todas as dimensões da sua existência.

Para manter a sua frequência vibracional elevada o suficiente para ser robusta e expandir para todas as áreas da sua vida, é fundamental desprogramar as crenças limitantes, livrar-se do lixo emocional e superar as resistências internas.

> Se você mantiver uma vibração alegre, feliz e otimista, a tendência é que se torne rico e próspero não apenas no aspecto financeiro, mas em todas as dimensões da sua existência.

Tudo está na sua mente, armazenado como riquezas infindáveis do seu inconsciente, as quais podem ser acessadas e trazidas à luz de sua existência multidimensional. Para conseguir colapsar a riqueza holográfica e as fontes inesgotáveis de dinheiro, tudo que você precisa é aprender a mudar sua vibração, alterar a polaridade do seu campo eletromagnético, para então entrar, definitivamente, no fluxo de prosperidade absoluta e irrevogável do universo.

A riqueza e o sucesso que você deseja só dependem da força do seu pensamento, da qualidade das suas emoções, do foco em determinado objetivo, da atenção direcionada por sua consciência e do poder do seu olhar de observador quântico.

Aceitar a vida como ela é, aceitar o que lhe aconteceu no passado e manter uma atitude positiva diante dos desafios são chaves para desfrutar da prosperidade que o universo oferece a todas as consciências. É seguindo esses princípios que você vai ativar o DNA *da riqueza*, se transformar em um verdadeiro ser de luz, um cocriador milionário, que vivencia a abundância universal.

O poder da frequência do amor para a manifestação milionária

Você sabia que a potência do campo vibracional do coração é significativamente mais poderosa do que a do cérebro? Assim como a frequência da alegria, a frequência do amor — liberada a partir de 500 Hz — é essencial para o avanço da consciência, a expansão dos poderes de cocriação e o acesso ao fluxo de abundância. Isso é facilmente explicado pela origem quântica da nossa existência, que decorre do amor sublime do Criador e está intrinsecamente ligada a essa energia amorosa universal.

Ou seja, como somos concebidos a partir da premissa de abundância natural, sendo o universo uma fonte de riquezas infinitas e inesgotáveis que opera em uma frequência próxima à do amor (532 Hz), se você alinhar a frequência vibracional com a frequência do universo, pelo amor, é possível se conectar com essa abundância ilimitada, possibilitando nadar em um oceano vibracional de riquezas. Assim, é necessário cultivar o amor-próprio, o amor pelo Criador, pelos outros e por todos os seres vivos.

A chave para a prosperidade, então, reside em elevar a sua vibração para sintonizar com as frequências do amor e da alegria, criando a condição necessária para o perfeito alinhamento com o universo. Ao viver e expressar essas emoções elevadas e ao reconhecer que todos somos parte de uma mesma mente coletiva, de uma centelha divina, você altera a vibração nuclear de suas células e o padrão vibratório do seu campo quântico, o que, por sua vez, molda os eventos da sua vida e direciona o seu destino.

Como identificar sua frequência vibracional

>> Entenda a cinesiologia

A cinesiologia (*kinesis* + *logia*), palavra de origem grega que significa estudo do movimento, é uma ciência que analisa os movimentos corporais. Tradicionalmente ligada a áreas como ortopedia, fisioterapia e terapia ocupacional, ela aplica conceitos de biomecânica, anatomia, fisiologia, neurociências e aspectos psicossociais com o propósito de prevenir e tratar lesões musculares, além de aprimorar a movimentação, coordenação e performance física, particularmente em atletas.

O marco inicial da cinesiologia moderna é atribuído a George Goodheart (1918-2008), quiropraxista norte-americano, que em 1964 demonstrou que os músculos reagem de forma variada a diferentes estímulos, positivos ou negativos.[3]

Por exemplo, quando ele introduzia uma vitamina, o músculo respondia positivamente, mantendo seu tônus, mas quando introduzia um estímulo negativo na mesma pessoa, como um produto químico ou um pesticida, o músculo respondia negativamente, perdendo força.

Com base nessa descoberta, Goodheart desenvolveu a cinesiologia aplicada, metodologia que utiliza testes musculares para identificar desequilíbrios no corpo que possam indicar doenças, partindo do princípio de que tais disfunções sempre iniciam como distúrbios energéticos. Atualmente, a cinesiologia é reconhecida como um recurso terapêutico valioso dentro da medicina energética e biorreguladora.

Além de seu uso clínico, a cinesiologia é empregada para obter respostas diretas da mente inconsciente, sem a influência do intelecto, sendo uma ferramenta usada em terapias holísticas, como o Psych-K, que visa à cura do ser em diversos níveis por meio da reprogramação de crenças limitantes.

A descoberta dos fundamentos da cinesiologia aplicada, desenvolvida pelo dr. George Goodheart na década de 1960, representou um marco significativo no entendimento da relação entre o sistema corporal e a mente inconsciente. Para contextualizar os estudos que culminaram nessa área, é importante destacar o conceito de que o corpo humano, além de ser uma entidade física, é um sistema elétrico complexo, e essa eletricidade desempenha um papel fundamental na forma como nossos sistemas corporais e emocionais interagem.

>> O sistema elétrico do corpo e sua conexão com a mente inconsciente

O princípio básico da cinesiologia aplicada parte da premissa de que os músculos, nervos e órgãos do corpo estão interligados por meio de

---

3. Cf. FROST, Robert. *Applied kinesiology: a training manual and reference book of basic principles and practices.* Prólogo de George Goodheart. Berkeley: North Atlantic Books, 2013.

circuitos elétricos, que também são conhecidos como meridianos de energia, uma teoria que remonta à medicina tradicional chinesa. Quando um estímulo, seja ele físico ou emocional, é aplicado ao corpo, esse sistema elétrico responde, refletindo o impacto de forma mensurável. Goodheart observou que as respostas musculares do corpo podem revelar informações sobre seu estado interno de saúde e os desequilíbrios energéticos que afetam não apenas o corpo físico, mas também as emoções e a mente inconsciente.

A mente inconsciente, como grande parte dos estudos de Freud e Jung já indicavam, armazena vasta quantidade de informações e experiências que muitas vezes não estão acessíveis à mente consciente. No entanto, essas informações afetam diretamente o comportamento, os sentimentos e até a saúde física. A descoberta de Goodheart trouxe à tona uma forma de "diálogo" com essa mente inconsciente através do corpo, utilizando o sistema elétrico como uma ponte.

Como a cinesiologia de Goodheart foi elaborada

Os primeiros estudos que levaram à formulação da cinesiologia aplicada começaram com a observação de que os músculos podiam se fortalecer ou enfraquecer em resposta a determinados estímulos. Goodheart começou a experimentar testes musculares como uma forma de acessar informações sobre o corpo e a mente inconsciente. Ele percebeu que, quando um músculo específico era testado, sua força ou fraqueza podia refletir um estado de equilíbrio ou desequilíbrio em relação a certos fatores internos e externos.

Esses testes musculares revelaram uma conexão intrínseca entre o sistema elétrico do corpo e as respostas inconscientes da mente. Goodheart desenvolveu o conceito de que os músculos do corpo não apenas sustentam o movimento, mas também funcionam como "antenas" que captam sinais do sistema nervoso e do campo eletromagnético. Isso significa que, quando há um bloqueio ou desequilíbrio energético, o músculo enfraquece, sinalizando um problema.

A prática da cinesiologia aplicada, portanto, foi formulada como uma abordagem para detectar desequilíbrios não apenas físicos, mas também emocionais e energéticos. Ao utilizar o teste muscular, o terapeuta consegue identificar quais áreas do corpo ou da psique estão em desarmonia e, dessa forma, propor intervenções que ajudam a restabelecer o fluxo adequado de energia.

A mente inconsciente e os bloqueios elétricos

Uma das descobertas mais impressionantes da cinesiologia aplicada é como o sistema elétrico corporal reage a questões inconscientes. A mente inconsciente está profundamente interligada ao corpo, e o sistema elétrico é sensível a mudanças sutis em pensamentos, emoções e memórias reprimidas. Quando uma pessoa carrega traumas emocionais ou crenças limitantes que residem no inconsciente, esses fatores podem se manifestar como bloqueios no sistema elétrico do corpo, resultando em tensão muscular, dores físicas ou até problemas de saúde crônicos.

A cinesiologia, portanto, permite uma comunicação direta com esses aspectos mais profundos da psique. Ao identificar e corrigir os desequilíbrios elétricos do corpo, é possível também liberar os bloqueios inconscientes que impedem o fluxo natural de energia e vitalidade. Isso não só melhora o bem-estar físico, mas também promove uma transformação profunda na forma como a pessoa encara suas emoções e crenças.

O impacto dos estímulos no sistema elétrico corporal

A cinesiologia aplicada de Goodheart demonstrou que o corpo responde a uma variedade de estímulos, incluindo alimentos, substâncias, pensamentos e emoções. Cada um desses elementos afeta o campo elétrico corporal de maneiras diferentes. Por exemplo, um alimento que causa desequilíbrio energético pode ser identificado pela fraqueza de um músculo específico durante o teste. Da mesma forma, pensamentos ou crenças negativos podem enfraquecer o sistema elétrico e, consequentemente, a resposta muscular.

Essa compreensão é vital quando falamos sobre reprogramação mental, especialmente no contexto de questões como o "DNA do dinheiro"

— uma analogia usada para explicar como crenças limitantes sobre prosperidade e finanças podem ser transmitidas de geração em geração, bloqueando o fluxo de abundância. O sistema elétrico do corpo, ao reagir a essas crenças inconscientes, pode sinalizar exatamente onde essas limitações estão armazenadas e possibilitar a reprogramação, tanto física quanto mental, para restabelecer um fluxo saudável de energia e permitir que a pessoa crie uma nova relação com o dinheiro.

Os estudos de Goodheart sobre a cinesiologia aplicada revelaram uma profunda conexão entre o sistema elétrico do corpo e a mente inconsciente, proporcionando uma abordagem revolucionária para o diagnóstico e o tratamento de desequilíbrios físicos e emocionais. O corpo humano, como uma rede interligada de circuitos elétricos, é capaz de refletir o estado da psique de maneira mensurável, o que permite que o teste muscular seja usado como uma ferramenta eficaz para acessar e curar aspectos inconscientes que afetam a saúde e o bem-estar geral. Isso não apenas reforça a ideia de que o corpo é um espelho da mente, mas também nos convida a explorar a incrível capacidade que temos de reprogramar nosso sistema interno para viver de forma mais abundante e equilibrada.

Os fundamentos da cinesiologia se baseiam na existência de um complexo sistema elétrico de energia que permeia e envolve o corpo humano. Essa energia, ao fluir pelos músculos, pode ser afetada positiva ou negativamente por diversos fatores, resultando ou em uma resposta muscular que se assemelha a um "curto-circuito", enfraquecendo momentaneamente os músculos, ou em uma resposta "forte", indicando a manutenção da força muscular. Esse fenômeno sugere que tudo o que interage com o sistema elétrico do corpo — pensamentos, emoções, alimentos etc. — influencia a energia corporal e, por consequência, a resposta muscular.

Assim, de acordo com a cinesiologia, por meio da força ou fraqueza da resposta muscular, os seres humanos podem ultrapassar a mente analítica e o ego, acessando diretamente informações do inconsciente para discernir entre o positivo e o negativo, o anabólico e o catabólico, o verdadeiro e o falso, e o benéfico e o nocivo.

De maneira muito interessante e precisa, com os testes musculares da cinesiologia é possível acessar informações armazenadas na mente inconsciente para obter respostas às perguntas binárias (sim ou não) sobre a saúde física, mental e emocional, bem como sobre diversas questões subjetivas e objetivas, sem depender do conhecimento consciente.

>> A cinesiologia no trabalho de David Hawkins

Usando a cinesiologia aplicada, ao longo de vinte anos, David Hawkins realizou extensas pesquisas para analisar como ela impactou milhares de indivíduos. Os resultados não apenas confirmaram que as pessoas reagem a estímulos feitos com os testes musculares em seu campo energético, mas também que respondem a uma vasta gama de itens e conceitos, como imagens, pensamentos, objetos, arte, literatura, elementos naturais e outros componentes da realidade.

Hawkins notou que elementos considerados positivos ou benéficos para uma pessoa, quando aproximados do corpo ou direcionados ao seu campo energético (mesmo que por meio de uma imagem ou pensamento), resultavam em uma resposta muscular forte. Por outro lado, a apresentação de objetos considerados negativos ou prejudiciais enfraquecia o músculo testado.

Por exemplo, a presença de uma imagem de Adolf Hitler enfraqueceu os músculos de todos os participantes, enquanto uma imagem de Martin Luther King gerou uma resposta muscular forte, independentemente de os voluntários saberem quem foram essas figuras históricas, indicando que as reações foram obtidas do inconsciente coletivo e não dependeram do conhecimento prévio do voluntário.

Aprofundando sua pesquisa, Hawkins utilizou a cinesiologia aplicada para explorar influências ocultas no comportamento humano, avaliando o potencial benéfico ou nocivo de indivíduos, grupos, profissões, religiões e partidos políticos, assim como figuras históricas importantes, incluindo artistas, líderes sociais, políticos e religiosos.

Na cinesiologia aplicada, a resposta muscular é fundamental para identificar desequilíbrios no sistema elétrico do corpo. Cada tipo de

FREQUÊNCIA VIBRACIONAL DO DINHEIRO **47**

estímulo, seja físico, emocional ou mental, pode gerar respostas musculares diferentes, permitindo ao terapeuta entender como o corpo está reagindo. Aqui estão as especificidades de como essas respostas musculares se manifestam em cada um desses gêneros:

1. Estímulos físicos (alimentos, substâncias e ambiente)

Quando o corpo é exposto a estímulos físicos, como alimentos, substâncias químicas ou mudanças no ambiente, a resposta muscular reflete como esses fatores estão afetando o equilíbrio energético. Por exemplo:

- **Alimentos que causam desequilíbrio:** durante o teste muscular, quando uma pessoa entra em contato com um alimento que seu corpo considera prejudicial, o músculo testado, geralmente um grande músculo esquelético, como o deltoide ou o quadríceps, torna-se subitamente mais fraco. Isso sugere que o alimento está criando um bloqueio no sistema elétrico corporal, afetando negativamente a saúde geral.

- **Substâncias químicas ou tóxicas:** quando substâncias prejudiciais, como toxinas ou poluentes, estão presentes, o teste muscular mostra uma resposta de fraqueza, muitas vezes indicando que o corpo está tendo dificuldades para processar ou eliminar essas substâncias.

Essas respostas ocorrem porque os circuitos elétricos ligados aos músculos específicos se desequilibram, e o músculo perde força em reação ao estímulo negativo.

2. Estímulos emocionais (traumas, crenças limitantes e situações de estresse)

Em relação aos estímulos emocionais, como traumas, crenças limitantes ou estresse, a resposta muscular tende a ser ainda mais complexa. A mente inconsciente armazena memórias e sentimentos que, quando ativados, podem gerar respostas musculares distintas. Alguns exemplos incluem:

- **Crenças limitantes:** quando uma pessoa está em confronto com uma crença limitante inconsciente, com pensamentos do tipo "não sou bom o suficiente" ou "não mereço prosperidade", o teste muscular revela uma fraqueza. Mesmo sem estímulos físicos presentes, a mente inconsciente reage de forma elétrica, causando um colapso temporário na força muscular.

- **Emoções não resolvidas:** durante uma lembrança emocional intensa, como um trauma, a resposta muscular será de fraqueza. Isso indica que o corpo está "lembrando" desse evento emocionalmente carregado e que o sistema nervoso e elétrico está sendo afetado.

Essa conexão mente-corpo é ativada porque emoções têm uma carga energética, e o sistema elétrico do corpo responde a essas vibrações, interferindo na força muscular.

3. Estímulos mentais (pensamentos, decisões e intenções)

Os estímulos mentais incluem pensamentos e intenções que podem ser positivos ou negativos. A cinesiologia aplicada consegue identificar o impacto que um pensamento ou intenção tem no corpo, usando a resposta muscular como um indicador:

- **Pensamentos negativos:** ao focar um pensamento ou memória negativo, a mente envia sinais para o corpo, o que resulta em uma fraqueza muscular mensurável. Por exemplo, se uma pessoa pensar em uma situação de fracasso ou rejeição, o músculo que está sendo testado irá enfraquecer, mostrando que o corpo e a mente inconsciente estão em desalinhamento.

- **Decisões conflitantes:** quando uma pessoa está lutando com uma decisão importante e está dividida emocionalmente, isso pode ser refletido no teste muscular. Pensamentos conflituosos tendem a gerar fraqueza muscular, indicando que há tensão ou bloqueio energético no sistema.

Essas respostas musculares demonstram que o sistema elétrico corporal reage de forma sensível a pensamentos, afetando tanto a força muscular quanto a saúde geral.

4. Estímulos energéticos (campos eletromagnéticos e vibrações ambientais)

Outro gênero importante de estímulo é o campo energético que envolve a pessoa. Isso pode incluir desde a exposição a campos eletromagnéticos até a presença de outras pessoas cujas vibrações energéticas afetam o indivíduo. As respostas musculares refletem como o corpo reage a essas energias sutis:

- **Campos eletromagnéticos:** quando exposto a altos níveis de campos eletromagnéticos, como os emitidos por aparelhos eletrônicos, os testes musculares geralmente mostram uma diminuição significativa na força muscular. Isso acontece porque esses campos perturbam o sistema elétrico do corpo, gerando um bloqueio ou um "ruído" que enfraquece a resposta muscular.

- **Vibrações de outras pessoas:** quando alguém está próximo de uma pessoa com uma frequência vibracional muito baixa, o corpo pode reagir com fraqueza muscular. Isso indica que o campo vibracional da pessoa está sendo influenciado por frequências externas, afetando seu sistema elétrico e sua força física.

A resposta muscular é uma ferramenta poderosa para diagnosticar como o corpo está reagindo a diferentes tipos de estímulos físicos, emocionais, mentais e energéticos. Em todos os casos, a fraqueza muscular

50   DNA DO DINHEIRO

surge quando há um desequilíbrio ou um bloqueio no sistema elétrico do corpo, sinalizando um problema subjacente que precisa ser abordado. O teste muscular não apenas identifica esses desequilíbrios, mas também oferece uma maneira de acessar a mente inconsciente, permitindo que questões emocionais e crenças limitantes sejam reveladas e curadas.

Essa abordagem é um avanço na compreensão de como o corpo e a mente estão interligados, utilizando o sistema elétrico corporal como um meio de comunicação para acessar as profundezas da psique e promover a cura e o bem-estar.

As descobertas de David Hawkins sobre os efeitos da música no corpo humano revelaram insights profundos sobre a influência das vibrações sonoras em nossa saúde física, mental e emocional. Um exemplo clássico dessa relação é o impacto que diferentes tipos de música têm sobre a água e, consequentemente, sobre o corpo humano, composto por aproximadamente 70% de água. Hawkins observou que a música clássica, com suas frequências harmônicas e organizadas, tende a ter um efeito benéfico, enquanto o heavy metal, intenso e com vibrações caóticas, pode ser desarmonioso.

>> A influência das frequências musicais na água

Essa ideia pode ser mais bem compreendida ao observar os estudos de Masaru Emoto, que demonstraram como a água reage às frequências vibracionais, incluindo as da música. Em seus experimentos, Emoto expôs amostras de água a diferentes tipos de música e depois congelou as moléculas para observar como os cristais de gelo se formavam. Ele descobriu que a música clássica produzia cristais simétricos e belos, enquanto a música agressiva, como o heavy metal, resultava em padrões desorganizados e distorcidos.

Essa resposta da água à música não é apenas um fenômeno visual, mas reflete uma reorganização estrutural e energética das moléculas. Como o corpo humano é predominantemente composto por água, isso significa que as frequências musicais têm um impacto direto sobre nós, influenciando nossa saúde e bem-estar em níveis profundos.

>> A relação entre música, sistema elétrico corporal e mente inconsciente

Essas descobertas de Hawkins e Emoto ilustram como a música e suas frequências vibracionais podem influenciar diretamente o sistema elétrico corporal, que, por sua vez, afeta a mente inconsciente. Quando o corpo é exposto a músicas de alta frequência, como a clássica, a água em nosso organismo ressoa de forma harmônica, ajudando a alinhar nosso sistema elétrico. Isso gera respostas musculares fortes e uma sensação geral de bem-estar.

Em contrapartida, a exposição prolongada a músicas com frequências caóticas pode desestabilizar esse equilíbrio. O sistema elétrico do corpo responde com fraqueza muscular, demonstrando que há um impacto negativo na energia corporal. Esses desequilíbrios podem, com o tempo, manifestar-se como problemas emocionais, mentais e até físicos, mostrando a importância de manter uma dieta sonora que favoreça a saúde.

A música, como frequência vibracional, não apenas influencia nossas emoções e comportamentos, mas também afeta diretamente nosso corpo em nível molecular, especialmente pela água que o compõe. As descobertas de David Hawkins e Masaru Emoto ilustram a importância de escolhermos conscientemente o que ouvimos, pois isso impacta não apenas nossa mente, mas nosso corpo e sistema elétrico. A música clássica, com suas frequências harmônicas, tem o poder de curar e equilibrar, enquanto o heavy metal e outros gêneros caóticos podem ter o efeito oposto, desestabilizando o campo energético do corpo e criando um ambiente propício a desequilíbrios emocionais.

Foi assim, aplicando os testes musculares da cinesiologia aplicada, que Hawkins desenvolveu um método para quantificar os níveis de consciência humana — que antes eram estudados apenas pela perspectiva metafísica — com precisão matemática e uma abordagem científica, culminando na criação de seu Mapa da Consciência Humana.

Além de adotar a cinesiologia, Hawkins também integrou em sua pesquisa conceitos da física quântica, particularmente da dinâmica não linear e da teoria do caos. Seu principal desafio era tornar compreensíveis, tanto para os cientistas quanto para o público leigo, conhecimentos que até então eram exclusivos do domínio da espiritualidade.

Esse incrível trabalho ofereceu uma base científica, pragmática e clínica para verdades simples, antes aceitas de forma intuitiva e apenas encontradas em textos sagrados, tradicionalmente associadas ao misticismo e à espiritualidade. Exemplos dessas verdades incluem a superioridade do amor sobre o ódio, a libertação que vem com a verdade e o perdão, o poder curativo do amor incondicional, o empoderamento pela coragem, e a essência pacífica da divindade/realidade.

Hawkins compreendeu que os testes cinesiológicos permitem acessar o inconsciente, um processo possível por causa da conexão da mente inconsciente individual com uma consciência coletiva ou inconsciente coletivo da humanidade, por meio de "campos de atração do inconsciente", conceito similar aos arquétipos de Carl Jung.

A mente humana individual é como um terminal de computador conectado a um banco de dados gigante. O banco de dados é a própria consciência humana, da qual nossa própria consciência é meramente uma expressão individual, mas com as suas raízes na consciência comum a toda a humanidade. A informação ilimitada contida neste banco de dados universal mostrou-se estar prontamente disponível para qualquer pessoa em poucos segundos, em qualquer momento e em qualquer lugar. O banco de dados transcende o tempo, espaço e todas as limitações da consciência individual.[4]

>> Hawkins e as emoções humanas

Os testes musculares conduzidos por Hawkins envolviam a participação de duas pessoas: uma permanecia em pé com um braço estendido

---

4. HAWKINS, David R. *Poder vs. força: Os determinantes ocultos do comportamento humano*. Barueri: Pandora Treinamentos, 2018.

horizontalmente, enquanto a outra aplicava uma força descendente no braço estendido após fazer uma pergunta de resposta binária. Se o braço permanece firme, sustentando o tônus muscular, isso indica uma resposta "sim" (resposta muscular forte); se o braço perde a força e o tônus muscular, cedendo à pressão exercida, isso indica um "não" (resposta muscular fraca).

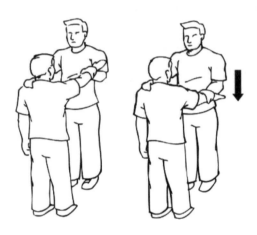

Nos testes elaborados por Hawkins, os voluntários ficavam frente a frente, um com o braço estendido à frente do corpo, enquanto o outro exercia uma força para baixo nesse braço.

Por meio desses testes, Hawkins identificou que era possível distinguir objetivamente a verdade da falsidade e, por consequência, mapear os níveis de consciência humana, criando uma escala logarítmica de 0 a 1.000, em que 1.000 representa o estado máximo de iluminação, atingido apenas por figuras como Krishna, Buda e Jesus.

Na prática, ele calibrou cada uma das dezessete emoções do Mapa da Consciência Humana repetindo o mesmo teste para cada emoção com muitos indivíduos ao longo de duas décadas. Para chegar à conclusão de que a aceitação opera em 350 Hz, ele realizou milhares de testes seguindo o mesmo molde.

- **"A aceitação calibra acima de 200 Hz?"** Resposta muscular: sim.
- **"A aceitação calibra acima de 300 Hz?"** Resposta muscular: sim.
- **"A aceitação calibra acima de 400 Hz?"** Resposta muscular: não.
- **"A aceitação calibra acima de 360 Hz?"** Resposta muscular: não.
- **"A aceitação calibra acima de 340 Hz?"** Resposta muscular: sim.
- **"A aceitação calibra 350 Hz?"** Resposta muscular: sim.

Dessa maneira, confirmou que a evolução da consciência humana, anteriormente vista apenas como um conceito místico em textos sagrados, pode ser efetivamente medida e descrita em termos de "padrões de atração" e "campos de energia", e que essa dinâmica não linear pode ser mensurada matematicamente com precisão científica por meio do Mapa da Consciência Humana.

É importante ressaltar que, antes de realizar os testes para medir as frequências das emoções, era essencial que os participantes avaliassem seus próprios níveis de consciência, pois a precisão e a confiabilidade das respostas obtidas deviam pressupor que a dupla de voluntários estava em um nível de consciência de 200 Hz ou mais, patamar no qual é possível se alinhar com a verdade objetiva, ultrapassando as percepções subjetivas. Abaixo dessa frequência, as pessoas tendem a ser dominadas por emoções ligadas à mera sobrevivência, com sua compreensão sendo limitada pela influência do ego.

Como já vimos, o nível 200 Hz (coragem), na Tabela de Hawkins, é descrito como o nível crítico, é o ponto de transição de influências negativas para positivas, entre a verdade e a falsidade. A partir desse limite, aumentando a frequência, as pessoas começam a superar tendências egoístas voltadas à sobrevivência, passando a valorizar mais o bem-estar dos outros.

>> Qual é a sua frequência vibracional?

Aprender a identificar a sua frequência vibracional é uma valiosa ferramenta de autoconhecimento que permite uma compreensão mais profunda sobre a sua energia, promovendo, assim, a reflexão sobre o que pode ser feito para elevar sua vibração a fim de acessar o seu poder de cocriador consciente.

Para identificar a frequência vibracional, você vai usar exatamente a mesma metodologia que Hawkins usou em suas pesquisas, mas não fará o teste do braço, pois, para isso, precisaria de um parceiro. Vou ensinar opções de autotestes cinesiológicos que podem ser executados de maneira individual.

Antes de apresentar as opções, exponho três passos básicos do autoteste, os quais devem ser seguidos independentemente da técnica que escolher.

• Passo 1 — Calibragem inicial

O primeiro passo é estabelecer uma base para as respostas "sim" e "não" utilizando afirmações básicas. Para isso, comece com uma afirmação verdadeira sobre si mesmo, como "meu nome é (diga seu nome)", que deverá produzir uma resposta muscular forte, o que indica "sim". Em seguida, faça uma afirmação falsa, como "meu nome é (diga qualquer nome que não seja o seu)", esperando uma resposta muscular fraca, correspondendo a um "não".

• Passo 2 — Sugestões de vibração

Após a calibragem inicial, o próximo passo consiste em fazer afirmações que sugerem diferentes níveis de frequência vibracional. Comece sempre pelo nível crítico de 200 Hz, e se permita ser guiado por sua intuição, testando a veracidade de afirmações que indicam níveis de vibração mais altos ou mais baixos. Por exemplo: "Neste momento, minha vibração é de 190 Hz?", "Neste momento, minha vibração é de 250 Hz?" e assim por diante. Continue ajustando as afirmações até encontrar a que ressoa como verdadeira para você, indicada pela força ou fraqueza da resposta muscular.

• Passo 3 — Ajuste fino e interpretação

O processo de ajuste consiste em refinar as suas afirmações até que as respostas musculares indiquem claramente a sua frequência vibracional atual. Isso pode exigir um pouco de prática e sensibilidade para interpretar corretamente as respostas musculares, mas rapidamente você vai aprender a identificar o ponto exato em que a resposta muda de forte para fraca ou vice-versa, indicando a sua frequência. Contudo, entenda que a frequência é dinâmica, ela oscila ao longo do seu dia, de acordo com a resposta a seus pensamentos, sentimentos, comportamentos e experiências. Então, fazendo a medição, você vai obter o resultado do momento, o qual não é, em hipótese nenhuma, definitivo.

>> Testes musculares

Como já expliquei, os testes musculares são uma ferramenta extremamente eficaz, pois permitem obter respostas diretas do inconsciente para perguntas binárias. Essa metodologia tem ampla gama de aplicações, incluindo a identificação da sua frequência vibracional. Aqui, vou apresentar duas opções para autoteste.

TESTE DO PÊNDULO HUMANO

Preparação: Certifique-se de estar bem hidratado antes de começar. Escolha um local e um momento tranquilos em que você não será incomodado ou interrompido.

Posição: Fique de pé, com as pernas ligeiramente afastadas e os braços relaxados ao lado do corpo.

Calibragem: Diga "SIM" e observe se há uma leve inclinação do seu corpo para a frente. Depois, diga "NÃO" e observe se há uma leve inclinação do seu corpo para trás. Então, faça a calibragem usando o seu nome para confirmar as respostas.

Execução: Comece perguntando se sua frequência vibracional está acima de 200 Hz. A partir dessa resposta, ajuste as perguntas, conforme mostramos pelo experimento de Hawkins, até encontrar a frequência exata.

TESTE DOS DEDOS

O teste dos dedos é particularmente indicado para quem tem dificuldade em interpretar as respostas do teste do pêndulo humano.

Preparação: Utilize a sua mão dominante para formar um "laço" com os dedos, e a mão não dominante como "testadora", para cortar o "laço" e separar os dedos. A ideia é que você faça força com uma mão para afastar os dedos tensionados da outra mão. Se consegue afastar os dedos, a resposta à sua pergunta é "não"; se não consegue afastá-los e eles se mantêm firmes, a resposta é "sim".

Posição dos dedos:[5] Existem várias formas de posicionar os dedos, escolha a que seja mais confortável e fácil para você. Veja alguns exemplos:

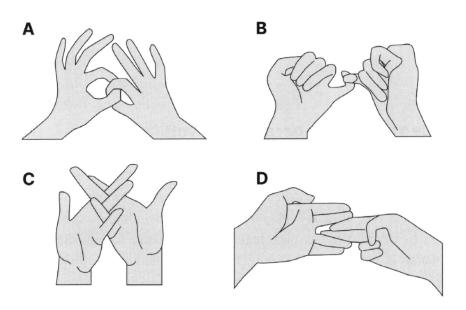

Execução: Comece calibrando o teste perguntando seu nome. Em seguida, pergunte se sua frequência vibracional está acima de 200 Hz, e ajuste as afirmações baseando-se nas respostas até encontrar a frequência exata.

5. Moo, L. R., Slotnick, S. D., Tesoro, M. A., Zee, D. S., & Hart, J. (2003). Interlocking finger test: A bedside screen for parietal lobe dysfunction. Journal of Neurology, Neurosurgery & Psychiatry, 74(4), 530–532. https://doi.org/10.1136/jnnp.74.4.530.

CAPÍTULO 3

Como funciona a holo cocriação de dinheiro e riqueza

O que você deseja para o outro volta para você

A holo cocriação da sua realidade, ou seja, a cocriação na matriz holográfica, está intrinsecamente ligada aos sentimentos e desejos que você nutre em relação aos outros, incluindo os seus concorrentes, bem como pessoas que o enganaram, ofenderam ou prejudicaram.

Como já vimos anteriormente, tudo influencia a nossa frequência vibracional. Se alimenta intenções negativas, como o desejo de que essas pessoas sofram ou percam tudo, essa energia negativa que acha estar emanando para o outro, na verdade, reverbera ao seu redor e, inevitavelmente, retorna para você, impactando negativamente sua própria vida, causando problemas como dificuldades financeiras e incapacidade de alcançar sucesso profissional.

Agir e pensar com negatividade o coloca em um campo eletromagnético contraído, no qual tudo parece dar errado e a sua vida se torna cada vez mais difícil. O oposto também é verdadeiro: quando age e pensa de forma positiva, praticando ativamente a gratidão, o amor e o perdão, você se alinha com uma frequência elevada e se torna cocriador de uma existência harmoniosa e alegre.

Lembre-se: quando aprende que você é o único responsável por sua realidade e que todos que cruzam seu caminho são, de certa forma, atores que contribuem para a sua jornada de desenvolvimento pessoal, você percebe diversas situações em que recebe de volta o que deseja aos outros.

Os processos eletromagnéticos

Na base de todo o ensinamento sobre cocriação da realidade, está o processo do eletromagnetismo: semelhante atrai semelhante e aquilo que vibra retorna para você.

O que você vibra não se limita apenas ao que pensa ou fala, pois a sua vibração é a essência de quem você é.

Quem você é?

Você é a soma das suas reclamações, tristezas, angústias, julgamentos, mas também da sua gratidão, alegria e amor. O resultado dessa soma define tanto o seu ser quanto a sua vibração.

Inclua nessa soma o que consome: as músicas que ouve, os filmes a que assiste, as notícias que lê, escuta e, muitas vezes, repete ao compartilhar com outras pessoas. Conteúdos negativos podem impregnar seu campo vibracional: acessar frequentemente notícias sobre crimes pode afetar negativamente a sua vibração, por exemplo.

Por isso, é importante compreender os segredos e poderes da mente, para entender como suas ações e pensamentos influenciam sua qualidade de vida. Vamos a um exemplo prático: imagine que foi enganado por alguém há anos. Como lidou com isso? Ficou preso àquela história, sem perdoar, sem reconhecer que aquela pessoa foi apenas mais um ator em sua jornada de vida e que ela lhe proporcionou uma lição necessária para a sua evolução?

Se não superou, a responsabilidade é toda sua. Se deseja o fracasso de quem o enganou, você está cocriando o seu próprio fracasso. Isso acontece porque está vibrando desejos de miséria, motivado por vingança, ressentimento, vitimização, julgamento e falta de perdão, ou seja, está vibrando apenas negatividade.

Enquanto isso, a pessoa a quem deseja mal talvez já tenha se esquecido de você, segue sua vida feliz e bem-sucedida, focada na própria felicidade e riqueza. E você? Vive uma realidade infeliz e cheia de rancor, manifestando mais motivos para se sentir uma vítima e reclamar. Lembre-se de que tudo o que deseja para o outro volta para você.

Assim como o que você faz retorna, o mesmo acontece com os outros, ou seja, se alguém o roubou ou enganou, essa pessoa terá seu próprio acerto de contas. Então, deixe que o universo se encarregue de resolver essa equação matemática e se concentre em como pode superar os obstáculos, perdoar e se expandir.

Aceitação e perdão

Você já entendeu que precisa elevar e ajustar a sua frequência para se alinhar com o fluxo da abundância universal e sintonizar e cocriar o dinheiro, a riqueza e o sucesso desejados. Mas quais são as frequências corretas que deve sintonizar para conseguir mudar a sua vida?

Já vimos que a partir de 200 Hz você deixa de vibrar na negatividade, no entanto, é na frequência da aceitação, em 350 Hz, que as mudanças começam a ser percebidas.

Compreenda que, ao aceitar o que viveu, você se "liberta" do passado, para de vibrar na mágoa, no ressentimento, na raiva, na tristeza, no medo, na vitimização e na reclamação. A polaridade contrária da aceitação é a resistência, por isso, só há dois caminhos: sem aceitação, você vive a resistência e o problema persistirá, mas, se aceitar, libera o fluxo do movimento para a mudança.

Entenda, entretanto, que aceitar não é ser conivente, não é concordar com tudo, não é afirmar que a atitude do outro foi correta; aceitar significa parar de lutar contra os fatos, significa compreender que, mesmo querendo que essa tragédia não tivesse acontecido, ela aconteceu e não há nada que possa ser feito para mudar isso. Tudo o que pode fazer é seguir em frente e não permitir que essa dor o impeça de ser feliz e realizar seus sonhos. Bingo!

Aí entra o *perdão*, um nível ainda mais profundo da aceitação, que permite a desconexão energética das pessoas que lhe causaram mal. Na verdade, o mais correto é falar em autoperdão; vou explicar melhor a seguir.

A aceitação não é completa se não for acompanhada do perdão, pois se aceitar o que aconteceu, mas continuar emanando ódio, ressentimento, raiva e desejo de vingança para quem lhe causou danos, essa energia negativa continuará ao seu redor. E pode dizer: "Você não sabe o que tal pessoa fez comigo, ela não merece o meu perdão!".

Quero que você compreenda que quem merece o seu perdão não é a pessoa que lhe fez mal, quem merece o seu perdão é você mesmo. Bingo de milhões!

Você pode pensar, equivocadamente, que o perdão é um benefício para o outro, mas a verdade é que o ato de perdoar beneficia muito mais a você. Aliás, o outro não precisa nem saber. O perdão é um processo interno que deve acontecer na sua consciência e no seu coração.

> Quero que você compreenda que quem merece o seu perdão não é a pessoa que lhe fez mal, quem merece o seu perdão é você mesmo. Bingo de milhões!

Perdoar é liberar todo o lixo emocional que o outro deixou em você. Perdoar é dizer: "Chega, não vou mais gastar minha energia sentindo raiva, ódio, ressentimento e desejando o mal de tal pessoa. Deixo que ela viva a consequência do que me fez, porque ela é responsável por seus atos, assim como eu sou responsável por tudo que faço. A partir de agora, escolho direcionar toda a minha energia para ser feliz e próspero". O seu trabalho é apenas cuidar de si mesmo, limpar seus sentimentos negativos e focar a sua vida, os seus sonhos.

"Ah, mas eu não consigo…" Consegue, sim! Reflita comigo: essa pessoa já o feriu, já o enganou e, mesmo assim, você deseja mantê-la em seus pensamentos? Essa pessoa fez o que fez e você vai permitir que os sentimentos negativos gerados por aquela situação continuem prejudicando, impedindo a sua felicidade, paz e prosperidade?

Ordene que essa situação não tenha mais o poder de impedir a sua felicidade; o que passou, passou. Causou dores, eu sei, mas elas não precisam ser reproduzidas no seu dia a dia. Além disso, sua felicidade, paz e prosperidade não têm mais nada a ver com essa pessoa, nem com a situação que lhe fez mal; têm a ver somente com sua atitude de se recusar a perdoar, fazendo com que ela permaneça em seus pensamentos, consumindo sua energia. Perdoar é uma decisão consciente, e até mesmo estratégica, quando compreende como ela afeta a quantia que você tem no banco.

Uma vez que aceita e perdoa, logo na sequência você se sintoniza com a gratidão, o amor, a alegria, a harmonia e outros campos de poder, os quais trazem o alinhamento com a consciência do dinheiro. Essa é a decodificação para entrar na *frequência da abundância*. Bingo!

Sempre que vibra na abundância, está vibrando nesse combo de emoções positivas. Por isso a abundância é o caminho para a riqueza. Se viver e sentir a abundância em tudo o que faz, vai encontrar a riqueza.

Autorresponsabilidade

A autorresponsabilidade é um princípio fundamental para quem busca crescimento pessoal e cocriação consciente de sua realidade. Ao assumir total responsabilidade por sua vida, você reconhece que, embora não possa controlar tudo o que acontece, tem o poder de decidir como reagir a essas situações. Esse entendimento é libertador, pois tira o foco das circunstâncias externas e coloca a ênfase em sua própria capacidade de ação e transformação.

>> Transferência de responsabilidade e o papel de vítima

Quando culpamos alguém por nossas dificuldades ou insucessos, estamos, na verdade, transferindo nossa responsabilidade para o outro. Esse ato pode parecer uma forma de aliviar a pressão ou o peso das situações, mas, na verdade, nos enfraquece, pois nos coloca no papel de vítima. A vitimização tira de nós o poder de ação e nos faz acreditar que somos reféns das circunstâncias, do passado ou das atitudes de outras pessoas.

O problema com esse tipo de postura é que, ao colocarmos a culpa fora de nós, abdicamos do controle sobre nossa própria vida. Ficamos presos à ideia de que as condições externas determinam nosso sucesso ou fracasso, felicidade ou infelicidade. Entretanto, a realidade é que aquilo que aconteceu com você no passado, por mais doloroso que tenha sido, não é o que define seu presente ou futuro. O que realmente importa é o que você faz com essas experiências agora e como escolhe lidar com elas daqui em diante.

>> O presente como espaço de poder

A autorresponsabilidade ensina que o momento presente é o único lugar onde temos real poder. O passado já passou e não pode ser mudado, e o futuro ainda está por vir, moldado pelas ações e decisões que tomamos agora. Quando nos ancoramos no presente, temos a oportunidade de reescrever nossa história e transformar qualquer adversidade em aprendizado e crescimento.

Esse conceito é particularmente relevante quando consideramos o impacto que nossas decisões têm sobre o futuro. Se continuarmos a nos prender ao papel de vítimas, nossa energia será drenada e repetiremos padrões que nos mantêm estagnados. No entanto, ao assumir a responsabilidade, estamos ativamente moldando um futuro diferente, um futuro onde temos controle sobre como reagimos às situações e sobre as ações que tomamos para superar os desafios.

>> Autorresponsabilidade: escolher o empoderamento

A autorresponsabilidade é um ato de empoderamento. Ela nos convida a olhar para nossas experiências, sejam elas positivas ou negativas, e perguntar: "O que posso fazer agora para mudar minha realidade?". Quando mudamos a pergunta de "Por que isso aconteceu comigo?" para "O que eu posso fazer com isso?", mudamos também nossa postura em relação à vida. Essa mudança de perspectiva nos coloca em uma posição ativa, em vez de reativa, permitindo que assumamos o controle de nossas emoções, decisões e, consequentemente, da direção de nossa vida.

É importante lembrar que autorresponsabilidade não significa culpar a si mesmo ou ignorar o que outras pessoas possam ter feito. Em vez disso, é uma escolha consciente de não deixar que essas circunstâncias externas determinem sua felicidade ou seu sucesso. Significa olhar para o que aconteceu, aceitar o que você não pode mudar e, a partir disso, focar o que você pode transformar.

>> Construindo um futuro diferente

Ao assumir a responsabilidade por suas escolhas e ações, você abre caminho para criar um futuro melhor, independentemente do que aconteceu no passado. A chave está em reconhecer que o poder de mudar está em suas mãos. Isso não significa que o caminho será sempre fácil ou que você nunca enfrentará obstáculos, mas significa que, independentemente das dificuldades, você terá as ferramentas internas para superá-las.

Quando você para de culpar os outros ou as circunstâncias, você deixa de ser uma vítima do passado e passa a ser o autor da sua própria vida. Com isso, você se torna o arquiteto do seu futuro, tomando decisões baseadas em suas verdadeiras intenções e alinhando-se com os resultados que deseja alcançar.

A autorresponsabilidade ensina que o que realmente importa não é o que nos aconteceu, mas sim o que fazemos com essas experiências. Ao assumir total responsabilidade por nossas ações, pensamentos e emoções, nos empoderamos para criar a realidade que desejamos. O presente é onde nosso poder reside, e é nele onde podemos reescrever nossa história, superar o passado e construir um futuro baseado em escolhas conscientes e alinhadas com o que queremos para nossa vida.

Com minha experiência nas redes sociais, identifiquei que as pessoas que se sentem vítimas da vida são as que mais me criticam de forma raivosa. Para as vítimas, é difícil ver e ouvir alguém que lhes revela que vivem sob esse arquétipo, que lhes diz que elas são responsáveis por aquilo que vivem. Isso dói. Elas querem pessoas que validem o que pensam, que acolham seu vitimismo, e quem não faz isso é alvo de toda a sua negatividade interna.

Se falo para uma pessoa com características de vítima que é ela mesma quem está prejudicando a própria vida, provocando seu sofrimento, escassez e fracasso, ela simplesmente não acredita, e ainda revida com xingamentos.

Ao culpar alguém, você transfere para outra pessoa a responsabilidade de algo que aconteceu e do que pode acontecer. Você pode pensar: "Se não tivesse acontecido tal coisa comigo, se tal pessoa não tivesse feito aquilo, eu teria sucesso, seria feliz, próspero…". Mas vimos anteriormente que não importa o que aconteceu no passado; o que importa é o que você faz com essa história no presente e como deixará que isso afete o seu futuro.

Não estou aqui invalidando as suas dores e os seus sofrimentos, o que estou apontando é que continuar sofrendo, continuar sendo vítima pelo que lhe aconteceu é uma *escolha*. Sim, você não teve escolha quando aconteceram os dramas e tragédias que marcaram a sua história, mas tem o poder de escolher o que fazer com eles a partir de agora; você não teve escolha sobre o que viveu no passado, mas pode escolher o seu futuro.

Enquanto estiver buscando e deixando que as pessoas passem a mão na sua cabeça, validando a sua condição de vítima, de coitadinho, sua realidade não mudará. Aquela pessoa que alisa sua cabeça está, na realidade, prejudicando você, porque ela alimenta a química do fracasso. Quando alguém tenta tirá-lo desse local, mas você não está preparado para ouvir algumas verdades, irá resistir, às vezes até reagindo com agressividade.

Deus é tão inteligente que deixou a nós o poder do livre-arbítrio. Se chegou até aqui, provavelmente começou a compreender que é justamente o livre-arbítrio que nos dá o poder de mudar qualquer situação, e é isso que você está aprendendo aqui: iniciar o processo de mudança, de vibração.

Seja o seu milagre

Quanto tempo de terapia seria necessário para você aprender o que aprendeu até aqui? Quantos anos precisaria passar sentado no divã com alguém esfregando a verdade na sua cara? Comigo foi assim; não tive a oportunidade que você está recebendo agora. Demorei bastante para chegar à conclusão de que essa jornada é muito mais tranquila do que pensava inicialmente.

"Ah, mas eu queria um milagre! Um milagre para tudo melhorar da noite para o dia." Quer um milagre? Pois seja esse milagre! Um milagre não acontece para você, um milagre só acontece através de você. Bingo!

> Um milagre não acontece para você, um milagre só acontece através de você.

Por isso, se não partir de você a decisão de mudar, de pelo menos pedir ajuda, de agir para melhorar, o milagre jamais existirá. Sim, sei que isso dói como levar um tapa na cara, mas às vezes isso é importante para que possamos acordar e ganhar o impulso necessário com o objetivo de sair de uma posição que nos prende.

CAPÍTULO 4

Holo cocriação de dinheiro sob a perspectiva da física quântica

A física quântica, frequentemente associada a cálculos complexos e tecnologia avançada, é vista como inacessível por muita gente — talvez, inclusive, por você. Realmente, para compreender seus teoremas e equações, é necessário um conhecimento específico na área, porém não é preciso ter doutorado ou ser especialista para compreender seus aspectos práticos, filosóficos e espirituais e, sobretudo, a aplicação de seus princípios na holo cocriação da realidade.

Essa jovem ciência de pouco mais de um século de existência vem se tornando cada vez mais acessível, mostrando que seus princípios, embora sejam derivados de equações matemáticas complexas, são observáveis no cotidiano. A cocriação da realidade é explicada pela física quântica: a consciência humana é capaz de interagir com partículas subatômicas e influenciar o comportamento delas, seja por uma onda de energia ou partícula material.

O colapso da função de onda consiste no choque vibracional entre duas ondas de energia no universo. No caso da cocriação da realidade, as duas ondas que colapsam são a onda de energia emitida por você, através do seu campo quântico e de sua frequência, e a de vibração correspondente da matriz holográfica.

Em outras palavras, o colapso da função de onda acontece quando a sua frequência entra em ressonância ou correspondência vibracional com outra onda de energia correspondente no universo. Quando isso ocorre, forma-se a matriz ou o holograma do seu desejo, que se manifestará como matéria.

Mas por que estou abordando isso? Porque o dinheiro também é um colapso de função de onda, em todas as suas formas de apresentação: o dinheiro que você tem na carteira agora, o saldo da sua conta bancária, o seu salário, os rendimentos de investimentos e toda e qualquer forma de remuneração, patrimônio, herança, prêmios, doações etc.

No caso do dinheiro, para que ocorra o colapso de função de onda necessário que fará com que ele se manifeste abundantemente em sua vida, é preciso que a onda e a frequência enviadas por você sejam de prosperidade e abundância, ancoradas em emoções elevadas, como amor, alegria, gratidão e sentimento inato de riqueza, em uma frequência superior a 500, 600, 700 Hz.

Se assim for, naturalmente haverá uma simbiose quântica entre a sua vibração e a vibração genuína de Deus. E sabe qual é a frequência do Criador? É a frequência da luz, do amor, da abundância, da prosperidade, da riqueza, do sucesso e das realizações em todas as esferas e campos da vida, seja afetivo, profissional, financeiro ou familiar.

Portanto, esse é o colapso mais interessante e produtivo que você pode fabricar holograficamente em sua vida, na sua jornada. Ele, certamente, vai determinar o seu sucesso econômico, materializar a abundância e concretizar todos os desejos que você possui relacionados a dinheiro e riqueza. Perceba, mais uma vez, que tudo se trata de uma questão de energia, frequência e vibração e que tudo depende de suas ações, atitudes, daquilo que vibra dentro de você.

Por exemplo, quando você pensa e cria imagens mentais de um evento, seja negativo como "não vou ter dinheiro no final deste mês", seja positivo como "tenho certeza de que este mês faturarei muito com comissões", e, de fato, isso se concretiza, por trás dessa suposta "coincidência" ou de sua mágica capacidade de prever o futuro estão os princípios da física quântica.

A todo momento, de forma inconsciente, você está cocriando a sua realidade com base nos princípios da física quântica. Quero convidá-lo a conhecer esses princípios para, então, mostrar como eles podem ajudá-lo a, de forma consciente, cocriar sua realidade de riqueza. Para isso, vamos explorar elementos como o átomo, o campo eletromagnético, a matriz holográfica, o colapso da função de onda, a teoria do desdobramento do tempo, a teoria do multiverso, entre outros.

A cientificação da metafísica

A física quântica tem como objeto de estudo a estrutura e o comportamento das partículas subatômicas, trazendo a perspectiva científica para conceitos tidos como místicos, ocultos ou esotéricos, antes explorados apenas pelas doutrinas metafísicas.

Apesar de ser uma ciência relativamente nova, seus fundamentos são conhecidos desde as antigas civilizações, de modo que sua verdadeira inovação não é *o que* ela ensina, mas *como* ela ensina, a saber, uma abordagem científica rigorosa de conceitos e princípios tradicionalmente considerados esotéricos, em especial, a existência de uma fonte de energia, a interação entre mente e matéria, o poder da oração e a telepatia. Também promove uma compreensão profunda do autoconhecimento, baseando-se em um princípio de simetria, no sentido de que, se tudo é feito de átomos, os princípios quânticos que regem o universo também se aplicam a nós e à nossa realidade.

A física quântica não só revolucionou o meio científico e acadêmico ao demonstrar a influência da consciência humana sobre a matéria, mas também oferece caminhos para aqueles que buscam alinhar-se com as leis quânticas para cocriar a realidade desejada a partir de infinitas possibilidades. Por isso, atualmente ela é vista como a ciência das infinitas possibilidades, a ciência que garante que tudo é possível, desde que certas condições sejam atendidas.

O átomo — a unidade básica de tudo que existe

O átomo, a unidade básica de tudo que existe no universo, desde galáxias até moléculas de DNA, é composto por um núcleo de nêutrons (carga neutra) e prótons (carga positiva), cercado por elétrons (carga negativa) em movimento, formando uma "nuvem" de energia.

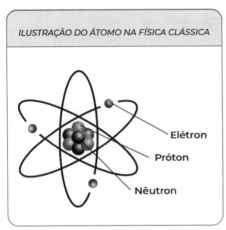

Diferentemente da ilustração didática simplificada que mostra os elétrons em órbitas elípticas perfeitas, os elétrons não têm posição fixa e seu movimento não é previsível, alternando entre estados de partícula e onda. Na realidade, o átomo é majoritariamente composto de espaço "vazio" (vazio entre aspas, pois ele é pura energia pulsante invisível!), com o núcleo representando apenas uma fração minúscula do seu tamanho total.

O fato de o átomo ser composto muito mais de "vazio" do que de matéria evidencia que a realidade material que captamos com nossos sentidos físicos é quase insignificante em comparação com a vasta quantidade de energia que constitui a maior parte do universo.

Essa perspectiva ecoa a visão de que a realidade material que percebemos é quase nada frente à realidade última, uma ideia que lembra a afirmação de Buda sobre a realidade ser uma ilusão, destacando o quanto nossa percepção da realidade é limitada em relação à totalidade do universo.

Campo eletromagnético

A "nuvem" subatômica de elétrons, composta essencialmente de energia, emite frequências e informações através de *campos eletromagnéticos*. O eletromagnetismo, conforme descrito e demonstrado pelo físico James Clerk Maxwell (1831-1879), é o fenômeno decorrente da ligação entre eletricidade e magnetismo.

O eletromagnetismo é uma das quatro forças fundamentais da natureza e descreve a interação entre partículas eletricamente carregadas. É composto por dois fenômenos interligados: os campos elétrico e magnético. Quando uma partícula carregada, como um elétron, está em movimento, ela gera um campo magnético, e quando está sob a influência de uma força, gera um campo elétrico. A interação desses campos cria o que chamamos de **campo eletromagnético**, que permeia o espaço e pode se propagar na forma de ondas, como a luz, o calor e até ondas de rádio.

>> Campo eletromagnético e vibração universal

No universo, o campo eletromagnético desempenha um papel crucial na transmissão de energia e informação. Desde as radiações cósmicas até as frequências que nossos dispositivos eletrônicos utilizam, tudo está interligado por ondas eletromagnéticas. Essas ondas transportam diferentes tipos de energia, como a luz visível e as ondas de rádio, e conectam a matéria e a energia em todas as escalas, desde o nível subatômico até o macrocosmo.

Em termos de vibração universal, o campo eletromagnético pode ser visto como a "teia" pela qual todos os fenômenos no universo estão interligados. A física quântica, inclusive, postula que tudo está em constante movimento vibracional, e que essas vibrações são uma expressão da energia presente em campos eletromagnéticos. Isso nos leva a um entendimento mais profundo de como o universo é, essencialmente, um campo energético em constante interação.

>> Campo eletromagnético pessoal

Cada pessoa também gera seu próprio **campo eletromagnético pessoal**, muitas vezes referido como "aura" em contextos espirituais e energéticos. Esse campo é criado pela atividade elétrica do corpo, principalmente a partir do sistema nervoso e do coração. O coração humano, em particular, gera um campo eletromagnético muito potente, que pode ser medido a vários metros de distância com equipamentos apropriados. Esse campo não apenas reflete o estado físico da pessoa, mas também é influenciado por suas emoções, pensamentos e intenções.

Pesquisas feitas pelo Instituto HeartMath, por exemplo, mostraram que o campo eletromagnético do coração é diretamente afetado pelas emoções. Sentimentos positivos, como amor e gratidão, tendem a criar padrões eletromagnéticos mais coerentes, enquanto emoções negativas, como raiva e frustração, resultam em padrões incoerentes. Esses padrões são percebidos não apenas internamente, mas também podem afetar o ambiente ao redor e as pessoas próximas, sugerindo que nosso campo eletromagnético pessoal tem um papel importante nas interações humanas e na cocriação da realidade.

>> Interação do campo eletromagnético pessoal com o ambiente

O campo eletromagnético pessoal não existe isolado. Ele interage constantemente com outros campos ao nosso redor, como os campos eletromagnéticos gerados por dispositivos eletrônicos, pela Terra e por outras pessoas. Essa interação é um fator importante no entendimento de como a energia flui entre indivíduos e ambientes, influenciando o bem-estar, a saúde emocional e até a realização pessoal.

Em termos de cocriação da realidade, o conceito de que "semelhante atrai semelhante" pode ser compreendido sob a ótica do campo eletromagnético pessoal. Nossas emoções e pensamentos geram frequências específicas dentro do campo que emitimos, e essas frequências podem atrair experiências, pessoas e situações que ressoam em harmonia com elas. Assim, se uma pessoa está emitindo frequências baseadas em medo ou escassez, ela tende a atrair circunstâncias semelhantes. Por outro lado, quando alguém está vibrando em frequências de amor, gratidão e abundância, seu campo eletromagnético tende a atrair experiências positivas.

A relação entre o eletromagnetismo, o campo eletromagnético e o campo eletromagnético pessoal é fundamental para compreender o papel da energia em nossa vida. O universo é um vasto campo de vibrações e interações eletromagnéticas, e nós, como seres humanos, estamos profundamente conectados a ele através de nosso próprio campo pessoal. O que vibramos, seja através de pensamentos, emoções ou intenções, influencia diretamente o que atraímos para nossa vida. Compreender e harmonizar nosso campo eletromagnético pessoal nos capacita não apenas a melhorar nosso bem-estar, mas também a assumir o controle do processo de cocriação da nossa realidade, alinhando nossa energia às experiências que desejamos manifestar.

Nas doutrinas metafísicas e esotéricas, esse campo eletromagnético pessoal é conhecido desde sempre pelo conceito de aura. No universo da holo cocriação, eu chamo esse campo de assinatura eletromagnética, assinatura energética ou assinatura vibracional.

Os campos eletromagnéticos permitem a atração mútua entre átomos, levando à formação de moléculas, células, tecidos, órgãos, sistemas e, finalmente, o corpo humano como um todo. Cada nível de organização possui seu próprio campo eletromagnético resultante da fusão dos campos de seus componentes, contribuindo para a formação de identidade, personalidade e estado de ser.

A **assinatura vibracional** ao redor do corpo é o reflexo da energia emitida por cada pessoa, gerada principalmente pelos pensamentos, pelas emoções e pelas intenções. Essa assinatura cria um campo energético ou **campo eletromagnético pessoal**, também conhecido como **aura**, que pode ser sentido e, em certos casos, até visualizado por pessoas sensíveis a energias sutis.

>> Exemplo de comportamento da assinatura vibracional

Imagine uma pessoa que está em um estado de alegria e gratidão profundo. Seus pensamentos são positivos, seu coração está em harmonia e ela se sente conectada a si mesma e ao mundo ao seu redor. Nesse estado, o campo eletromagnético ao redor do seu corpo se expande e vibra em uma frequência elevada e coerente. Isso significa que as ondas eletromagnéticas emitidas por seu corpo formam um padrão organizado e harmônico, semelhante a um som melódico e agradável.

Esse campo vibracional harmonioso pode ser sentido por outras pessoas próximas. Por exemplo, ao entrar em uma sala, essa pessoa traz consigo uma sensação de bem-estar que pode influenciar o humor e a energia do ambiente. Outras pessoas podem se sentir mais calmas, felizes ou inspiradas na presença dela, mesmo que não entendam o motivo. Isso acontece porque seu campo eletromagnético positivo interage com os campos das outras pessoas, elevando a vibração coletiva do espaço.

Agora, considere o oposto: uma pessoa que está ansiosa, frustrada ou com raiva. Os pensamentos são caóticos, as emoções estão em desarmonia, e o corpo reage emitindo uma frequência mais baixa e desorganizada. O campo eletromagnético ao redor do corpo dessa pessoa tende a se contrair e a vibrar de maneira irregular. Esse padrão vibracional incoerente pode ser sentido como uma "tensão no ar" por outras pessoas, que podem sentir desconforto ou irritação na presença dela, mesmo sem saber exatamente o porquê.

>> Expansão e contração do campo eletromagnético

Quando estamos em estados emocionais positivos, o campo eletromagnético ao redor do corpo tende a se expandir. Em um estado de alta vibração — como amor, alegria, gratidão —, o campo pode alcançar uma amplitude maior, chegando a vários metros de distância. Isso cria uma "aura" forte, que não só protege a pessoa de influências negativas, mas também atrai situações e pessoas que estão na mesma frequência.

Em estados negativos — como medo, raiva ou tristeza —, o campo se contrai e enfraquece. Essa contração faz com que a pessoa se sinta mais vulnerável a influências externas e, frequentemente, atraia situações ou pessoas que refletem essa vibração mais baixa.

>> Influência da assinatura vibracional na realidade

A assinatura vibracional, então, funciona como um sinal emitido ao universo. Se a pessoa está em um estado de coerência vibracional, alinhada com emoções e pensamentos elevados, ela está "transmitindo" uma mensagem clara para atrair experiências que correspondem a essa frequência elevada. Se a pessoa está em uma vibração mais baixa e desarmônica, suas experiências e interações tendem a refletir esse estado, criando um ciclo de frustração ou desafios.

A consciência dessa assinatura vibracional permite à pessoa moldar intencionalmente seu campo energético, equilibrando suas emoções e pensamentos para criar uma realidade mais alinhada com seus desejos. Ao prestar atenção a esse campo, podemos usar práticas como meditação, respiração consciente e exercícios de gratidão para expandir nossa assinatura vibracional e atrair experiências positivas.

O mecanismo de atração e fusão de campos eletromagnéticos não se limita apenas ao corpo humano, mas opera em toda a existência, desde animais e plantas até objetos e galáxias. A fusão última de todos os campos eletromagnéticos de tudo o que existe resulta no chamado campo quântico ou matriz holográfica, de que falarei logo a seguir.

A sua interação com o mundo e a manifestação da sua realidade ocorrem por meio desse processo de atração eletromagnética, pelo qual campos de frequências similares se atraem, ou melhor, se sintonizam por ressonância e afinidade. É por isso que sua realidade é formada pela fusão entre as energias emitidas pelo seu campo eletromagnético e as de outros campos, sendo influenciada por seus pensamentos, sentimentos e comportamentos. Isso significa que, no nível quântico sutil do eletromagnetismo subatômico, a explicação para você estar vivendo uma realidade de escassez está no fato de estar emitindo essa vibração ao universo, o que o leva a sintonizar, por afinidade eletromagnética, campos de vibração equivalente que culminam na manifestação de uma realidade indesejada.

Naturalmente, a solução para isso é passar a emitir uma vibração de prosperidade, riqueza, abundância e sucesso para, também por afinidade, entrar em ressonância com campos de vibração equivalentes, os quais, inevitavelmente, se manifestarão na matéria.

Está compreendendo como tudo o que falamos anteriormente sobre frequência vibracional está relacionado à física quântica? Com mais essa informação, você está convencido de que deve, intencionalmente, direcionar a cocriação da sua realidade alinhando a frequência do seu campo — a sua assinatura eletromagnética — com o campo eletromagnético da realidade potencial que deseja vivenciar, modulando conscientemente suas emoções, pensamentos e ações?

Campo quântico — a matriz holográfica

O campo quântico ou vácuo quântico, a que me refiro como matriz holográfica, é um conceito que une ciência e espiritualidade e que serve de base para todas as explicações da física quântica, bem como das doutrinas metafísicas.

O conceito de campo quântico, presente em diversas tradições espirituais ao longo da história, afirma a existência de uma fonte de energia inteligente que mantém as partículas subatômicas unidas e possibilita a formação da realidade. Ele é compreendido como autoconsciente, composto por energia, informação e inteligência infinitas, e abrange todas as possibilidades de comportamentos humanos e expressões da realidade de uma forma geral. Nesse sentido, em última instância, a física quântica pode ser vista como uma interpretação científica da espiritualidade, com o campo quântico representando a mente de Deus, do Criador ou da Inteligência Criadora.

Compreender e aceitar intelectualmente a existência da matriz holográfica e validar a existência desse campo já é um avanço para entender que você e seus sonhos estão energeticamente unificados dentro dessa imensidão energética inteligente. Porém, acessar, interagir e se comunicar com a matriz holográfica transcende a percepção sensorial e intelectual e exige uma experiência de consciência.

Nesse sentido, a Técnica Hertz se apresenta como uma ferramenta poderosa para elevar a sua frequência e promover o acesso, comunicação e interação com a matriz holográfica, especialmente por meio do *ponto zero*, um aspecto fundamental da prática que facilita a conexão espiritual pelo silêncio da mente.

Com essa técnica, você visualiza e sente como é ser um *novo eu*, visualiza e sente como é a experiência de viver uma realidade de riqueza, prosperidade e sucesso, eleva a sua frequência vibracional com as emoções positivas e silencia o ponto zero. Espontaneamente, interage com a matriz holográfica, comunicando-lhe qual é o seu desejo, fazendo com que a sua onda pessoal sintonize com a onda da realidade potencial que deseja manifestar.

Função de onda e colapso da função de onda

A *função de onda*, simbolizada pela letra grega *psi* (Ψ), é um conceito da física quântica que representa uma equação matemática usada para calcular a probabilidade de encontrar uma partícula em determinado local, espaço e tempo.

Seu conceito está ligado aos princípios da dualidade onda-partícula e da superposição quântica e indica que cada possibilidade, cada realidade material potencial existe como uma onda de pura energia, sem forma física, mas que pode se transformar em partícula física sob certas condições.

Na cocriação da realidade, por exemplo, a função de onda corresponde ao holograma do seu sonho que existe como potencial energético na matriz holográfica, e que pode ser cocriado na realidade material sob a condição de emitir uma frequência vibracional equivalente.

Quando a onda de energia emitida pelo seu campo pessoal ressoa e se funde com ondas de energias equivalentes no universo, dizemos que as ondas, de acordo com o fenômeno descrito pela física, "entraram em *fase*". Já quando duas ou mais ondas de energia de campos eletromagnéticos afins se fundem, isto é, entram em *fase*, ocorre o *colapso da função de onda*, que consiste, basicamente, na conversão da onda do estado de pura energia para o estado de partícula material.

Na cocriação, o colapso da função de onda é o processo pelo qual a realidade desejada se manifesta materialmente, sob a condição de haver alinhamento entre a consciência individual e a consciência superior. Sem isso, não existe cocriação consciente; na verdade, havia a "cocriação do contrário", isto é, cocria-se inconscientemente uma realidade oposta àquela que se deseja conscientemente.

Por exemplo, se deseja conscientemente um fluxo abundante de dinheiro, riqueza e prosperidade em sua vida, porém seus sentimentos e comportamentos expressam pobreza e escassez, você não está enviando uma frequência coerente ao universo, de modo que a sua onda eletromagnética não coincidirá, não entrará em fase com a onda da realidade de abundância desejada.

Observe a imagem a seguir.

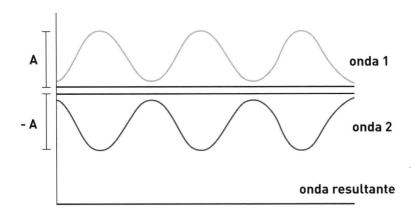

Imagine que a onda 1 é a onda eletromagnética da realidade potencial de riqueza, prosperidade, abundância e sucesso que deseja cocriar. A onda 2 é a onda eletromagnética de pobreza e escassez que você está inconscientemente emitindo para o universo a partir da sua frequência vibracional.

Como pode observar, as duas ondas são diferentes — os picos e vales não coincidem —, portanto, não tem como elas entrarem em fase e fazer com que ocorra o colapso da função de onda. Agora, observe a onda resultante: o encontro resulta em uma onda do universo *nula*, representada por uma linha reta, sem qualquer oscilação vibratória. Essa é a representação gráfica de quando as vibrações não estão alinhadas.

Na prática, isso significa que a cocriação de riqueza desejada não se manifestou, ou seja, infelizmente, a pessoa ainda vivencia uma realidade que vibra escassez e fracasso, resultado de a frequência emitida ser dissonante da frequência do seu sonho.

Agora, observe esta outra figura.

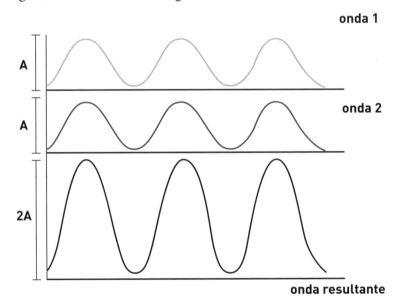

Imagine novamente que a onda 1 é a onda eletromagnética da realidade potencial de riqueza, prosperidade, abundância e sucesso que você deseja cocriar, e a onda 2 é a onda eletromagnética de riqueza, prosperidade, abundância e sucesso que está *intencionalmente* emitindo para o universo com a sua frequência vibracional.

Repare que as duas ondas são equivalentes, seus picos e vales se "encaixam" perfeitamente, portanto, quando se encontram, elas entram em fase e se fundem em uma só onda (na figura, a onda resultante), em um processo denominado, na física, *interferência construtiva.*

Essa é uma representação do que acontece quando a sua onda se funde à do universo: elas se unem formando uma onda de maior amplitude, a qual vai colapsar para que ocorra a materialização da realidade idealizada. Essa é a representação gráfica de que você é o cocriador de sua realidade e o responsável por realizar o colapso da função de onda.

Talvez você não esteja gostando muito de toda essa teoria, mas acho importante abordar esses princípios da física quântica relacionados à cocriação para que entenda que este trabalho foi estruturado sobre o estudo de diversas áreas do conhecimento. Agora que já sabe a teoria, está nas suas mãos fazer os ajustes necessários na sua própria frequência vibracional para que entre em fase com o universo e cocrie a realidade que deseja.

Abundância vibracional

Você aprendeu até aqui que não há nada estático, rígido e sólido e que todas as coisas resultam de padrões de energia, ou seja, tudo é apenas um modelo holográfico regido por energia, frequência e vibração, e todo holograma pode ser materialmente manifestado pelo olhar da consciência. Vimos também que a sua frequência exerce influência direta no plasma quântico da matriz holográfica, permitindo a criação de qualquer objeto, contexto ou versão da realidade nesse plano físico ou mesmo multidimensional.

Com os avanços tecnológicos das últimas décadas, os cientistas puderam observar a estrutura do núcleo dos átomos, onde encontraram os *quarks* e os *bósons*, subpartículas atômicas formadas de energia. Por trás de tudo isso, segundo os cientistas, existe a energia da matriz hológrafica, o *quantum* do Criador, o vácuo quântico, a substância amorfa que também está impressa no seu DNA, nas suas células e em cada neurônio da sua mente interestelar.

Essa descoberta fantástica também se aplica ao dinheiro: o dinheiro é quântico e a riqueza é vibracional, pois eles têm frequência e vibração. Se você pegar uma nota de cem reais e observá-la com um microscópio muito potente, você verá seus átomos e sua constituição vibracional e perceberá que, por trás da composição atômica da nota, o que existe é apenas a energia natural do universo.

Assim, o dinheiro e todas as formas de riqueza também são holográficos. O ponto é que a energia do dinheiro ou de qualquer experiência de abundância não são fatores ou agentes naturais e, por isso, para que se manifestem em sua vida, precisam ser solicitados ou ativados por você, isto é, pela sua consciência e pelo olhar quântico do observador da realidade.

O dinheiro, por si, contém a energia natural do universo, mas é uma energia neutra e simbólica, por isso, quem determina a sua frequência ou sua potência vibracional é apenas você. Isso significa que, invariavelmente, o que vibra dentro de você também se processa quanticamente no aspecto do dinheiro, da riqueza ou da prosperidade.

Se você se **sentir** próspero, afortunado, rico e com uma conta repleta de dinheiro e recursos financeiros, a tendência é que você, com o tempo, passe a experimentar essa realidade, pois nem o seu cérebro, nem o universo como um todo conseguem diferenciar a realidade que você vivencia materialmente da realidade que você vivencia na sua imaginação. Tanto para o seu cérebro, quanto para o universo, tudo que existe e conta é a **vibração** emitida por você através do seu campo eletromagnético.

A sua vibração é determinada pelo que você pensa, sente, fala e faz. Assim, em última instância, sua vibração depende daquilo que você acredita, das crenças que você tem, da sua mentalidade, das emoções que você cultiva e das suas atitudes.

A escolha entre vibrar escassez e vibrar abundância é sua!

Qual escolhe?

Qual onda resultante quer criar?

Experimento da dupla fenda e o poder da consciência

O experimento da dupla fenda, conduzido por Thomas Young, em 1801, comprovou a influência da consciência humana sobre a matéria. Nesse experimento, Young observou que feixes de partículas de luz (fótons) disparados contra uma parede, atravessando no meio do caminho um anteparo com duas fendas verticais, se comportavam de duas maneiras diferentes: sem observador, a luz passava pelas duas fendas e formava um padrão difuso na parede; com observador, duas listras correspondentes às fendas se formavam na parede.

O experimento foi repetido diversas vezes, sempre apresentando os mesmos resultados, o que indicava que a luz se comportava tanto como onda quanto como partícula, dependendo das condições a que era submetida. Duas conclusões principais emergiram do experimento:

1. Átomos podem se comportar como ondas, partículas ou ambos simultaneamente.

2. A observação consciente pode converter energia em matéria, conforme a expectativa do observador.

Na prática da cocriação de dinheiro e riqueza, essas conclusões podem ser traduzidas e interpretadas nos seguintes termos:

1. A realidade em que você é rico, próspero, milionário, feliz e bem--sucedido existe como uma onda de energia (função de onda) pronta para ser materializada.

2. A sua consciência, por meio do seu olhar atento, pode materializar uma realidade (colapso da função de onda).

3. Se retirar o foco e a atenção dos seus problemas financeiros e da realidade de escassez, você pode desmaterializá-los por falta de observação, fazendo com que retornem ao estado de onda.

4. Se, da mesma forma que Thomas Young comprovou que pela observação um feixe de partículas de luz, ao atravessar o anteparo com duas fendas, forma duas marcas correspondentes na parede, você tiver a certeza de que seu sonho existe e já é seu, ele será materializado.

5. Você é cocriador da sua realidade, não um mero espectador ou, muito menos, uma vítima da realidade.

Efeito Zenão quântico

O efeito Zenão quântico — também conhecido como paradoxo de Turing, em homenagem ao físico que o descreveu, Alan Turing — é um fenômeno que retarda ou paralisa completamente o processo de colapso da função de onda quando um sistema de partículas é submetido à observação constante e à expectativa ansiosa.

Na cocriação da realidade, o efeito Zenão ocorre se você observar excessivamente seu desejo com ansiedade, pressa e dúvida, o que pode impedir sua materialização. Da mesma forma, focar intensamente um problema com medo e preocupação pode evitar que ele se desmaterialize, sustentando o colapso da função de onda indefinidamente. Esse fenômeno ensina que a cocriação consciente requer uma abordagem serena, com fé, certeza e confiança, evitando sentimentos de ansiedade ou desespero.

Seguindo essa linha, Joe Vitale enfatiza que a realização dos desejos vem mais facilmente quando não há uma necessidade desesperada por eles, ressaltando que a cocriação de dinheiro e riqueza só ocorre a partir de uma consciência de abundância, jamais por uma consciência de escassez, carência e ansiedade.[1]

A chave para evitar que o efeito Zenão incida sobre a cocriação dos seus sonhos é o desapego do resultado, ou seja, a realização do seu desejo não pode lhe causar desespero e ansiedade, você deve se permitir desfrutar do processo da conquista, da evolução, com alegria, fé e gratidão, mantendo-se no momento presente sem condicionar a sua felicidade exclusivamente à materialização do que se quer.

Esse desapego, que em holo cocriação chamamos de *soltar*, é essencial para permitir que os seus sonhos se manifestem naturalmente, transformando a cocriação em um processo de tempo e execução prática, sem a pressão da urgência ou da necessidade.

Por experiência própria, só vi minha situação de escassez mudar quando comecei a praticar o desapego, o soltar. Quando aceitei a minha situação, pratiquei o perdão e aprendi a viver no presente, passei a vibrar em coerência com os meus sonhos, mesmo que ainda vivesse uma realidade cheia de dificuldades. Eu ainda vivia cheia de dívidas, muitas vezes não tinha dinheiro nem para comprar comida para meus filhos, mas quando peguei a chave para evitar o efeito Zenão é que, finalmente, aconteceu o colapso da função de onda.

Princípios da física quântica aplicados na cocriação de riqueza

Antes de explicar e comentar os princípios da física quântica aplicados à cocriação de riqueza, você precisa compreender o *princípio da simetria*. É ele que garante que os fenômenos e princípios da física quântica tan-

---

1. VITALE, Joe. *O fator de atração: 5 passos simples para criar riqueza e prosperidade em todas as áreas da sua vida*. São Paulo: Cultrix, 2023.

to descrevem o comportamento das partículas subatômicas quanto são aplicados ao comportamento da consciência humana, servindo como base para a cocriação consciente da riqueza ou qualquer outra realidade que se deseje.

Sabendo disso, vamos conhecer quais são os mais importantes princípios da física quântica e como, por simetria, eles podem ser aplicados à cocriação de riqueza.

Efeito não local: na física quântica, o efeito não local descreve a comunicação instantânea entre partículas de um mesmo sistema, mas separadas fisicamente, evidenciando que há uma ligação energética invisível entre elas. Na cocriação de riqueza, o efeito não local indica que você pode ainda não estar vendo ou tocando a expressão material da riqueza com a qual sonha, porém, energeticamente, está conectado ao seu sonho de prosperidade, abundância e sucesso e influencia sua manifestação material por meio da sua consciência.

Princípio da complementariedade ou dualidade onda-partícula: esse princípio revela a natureza dupla das partículas — para toda partícula-onda existe uma versão partícula-partícula correspondente. Na prática da cocriação da riqueza, esse princípio lhe garante que se você pode pensar, imaginar, visualizar e sentir a onda do seu *novo eu* próspero, milionário e feliz, bem como experimentar na sua imaginação a realidade em que vive em meio à abundância financeira, necessariamente, existe uma versão partícula desse seu eu e dessa realidade, que podem vir a se manifestar caso emita a frequência adequada.

Princípio da incerteza de Heisenberg: indica a impossibilidade de determinar simultaneamente a posição e a velocidade de uma partícula, provando que a física quântica não opera sob a causalidade infalível da física newtoniana, mas apenas com probabilidades. Na cocriação da riqueza, esse princípio inspira a noção de infinitas pos-

> Todas as mudanças são possíveis, incluindo a cocriação de uma vida de riqueza e sucesso.

sibilidades, enfatizando que mudanças são sempre possíveis e não limitadas pela realidade atual, ou seja, mesmo que você venha de uma família pobre e sempre tenha sido pobre, isso não significa que continuará para sempre nessa mesma situação. As infinitas possibilidades continuam disponíveis para você, e todas as mudanças são possíveis, incluindo a cocriação de uma vida de riqueza e sucesso. Bingo!

Princípio do emaranhamento quântico: demonstra que partículas energeticamente entrelaçadas permanecem conectadas independentemente de distância e tempo, afetando-se mutuamente. Na cocriação de riqueza, esse princípio valida a ideia de que você não está separado do seu sonho de riqueza e que, na verdade, você e ele são um só, motivo pelo qual deve expressar antecipadamente a sua gratidão e apenas soltar a ansiedade de ver isso concretizado, na certeza de que a vida milionária que deseja já é sua.

Princípio do tunelamento quântico: descreve a capacidade das partículas de "saltar" para fora da órbita em que se encontram confinadas quando a vibração aumenta. Na cocriação da riqueza, ele fundamenta a possibilidade de superar uma situação de escassez por meio da elevação da sua frequência vibracional para transformar a energia do sofrimento em liberdade e a da escassez em abundância. Em poucas palavras, o princípio do tunelamento quântico garante que, mesmo no fundo do poço, há um trampolim capaz de propulsioná-lo para a vida dos seus sonhos. A principal condição para encontrar esse trampolim é renunciar à vitimização e praticar a autorresponsabilidade.

Salto quântico: o salto quântico do elétron se refere à transição instantânea que é realizada entre órbitas, ou seja, é o fenômeno em que o elétron se desmaterializa de uma órbita e se materializa em outra, sem deixar rastros. Na cocriação da riqueza, falamos em *salto quântico da consciência*, fenômeno em que você experimenta uma mudança súbita e profunda no seu nível de consciência ou frequência vibracional, se abrindo a uma nova percepção de si mesmo e da realidade para a manifestação de mudanças imediatas, ou mesmo milagres.

Foi o salto quântico da minha consciência que me permitiu saltar de uma completa falência financeira, com quase 1 milhão de reais em dívidas, para a vida abundante que tenho atualmente.

A teoria do desdobramento do tempo e o duplo quântico

A teoria do desdobramento do tempo, proposta pelo físico francês Jean-Pierre Garnier Malet, afirma que o tempo não é linear, mas uma única dimensão na qual passado, presente e futuro ocorrem simultaneamente, diferenciando-se apenas pela velocidade dos eventos. Essa teoria sugere que todas as realidades possíveis de serem imaginadas já existem e que podem ser manifestadas no presente, desde que você consiga se sintonizar com a frequência apropriada.[2]

Portanto, além dos princípios da física quântica que acabamos de ver, a teoria do desdobramento do tempo se apresenta como uma garantia extra de que a realidade em que você é rico, milionário, próspero, abundante, feliz e bem-sucedido já existe e está aguardando você emitir a frequência elevada correspondente para se manifestar em sua realidade material, nesta dimensão de tempo e espaço.

Garnier Malet enfatiza a importância dos pensamentos na criação de futuros potenciais, explicando que pensamentos positivos geram realidades favoráveis, enquanto pensamentos negativos podem criar

---

2. Alguns filmes que abordam essa situação são *Tudo em todo lugar ao mesmo tempo* e *Interestelar*.

realidades adversas. A teoria também destaca a interconexão de todas as pessoas no campo quântico, sugerindo que nossos pensamentos afetam não apenas a nós mesmos, mas também os outros.[3]

Um conceito-chave da teoria do desdobramento do tempo é o *duplo*, ao qual prefiro denominar "eu holográfico", ou "eu do futuro", que representa uma versão de nós mesmos operando em velocidades supraluminosas e explorando infinitas possibilidades futuras para escolher as mais adequadas para o nosso presente.

A teoria do desdobramento do tempo não apenas fornece uma nova perspectiva sobre o tempo e a realidade, mas também oferece um método prático para influenciar positivamente sua existência. Afinal, saber que, em algum lugar, a realidade que você quer o aguarda não aumenta sua disposição para alcançá-la?

A comunicação com o seu duplo não ocorre por meio da mente consciente, mas sim durante estados inconscientes, como o sono REM, ou por meio de práticas meditativas que promovem a introspecção e a redução da atividade consciente, como a meditação e a Técnica Hertz.

O próprio Garnier Malet propõe uma técnica meditativa: adormecer com pensamentos positivos é uma maneira pela qual você passa informações sobre o que deseja, instruindo o seu duplo a sintonizar as melhores possibilidades futuras para transformar sua realidade atual.

Teoria do multiverso

A física quântica, considerando a possibilidade de um universo infinito, sugere a existência de um *multiverso* composto por um número quase infinito de universos paralelos, estimados em cerca de 10^{500}. Esses universos, com suas próprias galáxias e planetas, podem ser idênticos

---

3. GARNIER MALET, Jean-Pierre; GARNIER MALET, Lucile. *Mude seu futuro através das aberturas temporais.* [S.l.]: Edições Reconocer-se, 2012.

ou semelhantes ao nosso, e estão interconectados, formando uma rede complexa de realidades simultâneas.[4]

Segundo a teoria do multiverso, passado, presente e futuro coexistem em um eterno agora, em que cada escolha ou decisão que você toma cria uma bifurcação, levando a infinitas versões de si mesmo que vivem simultaneamente diversas realidades paralelas. Em suma, existem infinitas realidades que são versões alternativas de tudo que você não escolheu nesta dimensão.

Portanto, existem realidades em que você é pobre, fracassado, miserável, doente, rejeitado, traído e infeliz, como também existem realidades em que é rico, milionário, bem-sucedido, saudável, amado, querido e feliz. E, claro, variações incontáveis de infinitas possibilidades: você solteiro, casado, viúvo, divorciado; faxineiro, zelador, médico, advogado, empresário; com filhos, sem filhos; em um relacionamento com cada pessoa que você já namorou na vida... Enfim, você entendeu o que é infinito, não é?

A teoria do multiverso também fornece uma base para entender a lei da vibração, que é central no processo de cocriação da realidade. De acordo com essa teoria, o padrão vibratório da energia determina a atração ou repulsão entre partículas, moldando, assim, a realidade.

Ou seja, isso se refere ao que já vimos anteriormente: você pode estar vibrando inconscientemente em um padrão energético muito baixo, o que leva à manifestação de uma realidade de escassez, tristeza e fracasso. Porém, pode alterar seu padrão vibratório, modificando seu modelo de pensamentos, sentimentos e intenções, afetando assim a realidade que experiencia.

---

4. Uma das fontes principais sobre a teoria do multiverso é o trabalho de Alan Guth, que introduziu a ideia da inflação cósmica nos anos 1980. Além disso, o físico Brian Greene aborda a teoria do multiverso em seu livro *The Hidden Reality: Parallel Universes and the Deep Laws of the Cosmos* (2011), em que explora diferentes versões do multiverso a partir da teoria das cordas e diversas abordagens da física moderna. Outras referências incluem o trabalho de Max Tegmark, que descreve diferentes níveis do multiverso em seu livro *Our Mathematical Universe* (2014), detalhando como a mecânica quântica e a cosmologia suportam a possibilidade de múltiplos universos coexistindo.

Voltamos novamente ao ponto de onde partimos: a sua frequência vibracional! A teoria do multiverso reforça que a cocriação da realidade de riqueza que você deseja depende da sua capacidade de alinhar a sua vibração com a versão da realidade que quer manifestar.

CAPÍTULO 5

Holo cocriação de dinheiro sob a perspectiva das neurociências

As neurociências — no plural, por ser uma combinação de várias ciências — estudam o funcionamento do cérebro e do sistema nervoso e sua relação com o comportamento e as emoções dos seres humanos, visando entender como esses aspectos podem ser manipulados para promover melhorias na saúde física e mental, no aprendizado, na resiliência e no desenvolvimento de comportamentos adaptativos que levem a um maior bem-estar e à realização pessoal.

Ao contrário da visão mecanicista cartesiana, que pressupõe separação e independência entre mente e corpo, as neurociências têm a perspectiva de que mente e corpo não são dois sistemas separados e independentes, mas são inseparáveis e se influenciam mutuamente.

Como a física quântica, as neurociências também ancoram conhecimentos metafísicos em evidências científicas, sobretudo no que diz respeito à capacidade da mente de afetar a matéria.

A área de conhecimento das neurociências se estende ao estudo da cocriação da realidade, e é nela que a Técnica Hertz foi estruturada. Para entender melhor as neurociências e como elas estão interconectadas com a holo cocriação, vou apresentar conceitos fundamentais de reprogramação de crenças e hábitos, da neuroplasticidade, da importância do equilíbrio do sistema nervoso autônomo e do papel dos hormônios e neurotransmissores na cocriação consciente, focando dinheiro, riqueza, prosperidade, sucesso e abundância.

Acesse seu cérebro próspero

Há uma profunda conexão entre o seu cérebro, a sua mente e o universo, pois você está ligado existencialmente à matriz holográfica da criação, à substância amorfa, ao éter divino ou vácuo quântico. Cada neurônio do seu cérebro contém a energia pulsante da matriz divina, de modo que tudo está interligado, respondendo a diferentes vibrações em uma mesma malha quântica ou oceano de Inteligência Infinita.

Por isso o seu cérebro também é próspero e tudo em você é abundante, rico e milionário, a começar pelas sinapses que se conectam nos meandros elétricos da sua mente. Você transporta a centelha divina dentro de si, em cada célula e molécula, no núcleo do seu DNA quântico, bem como na inspiração de todos os pensamentos revolucionários que transitam pelo seu cérebro.

O seu cérebro é próspero porque ele também é parte da Inteligência Infinita, é a expressão pensante do **absoluto Criador** dentro de você e **o Todo** é inestimavelmente rico e abundante em todos os aspectos e sentidos. Assim, nada além da sua própria mente pode ser mais genial para criar ideias fantásticas para a riqueza, os negócios, as oportunidades financeiras, os empreendimentos de sucesso, para o colapso de prosperidade, para estabelecer novas conexões mentais e desenvolver projetos que tragam os recursos ilimitados extraídos diretamente da Mente Cósmica para a sua vida.

Tudo depende da vibração contida em sua mente para estabelecer a conexão sagrada com a Fonte do Universo, que é inesgotável de recursos e tesouros de toda espécie. Nesse recipiente quântico e holográfico, tudo está reservado e disponível para você experimentar uma vida plena de realizações, alegrias, satisfação e fartura em todas as instâncias.

Bob Proctor, no fantástico livro *Você nasceu rico*, esclarece sobre a influência das vibrações do cérebro na cocriação quântica da realidade:

> Você também está ligado a tudo no universo. Se pode ver a olho nu, ou não, é sem importância. A única diferença física que existe entre

uma coisa e outra é em relação à densidade ou à amplitude de sua vibração. Por essa razão, assim que escolhe certos pensamentos, as células do seu cérebro, os neurônios, entram em ação. Essas células vibram e enviam ondas eletromagnéticas. Quando você se concentra nesses pensamentos, aumenta a amplitude da vibração dessas células, e as ondas elétricas, por sua vez, tornam-se muito mais potentes.[1]

Portanto, você deve preservar essa consciência dentro de si e reconhecer, definitivamente, que a sua mente é próspera, pois é parte de uma Mente Cósmica milionária e abundante de toda forma de riqueza material, espiritual, energética e imaginativa.

A Mente Cósmica é como um oceano de tesouros imensuráveis e riquezas infinitas por onde você pode navegar com o seu barco e retirar tesouros indescritíveis de todo o gênero e espécie. A nau da riqueza é justamente o seu cérebro próspero, que leva você à fonte da abundância universal e, ainda, serve de bússola quântica para prover a você todos os recursos extraordinários advindos da Mente Superior em sua vida terrena.

Ter essa consciência é carregar consigo mais uma chave secreta da prosperidade. Essa chave, o **cérebro próspero**, conecta você à matriz holográfica dos sonhos, onde tudo é possível, onde existe um campo quântico e amorfo de realizações materiais e onde você tem acesso ao seu Mestre Interior, que é a sua parte divina, é Deus, o Criador de tudo o que é, que provê todos os recursos de que você necessita para viver, definitivamente, uma vida de prosperidades imensas, infinitas e absolutas.

Há uma maneira extremamente eficiente para conectar o seu cérebro próspero com a Fonte Universal de riquezas: através do silêncio interior e da quietude de sua alma. No silêncio absoluto, que pode ser acessado por estados meditativos ou pela suspensão momentânea de pensamentos da mente e de emoções do coração, você acessa as faixas vibracionais

1. PROCTOR, Bob. *Você nasceu rico*. São Paulo: É Realizações, 2013.

de frequência das ondas Teta (4 a 8 Hz de ciclos por segundo) e Alfa (de 8 a 13 Hz por segundo).

Nessa sintonia, você acessa o núcleo da Matriz Divina, matriz holográfica ou vácuo quântico e consegue navegar pelo oceano infinito da cocriação holográfica para conectar o seu cérebro próspero com a Consciência Superior, permitindo que o Criador entre em contato profundo com a sua existência, de maneira que você se funde e entra em fase com a Energia Primária da Vida.

Dessa forma, você abre as portas quânticas do universo para manifestar qualquer realidade, sobretudo para cocriar, magnetizar e atrair toda forma de prosperidade e abundância ilimitada provida pelo **Todo**, afinal, você, neste momento, permanece em comunhão com **Deus**, passa a se manifestar livremente como um cocriador universal e tem acesso irrestrito ao manancial sagrado de riquezas, fortuna, inteligência, sabedoria e prosperidade ilimitadas em sua vida.

Você deve aproveitar esse momento de silêncio e introspecção quântica através do qual você passa a compreender que faz parte de uma mesma Consciência Cósmica, mas de modo individualizado. Indo além, ao reduzir os ciclos cerebrais e acessar a Mente de Deus, não há mais dissociação de nada.

Por isso mesmo, tudo se torna possível, tudo volta ao seu estado vibratório original, tudo se mostra verdadeiramente como é, de maneira implicada e íntegra quanticamente. Você retorna por instantes ao seu estado original de luz, frequência e vibração, aciona a sua forma quântica e potencializa o poder espacial e próspero do seu cérebro.

Você passa a se portar e a agir como o deus que é, sem limitações, medos, amarras, condicionamentos ou travas, sejam emocionais ou energéticos. Você potencializa a sua ação como agente de transformação positiva no universo, passa a se manifestar como um cocriador da realidade e compreende, de fato, que apesar de vivermos experiências distintas, de maneira singular, expressas por cada consciência que habita o cosmos, na verdade, somos todos parte e expressão de uma única Consciência Superior, que é a onisciência e a onipresença do **Todo** e você faz parte dela. O seu cérebro próspero é um fragmento inteligente e perspicaz de Deus, em plena ação e manifestação quântica na Terra.

Esta relação intrínseca começa pela energia primária encontrada no núcleo do DNA, que é a energia de Deus depositada nos doze filamentos dele, os quais serão ativados com a chegada da Era de Aquário para promover a evolução cristalina de mentes soberanas, supremas, saudáveis, prósperas, milionárias e abundantes em todos os sentidos e aspectos da vida.

Nada mais de doenças, perturbações mentais, emocionais e psicológicas, muito menos falta ou escassez, tudo será próspero, a partir da sua mente milionária, do seu **DNA de riqueza** ativado e da plena e definitiva integração quântica com a Mente de Deus, no movimento de expansão da consciência e de ascensão vibracional do planeta.

Quando você remove as emoções negativas e extirpa pensamentos confusos do seu inconsciente e do seu ser, automaticamente você altera a vibração das suas células e de todas as moléculas de DNA contidas nelas. Dessa forma, você pode, por exemplo, mudar uma informação relacionada ao medo e à falta, que leva ao estado emocional e vibracional da pobreza, para uma dimensão positiva de prosperidade e abundância, a partir de emoções saudáveis e pensamentos de riqueza. A energia das suas emoções e pensamentos age diretamente no núcleo de suas células, por isso, você pode reprogramar as informações contidas nas suas células.

Essencialmente, você pode alterar a configuração elétrica, magnética e informacional do seu DNA quântico ao mudar a composição vibracional das células. Várias pesquisas comprovam que você tem total habilidade para modificar todo o campo informacional das células e da estrutura interior do DNA.

As suas moléculas são plasmáveis e podem sofrer influências na sua reprogramação, uma vez que tudo é sustentado por estados vibracionais e que quem comanda tudo é a consciência humana, o cocriador da realidade, que pode alterar qualquer composição com a força dos pensamentos e de suas emoções.

Para você mudar sua vibração interior, sugiro que use os meus **áudios binaurais de ativação de DNA e de reprogramação celular**. Eles estão disponíveis gratuitamente nas minhas plataformas on-line e também integram todo o conteúdo disponibilizado por mim em meus cursos fechados como o Holo Cocriação de Objetivos, Sonhos e Metas e o PowerMind Quântico.

Os áudios, assim como a Técnica Hertz, o Hoʻoponopono Quântico ou outras ferramentas, possibilitam que você, internamente, vibre em uma nova frequência elevada e poderosa. Em vibrações superiores, partindo do núcleo do seu DNA e de suas células, você será capaz de projetar uma nova assinatura vibracional, sustentada em emoções elevadas, pensamentos positivos e um campo atrator de alta frequência, acima de 500 Hz, o que permitirá a você produzir e materializar toda a riqueza sonhada.

Como cérebro e sistema nervoso autônomo funcionam

O cérebro é o centro de processamento de todas as experiências, atuando como intermediário entre os mundos externo e interno, para gerenciar respostas aos estímulos ambientais a fim de, principalmente, garantir a sobrevivência humana. Quando a sobrevivência não está ameaçada, o cérebro foca promover bem-estar, aprendizado, crescimento, criatividade e desenvolvimento pessoal.

Juntamente com a medula espinhal, o cérebro compõe uma parte do sistema nervoso chamada de sistema nervoso central (SNC). Paralelamente ao SNC, existe outra ramificação, denominada sistema nervoso autônomo (SNA), responsável por regular funções involuntárias, como a respiração e a frequência cardíaca, ajustando o corpo às necessidades do ambiente e da mente.

O SNA se divide em sistema nervoso simpático, que ativa respostas de estresse para situações de luta ou fuga, e sistema nervoso parassimpático, que promove relaxamento e regeneração após o estresse. Em uma analogia com um carro, enquanto o simpático seria o acelerador, o parassimpático seria o freio.

Por regular as funções involuntárias e automáticas do corpo, o SNA está relacionado à mente inconsciente, influenciando as reações e os comportamentos automáticos resultantes de crenças e percepções armazenadas, como memórias emocionais inconscientes.

Modo sobrevivência e modo criativo

Sua mente, seu cérebro e seu corpo operam em dois modos distintos: o *modo de sobrevivência*, associado às atividades de estresse e excitação do sistema nervoso simpático, e o *modo criativo*, associado às atividades de relaxamento e regeneração do sistema nervoso parassimpático.

O modo predominante em sua vida é indicado pelas circunstâncias que você vivencia: se a sua vida se apresenta de forma fluida, leve e feliz, o modo criativo é predominante; mas, se está constantemente lutando para sobreviver, então o modo de sobrevivência é o que prevalece.

O modo criativo se caracteriza por um estado de relaxamento corporal, pela redução da frequência das ondas cerebrais e conexão plena com o momento presente, afastando os sofrimentos do passado e as preocupações com o futuro. O modo criativo está associado aos níveis superiores (campos de poder) da Tabela de Hawkins e com uma frequência vibracional elevada. É nele que você consegue acessar o estado de pura consciência necessário para se comunicar com a matriz holográfica e entrar em fase com o fluxo da abundância do universo.

Mas de nada adianta saber disso se, neste momento, você estiver vivendo predominantemente em modo de sobrevivência, como eu vivi durante muito tempo. Por isso, antes de tratar do modo criativo, vamos abordar o *modo de sobrevivência*.

O modo de sobrevivência, ou modo de emergência, é uma reação do corpo, do cérebro e da mente a ameaças percebidas, sejam de origem externa (realidade física) ou interna (pensamento, memória e imaginação).

O modo de sobrevivência tem esse nome porque ativa uma resposta de estresse que prepara o organismo para lutar, fugir ou se esconder, recrutando recursos e canalizando energia para a sobrevivência imediata. Quando o modo de sobrevivência é ativado, automaticamente o modo criativo é desligado e o sistema nervoso parassimpático fica neutralizado, com as funções de crescimento, cura, regeneração, relaxamento e criatividade temporariamente suspensas.

Embora a resposta de estresse seja uma excelente forma de adaptação evolutiva, permitindo a sobrevivência em situações de curto prazo, ela se torna prejudicial quando persiste por longos períodos, podendo levar a doenças causadas pela incapacidade do corpo de tolerar estresse crônico, além de drenar a energia vital, baixar a frequência vibracional e bloquear qualquer possibilidade de cocriação consciente.

Foi exatamente isso que aconteceu comigo: diariamente eu vibrava os mesmos sentimentos de estresse gerados pelos meus pensamentos negativos, e minha mente, por sua vez, passou a achar que eu estava correndo risco de perder a minha vida. Com isso, eu emanava para o universo a baixa frequência e colapsava o pior: dívidas, traições, depressão suicida e a péssima relação com meus filhos. Eu vivia no modo de emergência, mas isso só me esgotava cada vez mais.

Enquanto os animais ativam sua resposta de estresse e entram em modo sobrevivência em situações pontuais de ameaça ou perigo inesperado percebidos no ambiente à sua volta, nós, humanos, somos os únicos animais capazes de ativar a resposta de estresse apenas por meio do pensamento, revivendo mentalmente algum evento tenso do passado ou projetando preocupações com o futuro.

Imagine, por exemplo, um rato que estava sendo perseguido por um gato. Assim que identifica a ameaça, seu modo de sobrevivência é ativado e ele foge, mas, uma vez que se esconde e percebe que está em segurança novamente, volta automaticamente ao estado de relaxamento. Nós, pelo contrário, somos capazes de manter o estresse por longos períodos — anos, décadas, uma vida inteira — mesmo após o término de um evento traumático.

Incrível isso tudo, não é?

Aposto que você conhece alguém que até hoje é traumatizado, estressado e tem comportamentos disfuncionais em decorrência de um evento ocorrido há anos. Talvez esse alguém seja você mesmo. O problema é que, em longo prazo, os hormônios do estresse podem desregular a expressão gênica,[2] que é a maneira como os organismos se desenvolvem conforme suas necessidades, e ativar genes associados a doenças, evidenciando a poderosa conexão mente-corpo. Além disso, esse estado leva a uma dependência química gerada pelos hormônios produzidos pelo estresse crônico, conduzindo a um círculo vicioso, em que se busca constantemente situações que reafirmam seu estado de alerta para conseguir se sentir "vivo", como relacionamentos abusivos ou situações de conflito.

Esse vício inconsciente em emoções negativas limita a sua percepção e capacidade de focar possibilidades positivas, fazendo com que você antecipe e manifeste cenários sombrios, reafirmando sua visão pessimista, além de manter sua frequência vibracional muito baixa, incompatível com a cocriação da riqueza.

Para romper esse círculo de pensamentos e sentimentos de estresse e iniciar seu processo de mudança, é necessário desafiar os vícios emocionais, fazer escolhas diferentes, enfrentar o desconforto do desconhecido. Superar o vício nas emoções ruins do passado permite a abertura para novas possibilidades e para a cocriação de uma realidade mais positiva. Para isso, é fundamental que, antes de tentar visualizar seu sonho e praticar exercícios e técnicas de cocriação, você pratique a auto-observação a fim de identificar seu nível de "vício" nas emoções relacionadas ao modo de sobrevivência. Assim, observando-se constantemente e, com paciência e autocompaixão, inibindo seus padrões de comportamento e reações automáticos, conseguirá reprogramar o estado que o mantém em situações de baixas frequências.

---

2. Ver, por exemplo, NIMMO, Mark A. Exercise-induced immunosuppression: Is it a cause for concern? *Medicine & Science in Sports & Exercise*, v. 37, n. 3, p. 406-11, 2005. Disponível em: <https://pubmed.ncbi.nlm.nih.gov/16262207/>. Acesso em: 27 out. 2024.

Eu só consegui sair desse círculo vicioso de reclamações e vitimismo quando passei a agradecer por tudo que tinha ao meu redor (ter um lugar onde morar, ter um prato para mim e para meus filhos e, principalmente, ter meus filhos perto de mim).

Em modo de sobrevivência não existe a possibilidade de cocriação consciente de riqueza, nem de qualquer outra coisa, seja lá em qual área da vida. Seu corpo, seu cérebro e sua mente têm como prioridade mantê-lo vivo, nada mais importa. Assim, mudanças que levem *apenas* à satisfação pessoal, ao crescimento, à expansão, ao bem-estar e à felicidade são colocadas em segundo plano, ficam em stand-by, sendo consideradas um "luxo".

É por isso que, ao vibrar baixo, sente-se a terrível sensação de estar lutando para sobreviver; é por isso que você se esforça tanto, mas não consegue prosperar; é por isso que afirmações positivas de riqueza e prosperidade não funcionam; é por isso que tenta praticar a gratidão, mas acaba focando os motivos que tem para reclamar.

A explicação para a escassez que você está vivendo é bioquímica. Seu cérebro está produzindo substâncias que perpetuam seu estado de estresse crônico, sustentando seus padrões de pensamentos, sentimentos e comportamentos predominantemente alinhados com as emoções negativas decorrentes do excesso de química que intoxica seu corpo.

Redes neurais

As redes neurais no cérebro são agrupamentos de neurônios que armazenam e compartilham uma mesma informação, funcionando como circuitos para cada aprendizado e experiência vivida. A repetição de atividades fortalece essas redes neurais, tornando automáticas certas habilidades e comportamentos, como dirigir um carro sem pensar conscientemente nos movimentos necessários.

Comparado a um computador, o cérebro armazena "programas" — circuitos neurais — que podem ser ativados instantaneamente por um pensamento, operando de forma imperceptível no nível consciente. Assim, se você está vivendo uma situação de escassez financeira, isso significa que a "memória" do seu cérebro está cheia de "programas" que fazem com que você tenha pensamentos, discursos e comportamentos automáticos que validam essa situação.

O seu cérebro funciona como um grande arquivo vivo do seu passado: tem redes neurais (programas) com as memórias de todas as experiências mais emocionalmente significativas de sua vida, e essas memórias servem de padrão para pautar como interpretará a realidade e seus comportamentos. Por exemplo, se já foi enganado por um sócio, a rede neural da memória dessa experiência faz com que fique desconfiado caso alguém lhe proponha uma nova sociedade; se abriu um empreendimento, faliu e perdeu tudo, a rede neural da memória dessa experiência despertará o medo de tentar novamente.

Isso também vale para suas memórias mais antigas: se cresceu vendo seus pais em dificuldade financeira, repetindo frases como "O dinheiro não dá para nada", "Quem nasce pobre, morre pobre" ou "Estamos no vermelho", seu cérebro também desenvolveu redes neurais a partir dessas experiências, e essas redes neurais podem estar comprometendo sua vida financeira atual.

Na perspectiva das neurociências, se você se encontra aprisionado em uma situação de escassez, é porque as redes neurais que armazenam essas memórias de falta são mais fortes e ativas do que as que contêm a informação do seu desejo consciente por riqueza.

Nesse processo, a carga emocional associada às experiências que sustentam as redes neurais é determinante. Vivências com forte carga emocional criam memórias de longo prazo, que, quando relembradas, fortalecem as conexões neurais associadas. Enquanto memórias positivas programam o seu cérebro para a prosperidade e o sucesso, as negativas podem perpetuar padrões de escassez, pobreza, medo, insegurança e fracasso, influenciando seu pensamento, seu comportamento e até a sua saúde física e mental.

Calma! Redes neurais disfuncionais, com memórias de escassez e fracasso, podem ser desativadas, bem como as redes neurais funcionais de prosperidade e sucesso podem ser cultivadas e, melhor ainda, fortalecidas. Isso é possível graças à *neuroplasticidade*, que é a capacidade do cérebro de se reorganizar e formar novas conexões neurais.

Neuroplasticidade

A *neuroplasticidade* é a capacidade extraordinária que o seu cérebro tem para moldar, configurar e atualizar as redes neurais, adaptando-se a novas circunstâncias e contextos por meio do aprendizado de novas habilidades, formas de pensar e diferentes comportamentos. Ela permite a consolidação de novas experiências, emoções e aprendizados pela alteração das redes neurais, possibilitando mudanças e evolução tanto para a sobrevivência quanto para o bem-estar, e, claro, para a cocriação de um *novo eu*.

Ficou curioso para saber como colocar a neuroplasticidade em ação a seu favor, não é? Antes de falarmos a respeito, entenda como ela opera sob duas leis fundamentais.

1. Lei da associação: redes neurais existentes são usadas para criar novas conexões e aprender por meio de associações.

2. Lei da repetição: novas informações são consolidadas por meio da repetição, fortalecendo as conexões neurais.

As mudanças neuroplásticas podem ocorrer tanto de forma inconsciente, como em resposta a experiências traumáticas, quanto de forma deliberada, quando você decide conscientemente aprender algo novo ou mudar um hábito.

Como em outras cocriações, para cocriar riqueza, a repetição consistente das novas informações de prosperidade, abundância e sucesso é fundamental para a reorganização dos circuitos neurais e a consolidação de novas formas de pensar, sentir e agir do seu *novo eu* rico, milionário, próspero e bem-sucedido, até que o novo padrão se torne o seu novo "normal" — aí você entra em modo automático, programado para o sucesso!

Grave bem essa informação: a *repetição* é a chave para que a neuroplasticidade trabalhe a seu favor! E isso tem comprovação científica: o psicólogo e neurocientista canadense Donald Hebb, pioneiro no estudo da relação entre a atividade neuronal e os processos psicológicos como memória e aprendizado, formulou o princípio de Hebb, resumido na ideia de que "células nervosas que disparam juntas permanecem conectadas".[3]

Conforme o princípio de Hebb, a *repetição* de atividades fortalece as conexões entre neurônios, consolidando as redes neurais associadas aos novos padrões de pensamento e comportamento, de forma que a neuroplasticidade possibilita um potencial ilimitado de crescimento e aprendizado.

Vou contar como comecei a usar a neuroplasticidade a meu favor. Eu sonhava em ter a minha casa (linda, maravilhosa, com lustres exuberantes, louças, arranjos de flores, quadros, escritório, quartos das crianças, meu quarto). Eu sabia exatamente como queria que ela fosse, então, todos os dias, antes de dormir, visualizava, via e sentia no meu corpo a sensação de estar indo dormir na casa dos meus sonhos, no meu quarto, com os meus lençóis que tanto sonhava. Assim fiz repetidas vezes e criei novas redes neurais. Atualmente, minha casa é exatamente como sonhei.

Assim, se por um lado, ao repetir ações e pensamentos diariamente, você reforça os circuitos neurais associados à sua realidade atual de escassez, limitando-se à mediocridade do que lhe é familiar, por outro, o princípio de Hebb também indica que é possível mudar seus padrões negativos, desativando intencionalmente as velhas redes neurais habituais e ativando as novas.

Da mesma maneira que pode ir à academia e praticar exercícios para

---

3. HEBB, Donald. *The organization of behavior.* New York: Wiley, 1949.

fortalecer seus músculos (e os resultados não serão vistos imediatamente, apenas com a repetição consistente e disciplinada dos exercícios), você também pode submeter suas redes neurais ao treino repetitivo, disciplinado e consistente para fortalecer as conexões que o levarão a se tornar seu *novo eu* e viver a realidade que deseja.

O processo pelo qual as mudanças neuroplásticas são possíveis ocorre por meio do mecanismo de *poda* e *brotamento*, cuja nomenclatura é inspirada na jardinagem, no qual a poda representa a desativação de redes neurais menos usadas e o brotamento representa o desenvolvimento de redes neurais ligadas a novas informações, aprendizados e experiências.

Crenças limitantes e memórias dolorosas podem ser substituídas por programações positivas e empoderadoras por meio da poda de redes antigas e do brotamento de novas, especialmente quando as novas experiências geram emoções positivas impactantes, capazes de sobrepujar as negativas.

Essencialmente, as neurociências e, em especial a neuroplasticidade, garantem que não importa quanto tempo você viveu, se o seu "velho eu" é pobre e fracassado, *sempre há tempo de você mudar*. A mudança é biologicamente possível, isso é um fato comprovado, contudo, ela exige de você decisão, compromisso, disciplina e dedicação para ajustar as suas redes neurais aos seus objetivos.

Na prática, você deve usar a sua mente consciente para praticar auto--observação e inibir padrões antigos para podar as conexões neurais indesejadas, um processo que requer atenção constante. Por exemplo, todas as vezes que perceber que está pensando, sentindo, falando ou agindo como pobre, precisa encontrar uma maneira de interromper a expressão desses padrões automáticos. Ao mesmo tempo, deve escolher e cultivar novos pensamentos, sentimentos, palavras e ações que promovam o crescimento de conexões neurais mais saudáveis, fortalecidas por repetição e associação.

Quando você busca a transformação, começa a ter novas experiências, das quais decorrem emoções positivas que induzem mudanças bioquímicas alinhadas às mudanças neurológicas. A nova bioquímica melhora a saúde celular e influencia até mesmo o seu DNA, desativando genes de doenças e ativando genes para a boa saúde e o equilíbrio. A neuroplasticidade não apenas muda seu cérebro, mas revoluciona a sua mente e o seu corpo.

Uma vez que todas as nossas partículas estão conectadas, naturalmente as mudanças bioquímicas e neurológicas também afetarão os aspectos energéticos, vibracionais e espirituais do seu ser.

Veja o resumo sistematizado de sua jornada de mudança e cocriação consciente:

Mudanças neurológicas → Mudanças mentais → Mudanças comportamentais → Mudanças nos tipos de experiências → Mudanças emocionais → Mudanças bioquímicas → Mudanças epigenéticas (DNA) → Mudanças internas (*novo eu*) → Mudanças externas (nova realidade)

O poder das imagens mentais para ativar a neuroplasticidade

A essa altura, é muito provável que esteja pensando: "Se estou vivendo na escassez, como posso ter experiências de riqueza, abundância e prosperidade para fazer brotar as novas redes neurais de que preciso para promover minha mudança?".

A resposta é muito simples: use a *imaginação*.

Da mesma forma que me imaginei na casa dos meus sonhos, e sabia cada detalhe que ela tinha e como me sentia dentro dela, use sua imaginação, por meio das *imagens mentais,* para se ver e sentir como se já estivesse vivendo em abundância.

Anote aí o bingo de milhões: o mais importante na visualização é o sentir, como se tudo já fosse real. E faça isso repetidas vezes, para assim criar novas redes neurais.

Anote aí o bingo de milhões: o mais importante na visualização é o sentir, como se tudo já fosse real. E faça isso repetidas vezes, para assim criar novas redes neurais.

O poder das imagens mentais está profundamente conectado à capacidade do cérebro de se reorganizar e criar novas conexões, um fenômeno conhecido como **neuroplasticidade**. A neuroplasticidade é a habilidade do sistema nervoso de mudar sua estrutura e função em resposta à experiência, ao aprendizado ou até mesmo à visualização mental. Quando usamos intencionalmente imagens mentais — como imaginar um objetivo ou visualizar a realização de uma tarefa —, estamos ativando circuitos neuronais específicos, fortalecendo e moldando as conexões no cérebro, o que pode resultar em mudanças tangíveis no comportamento e na forma como percebemos o mundo.

>> Como as imagens mentais ativam a neuroplasticidade

Quando criamos **imagens mentais vívidas**, nosso cérebro reage de maneira semelhante à forma como reage a estímulos reais. Pesquisas em neurociência mostraram que imaginar uma ação pode ativar as mesmas áreas cerebrais que são envolvidas na execução física da ação. Por exemplo, estudos demonstraram que atletas que visualizam mentalmente seus movimentos de treinamento têm uma ativação cerebral muito parecida com a que ocorre quando realmente praticam o esporte. Isso significa que, ao usar a imaginação, o cérebro é capaz de "treinar" as mesmas redes neuronais que são utilizadas na ação real.

Esse princípio pode ser aplicado a qualquer área da vida. Visualizar mentalmente uma situação desejada, como o sucesso em uma apresentação, o alcance de uma meta de saúde ou a melhoria de uma habilidade específica, ativa as conexões neurais relacionadas a essa experiência. Com a repetição, o cérebro fortalece essas vias neuronais, facilitando a realização efetiva da ação no mundo físico. Isso se deve à natureza plástica do cérebro — ele se modifica em resposta ao que pensamos, sentimos e experimentamos.

>> Neuroplasticidade e aprendizado

O uso de imagens mentais para ativar a neuroplasticidade é especialmente útil no processo de **aprendizado e reabilitação**. Quando uma pessoa pratica mentalmente uma habilidade ou reflete sobre uma nova tarefa que deseja dominar, ela está treinando o cérebro para otimizar as redes neurais responsáveis por essa função. Isso é particularmente benéfico para aqueles que estão tentando aprender novos hábitos, comportamentos ou superar limitações.

Por exemplo, em pacientes que sofreram acidentes ou tiveram lesões, o uso de visualizações mentais pode ajudar na recuperação motora, uma prática chamada **imagética motora**. Ao imaginar o movimento do corpo, mesmo que ele não esteja fisicamente ativo, o cérebro começa a reconfigurar as áreas responsáveis pelo controle motor. Essa técnica tem sido usada em terapias de reabilitação com resultados promissores.

>> Imagens mentais e emoções

As imagens mentais também desempenham um papel fundamental na regulação emocional. Quando visualizamos cenários de calma, segurança ou satisfação, o cérebro ativa os mesmos circuitos envolvidos nas emoções positivas, liberando neurotransmissores como a **dopamina** e a **serotonina**, responsáveis pela sensação de prazer e bem-estar. Isso fortalece as vias neurais associadas a essas emoções, ajudando a pessoa a se sentir mais equilibrada e resiliente emocionalmente.

Além disso, visualizar-se superando desafios pode ajudar a reformular crenças limitantes e padrões de pensamento negativos. Essa prática contínua facilita a criação de novos padrões de pensamento mais saudáveis e produtivos, mudando a maneira como a pessoa responde às situações de estresse ou desafio.

>> O poder da intenção

Um aspecto essencial das imagens mentais é a **intenção** que colocamos nelas. Visualizar algo com intenção clara e concentrada fortalece ainda mais a neuroplasticidade, porque o cérebro responde com mais eficácia a experiências que são emocionalmente significativas. Quando as imagens mentais são associadas a fortes emoções positivas — como entusiasmo, gratidão ou amor —, elas têm um impacto ainda maior na remodelação das redes neuronais. A repetição dessas visualizações cria novas conexões que podem, ao longo do tempo, transformar padrões de pensamento e comportamento.

O poder das imagens mentais para ativar a neuroplasticidade é uma ferramenta extraordinária para a transformação pessoal. Ao visualizar intencionalmente nossos objetivos e imaginar cenários que desejamos alcançar, estamos literalmente treinando o cérebro para realizar essas ações. A neurociência confirma que o cérebro não faz distinção entre a experiência real e a imaginada — ele responde a ambas de maneira semelhante, moldando e reforçando as conexões neurais associadas.

Práticas de visualização, aliadas a emoções positivas e repetição, podem transformar nossa forma de pensar, agir e sentir, proporcionando um caminho eficaz para reprogramar a mente e alcançar mudanças profundas na vida. Seja para aprendizado, reabilitação ou mudanças de hábitos, as imagens mentais são uma chave poderosa para ativar o potencial da neuroplasticidade e moldar nossa realidade de maneira consciente e intencional.

As neurociências explicam que a neuroplasticidade é igualmente posta em ação independentemente da natureza das experiências, isto é, se elas acontecem na realidade física ou imaginária. Seu cérebro, sua mente e seu corpo não conseguem diferenciar a origem da experiência, na verdade, o único fator que importa são as *emoções* produzidas, sejam elas decorrentes de situações materiais palpáveis ou de imagens mentais. Lembre-se de que nós, humanos, somos capazes de viver em estado de alerta, mesmo quando não há um perigo real e próximo nos ameaçando. Então, por que não usar esse mesmo processo só que, agora, com uma finalidade positiva?

As imagens mentais são uma ferramenta poderosa para reprogramar o cérebro, desativar padrões neurais antigos e criar e fortalecer padrões alinhados com a boa saúde, a prosperidade e a felicidade. Além de promover a neuroplasticidade, as imagens mentais também têm o poder de melhorar saúde e a imunidade ao ativar as funções regeneradoras do sistema nervoso parassimpático. As emoções positivas geradas nas experiências imaginárias também elevam a sua frequência vibracional, alinhando-o com a realidade desejada.

Lembro-me bem de quando eu estava no meu processo de autotransformação e cocriação da minha vida milionária, quando ainda me encontrava em meio ao caos emocional, familiar, profissional e financeiro. Como eu já sabia da importância de manter a minha frequência vibracional elevada, a qualquer custo, sempre encontrava refúgio no meu "incrível mundo de Nani", que era como chamava meu mundo imaginário, onde tudo era como eu queria.

De olhos abertos, via uma geladeira vazia, crianças dormindo em um colchão no chão de uma sala comercial e estava cheia de dívidas. Ainda não podia ser, ter ou fazer as coisas que desejava em minha realidade material, porém, na minha imaginação, no "incrível mundo de Nani", eu podia tudo! E o mais importante: eu *sentia* emoções de elevadíssimas vibrações, como gratidão, amor, alegria, abundância, prosperidade, harmonia e paz.

Foi assim, com *repetidas* visitas diárias ao meu incrível mundo, que consegui elevar a minha frequência vibracional, ao mesmo tempo que eu fortalecia as novas redes neurais para manifestar meu *novo eu* e cocriar a vida dos meus sonhos. Foi diretamente da minha imaginação para a minha realidade material!

Acha essa história incrível? O mais incrível é: se funcionou para mim, também funcionará para você!

CAPÍTULO 6

Holo cocriação de dinheiro sob a perspectiva das constelações familiares

Bert Hellinger (1925-2019), filósofo, teólogo, pedagogo e terapeuta alemão, desenvolveu as constelações familiares e sistêmicas, que, segundo ele, são abordagens que estudam os padrões de comportamentos transmitidos de geração em geração dentro dos grupos familiares, cuja finalidade é solucionar dinâmicas complexas dentro de sistemas familiares, organizacionais, empresariais, institucionais etc.

Apesar de enfrentar críticas e ser considerada por alguns uma pseudociência, essa metodologia ganhou reconhecimento e aceitação globais, sendo aplicada até mesmo em sistemas judiciários de diversos países para mediar conflitos, principalmente em casos de direito de família e sucessões. O Brasil é um dos países que usa a constelação familiar no sistema judiciário. A técnica é utilizada em alguns estados, como Goiás, São Paulo, Rondônia, Bahia, Mato Grosso, Mato Grosso do Sul, Pará, Paraná, Rio Grande do Sul, Alagoas e Amapá, além do Distrito Federal.

As constelações são baseadas na premissa dos *campos morfogenéticos*, um conceito proposto pelo biólogo inglês Rupert Sheldrake, que sugere a existência de campos energéticos invisíveis responsáveis por moldar os padrões do comportamento humano, conceito que muito se assemelha com o inconsciente coletivo de Carl Jung.

Os campos morfogenéticos conectam as consciências dos indivíduos de um sistema, abrangendo histórias e influências ancestrais para além das limitações do espaço e do tempo tridimensional. Assim, os indivíduos são influenciados por informações e sentimentos oriundos dos campos de suas famílias, grupos sociais e outros sistemas dos quais fazem parte, independentemente de sua consciência ou crença nessa conexão.

Felizmente, os sistemas são interconectados pelo efeito não local (como vimos no Capítulo 4), de modo que se, por um lado, um desequilíbrio em um elemento do sistema pode comprometer o equilíbrio de todos os outros que o sintonizarem, por outro, sua mudança, cura, harmonização e apaziguamento afetam positivamente todo o sistema.

No caso da cocriação da riqueza, isso significa que se você consegue inverter as polaridades e transitar de uma realidade de pobreza para uma realidade de abundância e prosperidade, não só realiza um sonho seu, mas contribui para a cura e harmonização de todo o seu sistema familiar, incluindo antepassados e descendentes, uma vez que os campos morfogenéticos não se limitam à perspectiva linear de tempo.

A eficácia das constelações familiares e sistêmicas não depende da aceitação da existência dos campos morfogenéticos; semelhante à lei da gravidade, essa abordagem atua de forma universal, mas confirma que mudanças em qualquer parte do sistema podem afetar todo o conjunto, seja de forma positiva ou negativa.

O sistema das constelações iniciou com os homens primitivos, criando leis que fizeram a humanidade sobreviver até hoje. É comprovado cientificamente o processo de evolução do ser humano: em um primeiro momento, ele vivia sozinho em estado de luta ou fuga; mais tarde, descobre que viver em bando aumenta suas condições de sobrevivência e, assim, passa a viver em grupo.

Repetimos esse padrão até os dias atuais, sendo a família o primeiro grupo ao qual pertencemos. De certa forma, reproduzimos o padrão milenar do homem primitivo, certo? Agora, imagine os padrões que herdamos dos nossos bisavós, avós, tios e pais, que estão muito mais próximos. Não apenas somos da mesma linhagem como também trazemos no DNA, nas nossas células, as frequências vibracionais dos nossos ancestrais: fomos concebidos dentro da barriga da nossa mãe, recebemos células dela e do nosso pai, e dos nossos avós também, porque nossos pais foram gerados dentro da barriga das nossas avós, e assim por diante.

Trazemos no inconsciente coletivo, no DNA e nas células que circulam dentro de nós toda a frequência vibracional dos nossos ancestrais, mesmo sem conhecê-los, mesmo sem conviver com eles, mesmo se você acredita ou não nisso.

As ordens do amor

A ordem é um conceito central na obra de Bert Hellinger, que vê na harmonia do sistema as três leis sistêmicas, denominadas *ordens do amor*, cujo respeito e alinhamento são fundamentais nas relações humanas em todas as suas esferas. Elas surgiram quando o homem primitivo passou a viver em grupo e notou que era preciso alguma organização para que a vivência coletiva fosse harmoniosa. Foi pelas leis do amor que foram definidas as tarefas de cada membro desse grupo, sem que houvesse um clima de constante competição. Imagine se todos fossem responsáveis por tomar conta do território em que viviam, quem iria caçar ou fazer tarefas, por exemplo?

Da mesma forma, atualmente cada membro de uma família tem uma responsabilidade, não é mesmo? Nas empresas, cada pessoa precisa realizar suas tarefas, certo? Foi isso que Hellinger identificou e, partindo da análise de como cada ordem interfere nesse padrão de organização milenar, caracterizou três leis, ou ordens, do amor.

>> 1ª ordem: Pertencimento

Quando o homem primitivo passou a viver em grupo, independentemente das circunstâncias, cada membro tinha de cumprir suas tarefas para que a sobrevivência do grupo não fosse ameaçada.

Todos os membros de uma família têm o direito inalienável de pertencer a ela, não importam as circunstâncias, mesmo que tenham vivido situações dolorosas ou vergonhosas. A exclusão de qualquer membro desequilibra o sistema, que naturalmente busca reintegrar o excluído para restabelecer seu equilíbrio.

O dinheiro e a inclusão no sistema familiar

O **pertencimento** afirma que todos os membros de uma família têm o direito de fazer parte do sistema familiar. Quando alguém é excluído, esquecido ou rejeitado, o sistema se desequilibra, e esse desequilíbrio pode ser sentido nas gerações subsequentes. Muitas vezes, essa exclusão inconsciente de um antepassado pode se manifestar na vida da pessoa na forma de bloqueios financeiros ou dificuldades em criar uma relação saudável com o dinheiro.

Na cocriação de dinheiro, a inclusão é fundamental. Quando todos os membros do sistema familiar são honrados, reconhecidos e aceitos, a energia flui de maneira harmoniosa. Se houver exclusão — como a de membros que cometeram erros financeiros graves ou que foram marginalizados devido a fracassos —, a pessoa pode carregar a culpa ou a lealdade inconsciente a esses antepassados, o que pode resultar em sabotagem financeira ou crenças limitantes sobre a prosperidade.

Por exemplo, uma pessoa pode sentir que não merece ter sucesso financeiro ou que será malvista pela família se prosperar, caso haja um histórico de falência ou de perdas financeiras entre seus antepassados. A cura desse padrão vem do reconhecimento e da aceitação de todos, permitindo que o fluxo do dinheiro se restabeleça de maneira saudável.

>> 2ª ordem: Hierarquia

Nos grupos dos homens primitivos, cada membro tinha o seu lugar e seguiam, hierarquicamente, a ordem dos mais velhos aos mais novos.

A hierarquia refere-se à ordem de chegada dos membros dentro de um sistema, estabelecendo uma precedência que deve ser reconhecida e respeitada para que a harmonia seja mantida. Essa ordem não implica uma hierarquia de importância, mas sim de reconhecimento e respeito pela sequência de chegada.

O dinheiro e o respeito à ordem familiar

A **hierarquia** afirma que os membros da família que vieram antes devem ser respeitados por aqueles que vieram depois. Esse princípio envolve honrar os pais, avós e antepassados, reconhecendo que eles deram a vida e abriram o caminho para as gerações seguintes.

Quando há um desequilíbrio na hierarquia — como desrespeito aos pais ou tentativas de "ocupar o lugar" deles, seja emocionalmente ou em termos de responsabilidades financeiras —, o fluxo de energia pode ser bloqueado. Na cocriação de dinheiro, isso pode se manifestar como dificuldade em alcançar a prosperidade ou uma sensação de limitação, como se o sucesso estivesse sempre fora de alcance.

Respeitar a hierarquia implica reconhecer que o fluxo da vida e da abundância vem de cima, dos antepassados, e flui para as gerações mais jovens. Quando esse respeito é quebrado, o indivíduo pode enfrentar obstáculos financeiros e uma sensação de que algo está "fora de lugar". Isso pode aparecer como a incapacidade de acumular riqueza, gastos descontrolados ou o peso de um fardo financeiro que lhe pertence.

Na cocriação de dinheiro, reconhecer a ordem familiar e aceitar o lugar de cada um — principalmente o próprio lugar como descendente — permite que a energia do dinheiro flua com mais liberdade. É importante honrar os pais e antepassados pelo que eles deram, mesmo que tenham enfrentado dificuldades financeiras, sem carregar o peso de seus desafios.

>> 3ª ordem: Equilíbrio

O homem primitivo iniciou a organização de equilíbrio no grupo ao determinar a responsabilidade de cada membro: um caçava, o outro cuidava do território, o outro preparava a comida, e havia um que liderava o grupo. Ou seja, cada um tinha o seu lugar, suas responsabilidades.

É indispensável que em todas as relações haja um equilíbrio entre dar e receber, pois só assim o amor floresce e o sistema tem condições de funcionar com harmonia. Desequilíbrios nas relações de troca podem gerar sentimentos de injustiça e mal-estar, afetando negativamente a dinâmica do sistema.

O dinheiro e a troca justa

O **equilíbrio entre dar e receber** é essencial para o fluxo da energia em todos os tipos de relacionamento, inclusive na relação com o dinheiro. Quando alguém dá mais do que recebe, ou recebe mais do que dá, o sistema se desequilibra. Esse princípio vale tanto para as relações interpessoais quanto para a relação com a prosperidade.

No contexto da cocriação de dinheiro, manter o equilíbrio entre o que se oferece ao mundo (em termos de trabalho, valor ou energia) e o que se recebe de volta (remuneração, reconhecimento, prosperidade) é essencial para que o dinheiro flua de maneira saudável. Muitas vezes, bloqueios financeiros podem surgir de um desequilíbrio nessa troca, quando alguém sente que está sempre dando mais do que recebe, ou quando recebe mais do que sente que merece, por exemplo, o que pode gerar sentimentos de culpa ou de dívida emocional.

Esse equilíbrio também se reflete na necessidade de pagar dívidas emocionais ou financeiras que podem ter sido acumuladas no sistema familiar. Se houver um histórico de injustiças financeiras, o desequilíbrio pode ser sentido nas gerações futuras, que tentam inconscientemente "compensar" esses erros. A cura vem ao restaurar a troca justa, permitindo que o fluxo do dinheiro seja equilibrado e harmonioso.

A cocriação de dinheiro, sob a perspectiva das constelações familiares, está diretamente ligada ao respeito pelas três ordens do amor. Quando o pertencimento, a hierarquia e o equilíbrio são honrados, o fluxo de prosperidade pode se restabelecer de maneira saudável. A energia do dinheiro, assim como o amor, precisa de harmonia e reconhecimento para circular livremente.

Aplicar esses princípios na cocriação de dinheiro não só trabalha suas crenças e comportamentos em relação à prosperidade, mas também limpa os bloqueios ancestrais que podem estar limitando seu potencial financeiro. Dessa forma, a cocriação se torna um processo consciente de honrar o passado e permitir que o presente e o futuro sejam moldados pela abundância e pelo equilíbrio.

Hellinger argumenta que a observância dessas três ordens nas relações familiares e organizacionais é crucial para o bem-estar e a harmonia do sistema, promovendo um ambiente em que o amor e o respeito mútuo podem prosperar.

Atemporalidade quântica

As constelações familiares e sistêmicas compartilham com a física quântica a ideia de que a nossa percepção linear do tempo no plano material contrasta com a *atemporalidade do campo quântico*, em que passado, presente e futuro coexistem no eterno agora.

Nesse contexto, os campos morfogenéticos refletem a natureza atemporal das influências familiares, em que eventos passados, especialmente os que violaram as três leis sistêmicas e causaram desequilíbrios, continuam a impactar o presente, buscando resolução para restaurar a harmonia. Segundo Hellinger:

> O passado continua vivo neles, no presente. Ainda está neles, vivo neles. No curso do tempo, não fica para trás de forma alguma. Ele é o fundamento sobre o qual o presente descansa. Também podemos dizer, para utilizar uma imagem viva, que o passado é a raiz a partir da qual o presente se nutre [...] de um lado, estamos entregues ao tempo. De outro, nós o temos amplamente em nossas mãos. Então, onde acaba o tempo? Primordialmente em nós. Ele nos serve quando o tomamos da forma como nos é presenteado: passado, presente e futuro. Ele nos limita se permitirmos que nos defina um limite. Ele nos ergue para além de antigos limites quando olhamos para a frente com ele, confiantemente para a frente, com ele bem-sucedido atrás.[1]

1. HELLINGER, Bert. *Leis sistêmicas na assessoria empresarial*. Belo Horizonte: Atman, 2014. p. 11.

Se você está vivenciando pobreza, carência, escassez e fracasso, a teoria dos campos morfogenéticos e das constelações explica essa situação pelo fato de você estar emitindo uma vibração equivalente a essas situações, realidade sintonizada a partir de seu campo familiar, sustentando o padrão de algum antepassado seu, o qual pode até ser muito distante, como um tio-tataravô.

Sob a perspectiva das constelações, o fato de se sentir incomodado com a manifestação de uma realidade pobre se deve a um chamado do seu sistema para que você reaja de alguma forma, cure-se, supere a situação e, assim, contribua para o restabelecimento da harmonia de todo o sistema familiar.

É possível que tenha sintonizado em seu campo vibracional as ressonâncias de desequilíbrios passados, manifestando em sua vida situações desafiadoras que, apesar de parecerem negativas, servem como convites para a cura e o reequilíbrio pessoal e sistêmico.

As constelações familiares trabalham para identificar a origem desses desequilíbrios, revelando suas raízes e apontando caminhos para a restauração da ordem, permitindo que o passado seja deixado para trás, com todo o respeito que lhe é devido, e não mais o influencie negativamente. Bert Hellinger também enfatiza a importância de se alinhar com um poder superior ou criador, movendo-se em direção à vida e à cura, tanto pessoal quanto coletiva. Em especial, destaca a necessidade de superar a culpa, uma emoção de baixíssima vibração, que o aprisiona em ciclos de vitimização. Pelo perdão — lembra que já falamos do perdão anteriormente? — e pela aceitação, é possível liberar-se da culpa, transformando sofrimento em aprendizado e abrindo espaço para que novas possibilidades de sucesso, prosperidade e abundância se aproximem.

A sua família de origem e o fluxo da vida

Nas constelações, os problemas nos relacionamentos familiares, especialmente entre pais e filhos, são vistos como parte normal do processo de evolução da consciência humana. Portanto, por mais que possa discordar, na esfera espiritual, é necessário compreender que você nasceu na família perfeita para você, que proporcionará o aprendizado das lições necessárias para o seu crescimento, aprimoramento e evolução nesta existência.

A fórmula para transformar seus desafios, memórias de dor e sofrimento relacionados à sua família em sucesso e prosperidade é a sua capacidade de honrar e agradecer aos seus pais pela vida que lhe deram, independentemente das circunstâncias e de como eles o trataram.

Nas constelações familiares, a figura da mãe é central, simbolizando a permissão para a vida, a abundância e a prosperidade. A relação com a figura materna é vista como fundamental para o desenvolvimento da capacidade de aceitar a vida e entrar no fluxo da abundância. Rejeitar ou julgar a mãe pode resultar em bloqueios. A aceitação e a gratidão para com a mãe, por outro lado, abrem caminhos para o sucesso, a prosperidade e a harmonia em várias áreas da vida, inclusive na relação com o dinheiro.

Da mesma forma, a relação com o pai também é crucial. Ele representa a introdução ao mundo e influencia diretamente na vida profissional e na prosperidade. Amar e aceitar o pai é essencial para alcançar o equilíbrio e o sucesso na vida.

Bert Hellinger ensina que "mãe é vida; pai é mundo" com a intenção de enfatizar a importância dos dois na formação de um indivíduo. Não basta honrar e respeitar um, e rejeitar, odiar e desrespeitar o outro; essa configuração deixa todo o sistema familiar desequilibrado. Somente honrando a ambos é possível alcançar o estado de harmonia e alinhamento com as ordens do amor, o que afeta todos os outros relacionamentos em sua vida, incluindo o relacionamento consigo mesmo, com o seu trabalho, com o sucesso e com a prosperidade. Por isso, honre e reverencie seus pais, sendo grato porque eles, ainda que inconscientemente, permitiram a sua vida.

Para alcançar essa harmonia, é necessário, como diz Hellinger, "tomar pai e mãe", em um processo de reconhecimento e aceitação deles tal como são ou foram, libertando-se de julgamentos e vitimizações. Isso envolve olhar para o passado sob uma nova perspectiva, aceitando e agradecendo a vida recebida e as lições aprendidas. Dizer "sinto muito", de coração aberto, pode ser um passo poderoso para fechar ciclos de dor e abrir-se para um novo destino.

Você pode dizer: "Mas meu caso é diferente, o que meu pai/minha mãe fez comigo quando eu era criança é imperdoável". Sinto muito pelo que você passou. Sei que foi difícil, que doeu, que você sofreu. A sua dor não está sendo invalidada, mas perceba que essa situação acabou. Está no passado, não é? Você não é mais uma criança, é um adulto e, agora, tem o poder de escolher se quer continuar vivendo e revivendo essa situação dolorosa, ou se escolhe aceitar, perdoar e seguir em frente. Você hoje tem o poder de escolher!

Com este livro, explico como o universo funciona — com as frequências vibracionais, as ondas energéticas, a matriz holográfica, as redes neurais, o sistema familiar etc. — e como você pode cocriar riqueza seguindo o mesmo caminho que eu segui. Sim, também tive que passar pelo processo de acolher a história de minha família. Assim, posso dizer que um dos passos do caminho da abundância é se harmonizar com seus pais; não tem como você crescer se estiver aprisionado como vítima do seu passado; não tem como manifestar um futuro de abundância sem honrar a fonte biológica da sua vida.

Para ajudar você nesse processo, procure ver seus pais como seres humanos, ou seja, eles também erram. Entenda que nenhum pai e nenhuma mãe pegam seu bebezinho no colo assim que ele nasce e dizem: "Eu vou fazer de tudo para ferrar a sua vida". Em outras palavras, seus pais agiram com você em conformidade com o nível de consciência que tinham. Por pior que tenha sido, na visão deles, eles estavam fazendo o que podiam, com os recursos morais e materiais de que dispunham.

Como mãe, passei por essa experiência: a gravidez do Arthur. Por anos me culpei, me puni por tê-lo rejeitado. Só depois de muito tempo compreendi que não rejeitei o meu filho, e sim a situação. Quando adquiri essa consciência, muita coisa começou a mudar, desde a minha relação com meus filhos até a relação comigo mesma.

Negar a humanidade dos seus pais, exigindo-lhes perfeição, exigindo-lhes que tivessem se comportado da forma que você julga ser a certa, vai deixá-lo aprisionado nas feridas da sua criança, vibrando em baixa frequência, totalmente incompatível com a cocriação dos seus desejos de riqueza, felicidade e sucesso.

Outro detalhe importante é que honrar pai e mãe não significa aprovar a atitude deles, muito menos ter de conviver com eles. Honrar pai e mãe é um processo interno íntimo que ocorre no seu coração e na sua consciência quando decide parar de lutar contra o seu passado, aceita o que lhe aconteceu, agradece por estar vivo, libera-os do seu julgamento e "zera" o que passou, ficando disponível para ser surpreendido com a generosidade do universo.

No caderno de exercícios e técnicas, disponível no QR Code ao fim de cada capítulo, você encontrará uma meditação guiada para o apaziguamento com o pai e a mãe.

Visão sistêmica do dinheiro e da prosperidade

No universo, tudo está em constante movimento e equilíbrio, seguindo um padrão inteligente, harmônico e ordenado. Quando esse equilíbrio é perturbado, mecanismos compensatórios atuam para restaurar a harmonia, agindo de forma semelhante à oscilação de um pêndulo.

Esse princípio de restauração da harmonia também se aplica ao dinheiro. Nas constelações, ele não apenas é um meio de troca material, mas age como uma entidade com dimensão energética própria, que flui naturalmente em direção à justiça e à generosidade, recompensando aqueles que o adquirem e o gerenciam de maneira honesta e dedicada, em alinhamento com o serviço à vida.

Bert Hellinger, ao refletir sobre o papel do dinheiro, sugere que ele é como o leite materno, essencial para o desenvolvimento e a manutenção da vida. Enfatiza ainda que o dinheiro tem uma "alma" cujo propósito é servir à vida e, assim, deve ser usado de forma respeitosa.

> Acima de tudo, uma vez que pertence à vida, o dinheiro quer ser gasto e transmitido a serviço da vida. O dinheiro se alegra quando é gasto. Ele retorna ainda mais rico para nós. A serviço da vida, com cuidado e atenção […] a necessidade mais profunda do dinheiro é que seja gasto e que sirvamos à vida com ele.[2]

O dinheiro adquirido de maneira desonesta ou usado apenas para benefício próprio tende a ser instável e a se afastar, enquanto o dinheiro ganho honestamente, inclusive por meio de herança, exige ser circulado de forma a contribuir para a expansão da vida e da prosperidade geral, e faz com que fique cada vez maior o nosso direito de possuí-lo.

[2]. HELLINGER, Bert. *Leis sistêmicas na assessoria empresarial*. Belo Horizonte: Atman, 2014. p. 61.

CAPÍTULO 7

Holo cocriação de dinheiro sob a perspectiva das leis universais

7 princípios herméticos

Os sete princípios herméticos foram pela primeira vez listados e comentados no livro *O Caibalion*, publicado em 1908.[1]

Entretanto, já encontramos indícios deles no *Corpus Hermiticum*, conjunto de textos escritos entre 100 e 300 d.C., na então província romana do Egito, com autoria atribuída ao grande mestre Hermes Trismegisto.

Esses princípios são um manual de instruções sobre o funcionamento do universo, e deles decorrem todas as outras leis cósmicas universais que abordarei adiante.

Claro, se esses sete princípios descrevem como o universo funciona, eles também descrevem como funciona a existência de tudo e todos, incluindo o seu universo individual, que é a sua vida, a sua realidade. Como tudo está conectado, se deseja viver em alinhamento com o fluxo do universo, você precisa conhecer esses princípios para poder adequar-se a eles. Em outras palavras, se deseja acessar a abundância e a prosperidade infinitas do universo, precisa "dançar conforme a música", ou melhor, precisa existir e viver em conformidade com os princípios que regem o universo.

---

1. INICIADOS, Os três. *O Caibalion: Estudo sobre a filosofia hermética do Antigo Egito e da Grécia*. Tradução de Carlos Eugênio Marcondes de Moura. 15. ed. São Paulo: Pensamento, 2015.

O objetivo último dos princípios herméticos universais é promover o aprimoramento moral e espiritual por meio da expansão e elevação da consciência, porém aqui vamos compreender como cada um deles pode ser contextualizado e aplicado à cocriação de dinheiro, ao sucesso financeiro e à riqueza.

>> 1. Princípio do mentalismo

"O Todo é mente; o universo é mental."
O Caibalion

De acordo com o princípio do mentalismo, a natureza do universo é mental. Nesse sentido, o universo é entendido como a mente infinita, imaterial, inefável, indefinível e incognoscível que antecede, atravessa e transcende a realidade manifestada na matéria tal como a conhecemos com nossos sentidos físicos. O *Todo* é o termo que faz referência à inteligência suprema, ao poder superior, ao Criador, ao campo quântico, à matriz holográfica, a Deus, como você preferir.

O princípio do mentalismo explica que somos um holograma na mente do **Todo**, ou seja, nossa realidade e todas as nossas experiências ocorrem nessa mente. Igualmente, todas as infinitas possibilidades também existem, simultaneamente, nela. Se você e todas as infinitas possibilidades existem na mente do Criador, então tudo que pensa, deseja, projeta, cria e visualiza na sua imaginação já existe em algum espaço-tempo na mente do universo. Por isso, para cocriar uma realidade de riqueza, é preciso, primeiramente, vivenciá-la na sua mente individual, por meio da sua imaginação. É preciso *ser* para *ter*.

As emoções positivas decorrentes das experiências imaginárias, como seu sonho realizado, elevam sua vibração para que a realidade projetada na imaginação entre em fase com a realidade potencial correspondente na mente no **Todo** para, então, manifestar-se na realidade física (processo denominado colapso da função de onda na física quântica).

Na antiga doutrina hermética, esse processo é descrito como *alquimia mental*, que corresponde à arte de mudar as condições do seu universo particular, da sua realidade, alterando as suas circunstâncias materiais por meio da transmutação das suas circunstâncias mentais.

Incrível, não é? A alquimia mental é a própria cocriação da realidade com base em um princípio universal o qual garante que, independentemente do seu passado ou da sua situação atual, você sempre pode transmutar coisas negativas em riqueza, prosperidade, abundância, liberdade e sucesso.

Ao desprogramar suas crenças limitantes e elevar a sua frequência vibracional, a sua mente individual se alinha com o poder mental do **Todo** — processo que classifico como o alinhamento das quatro mentes: pré-consciente, consciente, inconsciente e supraconsciente (ver Capítulo 14). Com esse alinhamento, você se torna capaz de alterar sua realidade pessoal e ainda contribui para a elevação da frequência do planeta inteiro, como afirmava o dr. David Hawkins.

>> 2. Princípio da correspondência

"O que está em cima é como o que está embaixo,
e o que está embaixo é como o que está em cima."
O Caibalion

O universo possui três grandes planos, ou dimensões, de existência: plano espiritual, plano mental e plano físico. Segundo o princípio da correspondência, há uma conexão harmoniosa e simétrica entre todos eles, de forma que eventos em um plano refletem nos demais por correspondência. Em outras palavras, o princípio da correspondência revela a natureza holográfica e fractal do universo, em que cada parte reflete o todo, ligando o macrocosmo ao microcosmo, o visível ao invisível e a matéria à energia.

Na cocriação da realidade, segundo o princípio da correspondência, o seu mundo exterior é um reflexo do seu mundo interior, indicando que seus pensamentos e sentimentos influenciam diretamente a realidade manifestada, isto é, aquilo que vive internamente no plano mental, por correspondência, tende a se manifestar externamente no plano material. Bingo!

Uma vez que a mente não distingue o que é realidade física ou imaginária, aceitando como verdadeiro o que está no foco da sua atenção, na prática, isso significa que se você, no plano mental, tem crenças, padrões, sentimentos e pensamentos ligados à escassez, infelizmente, é essa a realidade que vai manifestar na matéria. Por isso, aqui está mais um argumento para que você cultive pensamentos e sentimentos de prosperidade, abandonando os padrões mentais, emocionais e comportamentais que o impedem de concretizar seus sonhos.

O princípio da correspondência também é um meio de superar a mentalidade de vitimização, encorajando-o a assumir toda a responsabilidade pela construção de sua realidade. Por isso, a cocriação da riqueza começa como uma realidade interna na qual você se dedica a alinhar seus pensamentos, crenças e sentimentos com os seus desejos de prosperidade.

>> 3. Princípio da vibração

"Nada está parado; tudo se move; tudo vibra."
O Caibalion

O princípio da vibração afirma que tudo no universo está em constante movimento e vibração, ideia que encontra respaldo na física quântica, na descoberta de que os átomos são, em última instância, compostos de energia pulsante, de forma que mesmo objetos aparentemente sólidos e imóveis, como construções e mobiliário, até pensamentos e sentimentos, todos são caracterizados pelas vibrações que emanam.

Conforme o princípio da vibração, tudo, desde a energia mais sutil do espírito até as formas mais densas da matéria, é feito da mesma *substância primordial*, diferindo apenas no grau de vibração. Isso implica que a realidade que você deseja existe inicialmente como uma onda de energia pura no seu pensamento e na matriz holográfica das infinitas possibilidades, podendo ser transformada em realidade física ao fazer o ajuste vibracional necessário.

Essencialmente, o princípio da vibração fundamenta a possibilidade de a energia se converter em matéria (materialização) e da matéria se converter em energia (desmaterialização) a partir da alteração na própria vibração. Ao dominar seus estados mentais e emocionais, ajustando sua vibração para uma frequência mais elevada, compatível com o potencial energético escolhido na matriz holográfica, você pode cocriar, pelo princípio da vibração, não só a realidade de riqueza que deseja, mas também uma realidade plena em todos os pilares da sua vida com muita saúde, amor, alegria, paz e liberdade, tornando-se mestre do seu destino.

>> 4. Princípio da polaridade

"Tudo é duplo; tudo tem polos; tudo tem o seu oposto; o igual e o desigual são a mesma coisa; os opostos são idênticos em natureza, mas diferentes em grau; os extremos se tocam; todas as verdades são meias verdades; todos os paradoxos podem ser reconciliados."

O Caibalion

O princípio da polaridade ensina que tudo no universo possui um duplo polar e que os opostos são, na verdade, idênticos em natureza, diferindo apenas em grau ou intensidade. Pares de opostos (calor e frio, amor e ódio, riqueza e pobreza) ilustram como o que percebemos como polaridades opostas são, na realidade, variações de um mesmo fenômeno (calor e frio, por exemplo, são variações em grau da temperatura; amor e ódio são variações no grau de afeto; e riqueza e pobreza são variações no grau de prosperidade financeira).

Nesse sentido, o princípio da polaridade indica que é possível transitar entre essas polaridades alterando a vibração emitida, permitindo a transmutação de estados como pobreza em riqueza, ou escassez em abundância. Quando você aplica a Técnica Hertz para cancelar suas crenças e emoções negativas e afirmar o seu novo eu, próspero e abundante, está colocando o princípio da polaridade em ação! A aplicação consciente do quarto princípio é considerada uma forma de alquimia mental.

Na física quântica, o princípio da polaridade é validado pelo princípio da dualidade onda-partícula, o qual descreve como partículas subatômicas podem expressar-se tanto como ondas quanto como partículas, justificando a coexistência de dimensões complementares.

Ele é de aplicação universal, ou seja, qualquer estado mental pode ser transmutado por meio da alteração da vibração e do direcionamento consciente da energia para inverter as polaridades. Contudo, é crucial manter a vibração elevada para evitar a transmutação inversa, indesejada, pois o princípio da polaridade, como todos os outros, é neutro e imparcial, e sua aplicação depende do direcionamento intencional da energia e vibração.

Aplicando essa teoria na cocriação de dinheiro, entendemos que a versão "onda" da realidade de riqueza e sucesso tem um correspondente "partícula", que pode se manifestar fisicamente se você emitir a vibração para inverter a polaridade. Assim, o princípio da polaridade permite *descocriar* realidades indesejadas por meio da inversão de polaridades, transformando-as de sua manifestação material de volta em possibilidades latentes no campo quântico.

Quer um exemplo? Você precisa se sentir rico, mesmo sem ter dinheiro nas suas mãos ou no banco. Ao encontrar riqueza em outras situações, estará *descocriando* a realidade indesejada. Como pode fazer isso? Olhe ao seu redor. Você consegue enxergar? Consegue respirar? Consegue andar? Seja grato por tudo o que tem, independentemente do que ainda não materializou. Bingo!

>> 5. Princípio do ritmo

"Tudo tem fluxo e refluxo; tudo tem suas marés;
tudo sobe e desce; tudo se manifesta por oscilações compensadas;
a medida do movimento à direita é a medida
do movimento à esquerda; o ritmo é a compensação."

O Caibalion

O princípio do ritmo ensina que tudo no universo se move de forma rítmica, oscilando entre polaridades em um movimento pendular de fluxo e refluxo, criação e destruição. Esse princípio, que complementa os princípios da vibração e da polaridade, aplica-se universalmente a todos os aspectos da existência, desde a macroescala de galáxias até a microescala de energias e pensamentos humanos, ancorando a ideia de que a *mudança* é a essência do universo.

A vida é um eterno ciclo de nascimento, crescimento, declínio e renascimento, de forma que nada é permanente e tudo está sujeito à transformação. Esse movimento rítmico é observável na natureza, nas sociedades, nas civilizações e na vida individual, marcando desde ciclos naturais (marés, estações do ano, fases da lua etc.) até as variações dos estados mentais e emocionais (humor, frequência etc.).

No contexto da cocriação da realidade, o princípio do ritmo oferece uma perspectiva otimista, mostrando que qualquer situação negativa pode ser transmutada em positiva por meio da inversão da polaridade vibratória, o que é particularmente relevante na transição de estados de pobreza para estados de riqueza, desafiando a crença limitante de que a sua condição econômica é imutável e hereditária.

Os hermetistas, utilizando a alquimia mental, descobriram como "driblar" o movimento pendular negativo, elevando a consciência a planos superiores e alterando a frequência vibracional para não se deixar afetar pelas polaridades negativas. Esse processo envolve o autoconhecimento e o desenvolvimento de vontade, disciplina e autodomínio, permitindo que o seu estado interno e o seu nível de consciência definam sua realidade externa, em vez de serem definidos por circunstâncias externas.

Na prática, para escapar de ser arrastado pelo *pêndulo da vida* para as polaridades negativas, é preciso manter uma postura de gratidão e abundância, mesmo diante de evidências externas de escassez, como contas atrasadas ou falta de alimentos. Ao recusar-se a adotar uma frequência de vitimização e, ao contrário, praticar a gratidão, é possível elevar a vibração e, gradualmente, inverter a polaridade da pobreza para a riqueza.

Uma vez estava andando na rua e vi uma criança acompanhada de sua mãe, que era cega. Naquele momento, a gratidão tomou conta de todo o meu ser, porque me dei conta de que o fato de eu poder ver o rosto dos meus três filhos me proporcionava uma sensação incrível. A partir desse episódio, comecei a observar com mais delicadeza tudo o que ocorria à minha volta e a praticar a gratidão genuína pelo que a vida me proporcionava.

>> 6. Princípio da causa e efeito

"Toda causa tem seu efeito, todo efeito tem sua causa; tudo acontece de acordo com a lei; o acaso é simplesmente um nome dado a uma lei não reconhecida; há muitos planos de causalidade, porém nada escapa à lei."

O Caibalion

O princípio da causa e efeito estabelece que nada no universo ocorre por acaso; tudo tem uma causa subjacente, ou seja, não existem efeitos sem explicações, de forma que conceitos como acaso, coincidência, sorte ou azar são entendidos como mera falta de compreensão das causas reais.

Tudo no universo segue uma ordem, e cada evento é um elo em uma cadeia de causas e efeitos. Isso significa que pensamentos, sentimentos e comportamentos também fazem parte dessa cadeia universal, influenciando diretamente a realidade vivida.

O princípio da causa e efeito, juntamente com o da correspondência, destaca que o mundo interior é a causa e o mundo exterior é o efeito e, por isso, para alterar a realidade externa, é necessário iniciar mudanças internas, adotando uma abordagem de dentro para fora.

Na prática da cocriação de dinheiro, o princípio da causa e efeito lhe oferece a escolha entre ser influenciado passivamente pelos efeitos das circunstâncias externas ou elevar-se acima deles, tornando-se ativamente a causa das circunstâncias que encontra na vida.

Isso implica que, independentemente das condições de nascimento ou das circunstâncias externas, você pode escolher vibrar na polaridade da riqueza e se tornar o arquiteto do próprio sucesso e prosperidade, iniciando uma nova cadeia de causas e efeitos que leva à manifestação do que deseja e é capaz de construir e, até mesmo, de influenciar as gerações futuras de sua linhagem familiar.

>> 7. Princípio do gênero

"O gênero está em tudo; tudo tem o seu princípio masculino e o seu princípio feminino; o gênero se manifesta em todos os planos."

O Caibalion

O sétimo princípio afirma que o gênero está presente em tudo no universo, manifestando-se por dois princípios ou energias essenciais para toda criação: um princípio masculino e um princípio feminino; as energias yang e yin (ver também Capítulo 14).

O princípio do gênero vai além da noção de sexo e reprodução biológica, abrangendo conceitos de origem, geração e criação em todos os planos da existência. Ele está presente desde a estrutura atômica até as galáxias, influenciando fenômenos como luz, calor e magnetismo.

No plano físico, a expressão do gênero é evidente na reprodução sexual, mas em planos superiores manifesta-se como energias criadoras complementares. No plano mental, por exemplo, o princípio masculino (yang) representa a mente consciente, enquanto o feminino (yin) representa a mente inconsciente. A cocriação da realidade exige a harmonização dessas duas energias, alinhando os desejos conscientes com os padrões do inconsciente para manifestar a realidade desejada.

As neurociências confirmam essa visão ao destacar as funções distintas e complementares dos hemisférios cerebrais: o lado direito do cérebro é predominantemente feminino; o esquerdo, masculino. A sincronização dos hemisférios cerebrais é crucial para o equilíbrio emocional e cognitivo, sendo um dos objetivos de terapias que utilizam hipnose e frequências binaurais.

A mente inconsciente, representando a energia feminina, é vista como a matriz da criação, capaz de manifestar as ideias da mente consciente (energia masculina), desde que livre de crenças limitantes. Os sentimentos desempenham papel fundamental nesse processo, convencendo a mente inconsciente da realidade do desejo.

Pelo viés das constelações, podemos associar a energia materna com a energia yin, feminina, ligada ao nutrir, acolher, gerar e prosperar, e a energia paterna com a energia yang, masculina, representada pelas ações, pelo "encarar" a vida.

Portanto, para manifestar riqueza e sucesso, é necessário harmonizar os princípios masculino e feminino, ou seja, sincronizar os hemisférios cerebrais e alinhar as mentes consciente e inconsciente, assegurando que as crenças inconscientes estejam em consonância com os desejos conscientes.

16 Leis cósmicas para cocriação de dinheiro

Dos sete princípios herméticos apresentados anteriormente deriva uma série de outras leis cósmicas universais que descrevem o funcionamento do universo no nível sutil da energia, cuja compreensão é essencial para a cocriação da realidade. A seguir, vou apresentar de maneira suscinta dezesseis dessas leis, interpretando-as no contexto da cocriação de dinheiro.

>> 1. Lei da impermanência

A lei da impermanência ensina que nada no universo é permanente, ou seja, é sempre possível mudar, reciclar e transmutar em todos os aspectos da existência, inclusive, e especialmente, nas polaridades. Essa lei, quando aplicada à cocriação de dinheiro, afirma que a sua condição de escassez e pobreza não é definitiva; ela pode ser alterada. Mesmo que a pobreza tenha sido uma constante na sua linhagem familiar, é possível, a partir de agora, inverter essa polaridade para que você se torne o primeiro rico da sua família.

O dinheiro, entendido como energia, pode ser sintonizado e manifestado por meio do seu alinhamento vibracional com as frequências mais elevadas do universo, acima de 500, 600 ou 700 Hz. Ao vibrar em sentimentos de alegria, amor, perdão, gratidão e generosidade, você ajusta sua frequência para se harmonizar com a energia do dinheiro, transformando-a em valor material que se manifestará abundantemente em sua vida.

>> 2. Lei da cocriação vibracional

A lei da cocriação vibracional, também conhecida como lei da atração, mas que prefiro denominar *lei quântica* da vibração, enfatiza que a realidade cocriada é condicionada à frequência vibracional emitida. Além de simplesmente atrair — como se fala popularmente —, essa lei ensina que vibrações ou frequências similares entram em ressonância, entrelaçam-se quanticamente e formam um holograma da realidade desejada.

Nesse sentido, é indispensável desprogramar suas crenças limitantes, dogmas e emoções negativas, especialmente aqueles associados a dinheiro, falta ou escassez. Vibrações de escassez transmitidas ao universo resultam na cocriação de mais falta e carência, não só no pilar financeiro, mas em diversas áreas da vida.

Por outro lado, vibrações de prosperidade, alegria e abundância interna ressoam com frequências elevadas, manifestando uma realidade de riqueza e sucesso. Praticar a auto-observação e ajustar suas emoções, crenças e atitudes sobre dinheiro e prosperidade é essencial para vibrar na frequência da riqueza e manifestar abundância.

>> 3. Lei da manifestação

A sua mente é um campo fértil para cocriar a realidade, fazendo com que as emoções atuem como combustível para a materialização de sonhos. A lei da manifestação enfatiza a importância de desejar algo intensamente, pensar e manter a ideia desejada ativa, aceitando-a internamente e alinhando pensamento, emoção e ação.

No entanto, para manifestar dinheiro, riqueza e prosperidade, é fundamental identificar e superar crenças e bloqueios internos, a fim de reconhecer seus padrões automáticos e, em seguida, ressignificar a sua relação com o dinheiro.

Questionar-se sobre o que o está impedindo de acessar a riqueza, limpar e ressignificar crenças limitantes, definir metas claras e viver como se a realidade financeira desejada já fosse presente são etapas essenciais. A coerência interna entre desejo, crenças e ações é chave para transformar-se em multimilionário, evidenciando o poder da mente e das emoções na cocriação de uma realidade financeira abundante.

>> 4. Lei da generosidade

A lei da generosidade é uma expressão de honra e nobreza no universo, a qual reflete a energia que você compartilha com o mundo em abundância e oportunidades. Essa lei opera como um espelho multidimensional, devolvendo-lhe a generosidade que oferece, influenciando diretamente a frequência do dinheiro e a cocriação de oportunidades.

Enquanto egoísmo, avareza, mesquinharia e medo constroem barreiras que afastam a prosperidade, limitando as possibilidades de expansão, a generosidade não apenas aumenta a sua capacidade de receber em diversas áreas da vida, mas também expande seu campo vibracional, conduzindo-o para um fluxo natural de abundância.

Ao adotar uma postura generosa, você entra em harmonia com o universo, sintonizando parcerias, negócios e relacionamentos positivos e se posicionando em um estado de consciência elevado que lhe permite perceber e agir de acordo com um panorama mais amplo e harmonioso da realidade. De modo geral, a prática da generosidade o alinha com a frequência da abundância.

>> 5. Lei da harmonia

Acessar um estado de harmonia interior é essencial para aumentar o seu poder cocriador da realidade, incluindo, claro, a cocriação de dinheiro e riqueza.

Quando você eleva sua frequência vibracional e a alinha com a do dinheiro, o universo opera em harmonia e equilíbrio. Por meio de processos que levam ao perdão e à harmonização, é possível reprogramar interpretações de situações prejudiciais do passado, para alinhar todos os aspectos do ser, desejos e atitudes, e manter uma conduta coerente, fundamentada no amor incondicional e no desapego às exigências do ego.

>> 6. Lei da gratidão

A prática diária da lei da gratidão é fundamental para enriquecer e alcançar a prosperidade, pois essa é mais uma lei que ajuda a elevar a frequência vibracional para sintonizar e cocriar riqueza e abundância universal. A lei da gratidão funciona como um espelho interdimensional que reflete de volta para você toda a gratidão transmitida ao universo.

Agradecer pelas coisas da vida, grandes e pequenas, desde acordar todas as manhãs até os recursos materiais e imateriais, sinaliza ao universo que você reconhece o valor de tudo que há à sua volta, e assim será recompensado com mais da mesma energia — quanto mais agradece, mais cocria motivos para agradecer!

Ao expressar gratidão pelo dinheiro e todas as formas de prosperidade que você já experiencia, bem como agradecer pela riqueza material (por enquanto, apenas imaginada, visualizada e sentida como se fosse verdade), o plasma ao seu redor agirá como um poderoso campo atrator capaz de sintonizar, por afinidade, mais daquilo pelo que você é grato.

Lembra que sua mente não distingue o real do imaginário? Por isso, tudo pelo que você agradece com sentimento verdadeiro é transformado em ondas que se materializam na realidade que você deseja vivenciar e que até agradeceu antecipadamente.

A gratidão, que vibra acima de 500 Hz, alinha-se com a matriz holográfica para que você acesse o campo das infinitas possibilidades para cocriar prosperidade. Portanto, agradecer por tudo na vida, inclusive por aquilo que ainda não se manifestou materialmente, constrói a base quântica e holográfica para a realização dos seus desejos de riqueza em todas as áreas da vida.

>> 7. Lei da eternidade

A lei da eternidade, fundamentada na infinita capacidade de cocriação e no campo de infinitas possibilidades do universo, revela que não existem limites físicos, quânticos ou energéticos para alcançar níveis elevados de prosperidade financeira.

Essa lei é sustentada pela imprevisibilidade do átomo (princípio da incerteza de Heisenberg) e pelo conceito de não localidade, indicando que toda realidade pode ser transformada pela direção, forma, atenção e intenção do observador. A eternidade e a infinitude do universo permitem a transmutação constante de seres, objetos e circunstâncias, abrindo caminho para manifestação de riquezas, mudança de panoramas negativos e alteração de polaridades em qualquer aspecto da vida.

>> 8. Lei da unidade

Os sentidos físicos e as faculdades mentais estão profundamente conectados e entrelaçados em um nível quântico, no qual pensamentos, ações, emoções e vibrações se complementam por meio de todas as dimensões da realidade, formando uma unidade.

A lei da unidade divina ensina que você é capaz de cocriar riquezas infinitas, comunicando-se com qualquer dimensão de riqueza e abundância financeira desejada, vibrando na energia única do dinheiro e criando internamente a riqueza do universo.

Em algum nível ou dimensão, você já existe como um ser rico, milionário e abundante, basta acessar essa realidade para que possa viver a experiência da riqueza na sua vida atual. Esse acesso é facilitado pelo alinhamento e ressonância com a dimensão desejada, especialmente por projeção mental, criação holográfica, visualização e ativação do campo eletromagnético do coração, que é central na *emosentização*, parte da Técnica Hertz, de nossos desejos mais profundos. Essa é apenas uma possibilidade dentro de um campo de infinitas possibilidades, acessível a todos por meio da unicidade do universo.

>> 9. Lei da abundância

Não há motivo para ter preocupações relacionadas à falta ou escassez, pois o universo é uma fonte de abundância inesgotável. Tanto a lei universal da abundância quanto a física quântica apontam para a existência de uma fonte de energia, uma única onda primordial de amor, riquezas, sucesso e prosperidade, disponível para todo mundo.

Você, como cocriador, tem o poder de moldar essa onda em qualquer realidade desejada, utilizando-a para manifestar o que quiser. Essa onda primordial, representando Deus, a matriz holográfica, ou o campo de infinitas possibilidades, contém tudo o que é necessário para a sua realização pessoal e profissional.

Ao tomar consciência da abundância universal e aplicar a lei da abundância, você pode criar a realidade desejada, vibrar intensamente com o coração, acelerar a emoção e projetar a própria fortuna.

>> 10. Lei do compromisso

Segundo a lei cósmica do compromisso, assumir um compromisso com a riqueza, a abundância, a fortuna e o dinheiro é fundamental. A partir do instante em que você se compromete, firma uma aliança eterna com o universo, e precisa focar toda a sua atenção para vibrar na frequência da prosperidade.

Ao se comprometer com a realidade de riqueza, alinha todas as suas células, sua fisiologia e seu ser para alcançar a vibração da abundância. Você se torna um radar que sintoniza experiências alinhadas com a riqueza e a prosperidade, e direciona sua percepção da realidade, emoções e ações para materializar seu compromisso. Com um foco inabalável no sucesso e na geração de dinheiro, você prepara o terreno para fazer um salto quântico.

>> 11. Lei do propósito

Uma vez que o universo responde a intenções claras e endereços vibracionais específicos, e em cada aspecto da vida e em todas as suas nuances existe um propósito definido, todos inseridos na complexa engrenagem consciencial e quântica do universo, é essencial refletir sobre qual é seu propósito em relação ao dinheiro que deseja.

Questionar-se sobre o motivo pelo qual deseja riqueza, o que busca satisfazer, a quem deseja ajudar e qual é o propósito maior por trás do desejo de enriquecer é crucial. Seja para fazer o bem, promover a expansão financeira global ou realizar sonhos pessoais, definir um propósito claro com relação ao dinheiro é fundamental para potencializar as possibilidades de cocriação.

>> 12. Lei da afinidade vibracional

A lei da afinidade vibracional, ou lei da sintonia vibracional, destaca a importância da congruência e do alinhamento entre seus pensamentos, emoções, percepções e ações com relação à energia do dinheiro.

Esse alinhamento envolve não apenas a maneira como você se relaciona com dinheiro, finanças e negócios, mas também com as suas aspirações materiais e esforços para alcançar a abundância econômica. A cocriação do dinheiro exige uma sintonização com a frequência da riqueza, requerendo *paixão* e *entusiasmo* pelo dinheiro e por uma vida financeiramente abundante.

Essa paixão atua como um comando quântico que promove o seu alinhamento com a frequência do dinheiro e da liberdade financeira, de forma a entrar em ressonância com eventos, pessoas e oportunidades essenciais para a manifestação de riqueza.

>> 13. Lei da associação

Para elevar a sua frequência e alcançar a riqueza, você precisa observar e entender com o que ou com quem está se associando emocional, energética, pessoal e mentalmente. A lei da associação exige uma estratégia quântica para persuadir sua mente, envolvendo a análise de suas principais associações com o dinheiro, incluindo emoções, pensamentos e comportamentos frequentes relacionados à riqueza e à prosperidade.

Observar-se de fora, como se estivesse dissociado, permite que você reflita profundamente sobre suas atitudes e posturas em relação ao dinheiro, bem como identifique emoções e reações corporais quando em contato com grandes quantias de dinheiro, mesmo que só na sua imaginação.

Além disso, é importante avaliar seu círculo social e os padrões emocionais que definem suas relações, identificando possíveis bloqueios como medos, crenças limitantes e memórias dolorosas que podem estar impedindo a fluidez da prosperidade em sua vida.

Limpar, ressignificar e transmutar associações negativas são passos essenciais para inverter a polaridade da escassez e alinhar-se com frequências mais elevadas, condizentes com a riqueza. Esse processo de limpeza e realinhamento permite uma seleção mais consciente de associações energéticas, promovendo o equilíbrio emocional, relações interpessoais saudáveis e a construção de novas memórias futuras por meio de imagens mentais, pensamentos direcionados e emoções elevadas.

Compreendendo e aplicando a lei da associação, você cria uma egrégora de luz alinhada à vibração da prosperidade, manifestando fortuna, liberdade financeira e oportunidades de negócios.

>> 14. Lei do desapego

Para alcançar a energia do dinheiro e a concretização dos seus projetos financeiros, é essencial desapegar-se de memórias, crenças, bloqueios, preconceitos, verdades absolutas, visões estreitas e emoções autodestrutivas. Além de toda a carga negativa que vem com essa bagagem, tudo isso gera ansiedade, nervosismo e medos desproporcionais em relação ao dinheiro.

A lei do desapego exige que você faça uma limpeza profunda do *sistema holoemocional*, eliminando tudo que aprisiona a mente e as emoções, incluindo medos ocultos, vitimizações e dramas que bloqueiam a elevação da frequência vibracional.

É necessário também que você desapegue e se liberte das derrotas, dos processos de falência e perdas materiais e imateriais. Para isso, as melhores ferramentas são: constelação familiar, hipnose, Ho'oponopono, meditação e outras práticas vibracionais, ou a Técnica Hertz, que reúne quanticamente todas essas e muitas outras ferramentas.

>> 15. Lei da sabedoria

Para vibrar eternamente na energia do dinheiro e manifestar abundância infinita, você precisa se fundamentar na lei da sabedoria, que enfatiza a importância de se ter boa qualidade de conhecimentos profundos sobre dinheiro, leis universais e teorias quânticas.

Expandir o entendimento sobre finanças e riqueza não apenas evita problemas, mas também abre portas para novas oportunidades apresentadas pelo universo. A sabedoria adquirida amplia a consciência, oferece clareza nas decisões financeiras, aumenta o domínio emocional, eleva os níveis intelectuais e potencializa o campo bioenergético.

Consequentemente, você acessa um nível mais elevado de autoconfiança e uma profunda convicção interna, alinhando-o com a vibração da prosperidade e com a da abundância universal. Portanto, aprofundar-se no conhecimento sobre o dinheiro e sobre as leis da prosperidade ilumina sua relação com a abundância, cura feridas emocionais, elimina crenças limitantes e alinha mente, sentimentos e atitudes à frequência do sucesso financeiro e pessoal. Mas lembre-se: conhecimento teórico não vale por si só; você precisa colocar em prática o que sabe intelectualmente — isso sim é sabedoria! Bingo!

Sempre fui de estudar muito. Quando comecei meu canal no YouTube já tinha diversas formações, mas só quando apliquei esse conhecimento teórico é que vi minha vida verdadeiramente se transformar.

>> 16. Lei da energia

Adaptando a máxima de Lavoisier — "na natureza, nada se cria, nada se perde, tudo se transforma" — para o campo da energia e da prosperidade, compreende-se que, no universo, nada se destrói, mas tudo é transmutado pela energia e pela consciência do observador.

A lei da energia ensina que, como um ser capaz de observar e modelar a realidade, você tem o poder de transmutar a energia em diversas formas, inclusive na vibração do dinheiro. Esse processo requer um nível de consciência elevado e capacidade de aplicar seus conhecimentos e percepções para cocriar a realidade desejada. Isso implica criar um projeto emocional consistente, fundamentar ideias com pensamentos organizados e alinhar seu ser com a materialização do seu desejo de prosperidade. Calma, transmutar energias negativas em positivas pode parecer, a princípio, muito difícil, mas com as técnicas certas, como a Hertz, e as dicas deste livro é algo bem mais simples do que imagina.

CAPÍTULO 8

Crenças limitantes

Crenças são convicções que você tem sobre si mesmo e sobre a realidade, que não necessariamente correspondem à verdade, mas moldam a sua interação com o mundo e a forma como enxerga sua vida. Assim como um celular não funcionaria sem aplicativos, você também não funcionaria sem crenças.

Elas podem ser positivas, funcionais, construtivas e expansivas, mas também negativas, disfuncionais, destrutivas e limitantes. Todos nós possuímos um conjunto de crenças, positivas e negativas, que determina nosso "funcionamento" no dia a dia. Se as crenças positivas forem predominantes, a tendência é viver uma realidade de paz, harmonia, crescimento, prosperidade, relacionamentos saudáveis e sucesso, porém quando elas são majoritariamente negativas, a tendência é que haja escassez e fracasso em um ou mais pilares da sua vida.

As crenças funcionam como profecias que se autorrealizam, criando um ciclo de confirmação baseado em suas expectativas e emoções. Quando você diz "Eu sabia que isso ia acontecer", está, na verdade, reproduzindo uma crença, e ela se perpetuará até que decida, conscientemente, interrompê-la.

Na física quântica, a autorrealização das crenças é denominada colapso da função de onda, que é o processo pelo qual você cocria a sua realidade a partir de suas próprias crenças. Na psicologia, as crenças são consideradas esquemas cognitivos e comportamentais formados principalmente na infância e adolescência, atuando como filtros para as tomadas de decisões e os comportamentos. Elas são distintas dos

143

pensamentos conscientes, sendo geralmente inconscientes e descobertas somente por meio do exercício do autoconhecimento ou terapia.

De modo geral, as crenças desempenham papel crucial na qualidade dos resultados que se alcança na vida. Mesmo que você tenha objetivos claros e um plano de ação bem definido, crenças limitantes não reconhecidas ou não resolvidas podem sabotar seus esforços, impedindo-o de alcançar o sucesso desejado. Portanto, dedicar-se para identificar e desprogramar as suas crenças limitantes é essencial para cocriar a realidade de riqueza que deseja.

Pirâmide das crenças

As experiências da infância desempenham papel crucial na formação das chamadas *crenças primárias*, que são a base de todo o seu sistema de crenças na fase adulta.

As crenças primárias, também chamadas de crenças nucleares, são divididas em três categorias principais: crenças de identidade (ser), crenças de capacidade (fazer) e crenças de merecimento (ter). Juntas, elas formam a pirâmide do indivíduo, ou pirâmide das crenças, que simboliza a base de todas as escolhas e decisões que você faz ao longo da vida, abrangendo aspectos pessoais, profissionais, emocionais e materiais.

>> Crenças de identidade: ser, eu sou

As crenças de identidade, base da pirâmide, foram formadas na sua infância, programadas com a repetição daquilo que seus pais e outros adultos de referência diziam sobre você, seu caráter e sua personalidade. Na vida adulta, elas refletem como você se vê, se apresenta ao mundo, se identifica, enfim, o seu "eu sou".

As crenças de identidade moldam a sua autoestima, autoimagem e comportamentos, influenciando diretamente os resultados de todas as suas ações. Uma identidade positiva pode levar ao sucesso, enquanto uma negativa, formada por críticas e desvalorização na infância, pode resultar em uma percepção de inferioridade e fracasso.

O grande problema é que crenças de identidade negativas impedem que você se reconheça como uma centelha divina, como uma emanação da consciência do Criador, como um ser inteligente, perfeito, sábio, saudável, amado, próspero e abundante.

No tocante à cocriação de riqueza, a abundância só será possível quando você descobrir e aceitar a sua verdadeira identidade, quando se alinhar com o Criador e acessar seu poder de cocriador da realidade.

CRENÇAS DE IDENTIDADE	
POSITIVAS	**NEGATIVAS**
Eu sou inteligente.	Eu sou estúpido.
Eu sou um sucesso.	Eu sou um fracasso.
Eu sou ágil.	Eu sou lesado.
Eu sou habilidoso.	Eu sou desajeitado.
Eu sou diligente.	Eu sou preguiçoso.
Eu sou rico.	Eu sou pobre.

>> Crenças de capacidade: fazer, eu posso

Localizadas no nível intermediário da pirâmide, as crenças de capacidade dizem respeito às suas habilidades, ao que você acredita ser capaz de realizar. Elas são uma expansão das crenças de identidade e também se formam na infância, ficam registradas na mente inconsciente e operam como o programa que define a sua capacidade e competência para realizar objetivos ou desempenhar determinados papéis ou tarefas.

Se quiser descobrir suas crenças limitantes de capacidade, pergunte-se: "O que eu gostaria de fazer da minha vida, mas não faço por achar que não consigo, que não posso ou que não tenho o dom, o talento ou os recursos necessários?".

CRENÇAS DE IDENTIDADE	
POSITIVAS	NEGATIVAS
Eu sei...	Eu não sei...
Eu consigo...	Eu não consigo...
Eu posso...	Eu não posso...
Eu aprendo...	Eu não aprendo...

>> Crenças de merecimento: ter, eu tenho

Se tiver crenças de identidade e capacidade positivas que o empoderam, você desenvolve naturalmente crenças igualmente positivas de merecimento, as quais permitem que você acredite ser digno de ter sucesso e prosperidade, e que não só tem a capacidade, como tem o direito de realizar seus objetivos na vida, seja no âmbito pessoal, profissional, financeiro ou afetivo.

Por outro lado, se tem crenças limitantes de identidade e capacidade, suas crenças de merecimento também serão limitantes. Ora, se acredita que é um pobre fracassado e que não é capaz de mudar, melhorar e crescer, dificilmente vai acreditar que merece expandir.

Crenças limitantes de merecimento levam a atitudes de autossabotagem manifestadas pela procrastinação, pelo apego à zona de conforto e pelas dificuldades para completar tarefas, manter conquistas, aceitar elogios ou imaginar-se bem-sucedido.

Na cocriação da realidade, é indispensável que você reconheça que o merecimento (ter) é resultado natural do ser e do fazer, não o contrário. O que você **tem** na vida é consequência de quem você **é** e do que você **faz**. Se deseja mudar o que **tem**, precisa primeiramente mudar quem você **é** e o que você **faz**. Priorizar o **ter** sem desenvolver o **ser** e o **fazer** leva à frustração, e não sustenta uma base sólida para o sucesso.

Embora as crenças primárias sejam formadas na infância e adolescência, elas não são imutáveis. É possível desprogramar crenças limitantes e programar novas crenças positivas em qualquer idade, desde que use as técnicas adequadas para promover uma completa reprogramação mental para que você alcance um estado de merecimento pleno.

Como um efeito cascata, quando incorpora seu verdadeiro **ser**, o **fazer** se apresenta naturalmente e, consequentemente, abre os caminhos para o **ter**.

Se tem crenças como "não consigo guardar dinheiro", "não consigo poupar", "não cocrio dinheiro", não será possível prosperar, porque, com crenças de incapacidade e não merecimento, nunca vai conseguir manter o dinheiro circulando em longo prazo em sua vida.

As crenças de incapacidade e não merecimento vêm das crenças limitantes de identidade (falta de amor-próprio, autoestima, autoconfiança). Além disso, elas também vêm da falta de conexão com a fonte — se você se perceber separado da fonte, um pobre pecador, é lógico que não se sentirá capaz, merecedor ou digno de sucesso.

Ninguém com crenças de incapacidade e não merecimento consegue prosperar. Não existe como, porque são frequências que não se conectam, são contrárias. Você não consegue aquilo que quer quando acredita que aquilo não vai acontecer. Por isso, é preciso continuar estudando, meditando, praticando, elevando sua frequência, até perceber que o sucesso, a riqueza e a prosperidade fazem parte de sua vida, que elas lhe pertencem porque você é capaz e merecedor de toda a abundância do universo.

Mente consciente e mente inconsciente

A mente humana possui dois aspectos complementares fundamentais: o consciente e o inconsciente. Enquanto a mente consciente é responsável pelo raciocínio lógico, pela análise, pela comunicação externa, pelas tomadas de decisão e pelos atos voluntários, a inconsciente armazena memórias, emoções, crenças, hábitos, além de regular funções fisiológicas involuntárias, influenciando 95% do comportamento humano, segundo a teoria do iceberg.

A teoria do iceberg é amplamente associada à psicologia freudiana e à obra de Sigmund Freud, que propôs que a mente humana é dividida em três partes: consciente, pré-consciente e inconsciente. Freud usou a metáfora do iceberg para explicar que a maior parte da mente (o inconsciente) está "submersa", ou seja, fora do alcance direto da consciência, mas exerce uma enorme influência sobre pensamentos, emoções e comportamentos.

Embora Freud tenha introduzido essa ideia, o conceito foi posteriormente ampliado e aplicado por outros psicólogos e autores. A metáfora do iceberg é também referenciada em áreas como a **Programação Neurolinguística (PNL)** e em estudos sobre **neurociência** e **psicologia comportamental**, especialmente no que se refere ao papel do inconsciente no comportamento humano.

Referências mais contemporâneas sobre o papel do inconsciente e o processamento automático da mente podem ser encontradas nos estudos sobre a **neurociência cognitiva** e no trabalho de autores como Daniel Kahneman, que discute o funcionamento do "Sistema 1" (inconsciente, rápido e automático) e do "Sistema 2" (consciente, lento e deliberado) em seu livro *Rápido e devagar*.[1]

---

1. KAHNEMAN, Daniel. *Rápido e devagar: Duas formas de pensar*. Rio de Janeiro: Objetiva, 2012.

Mente inconsciente: Como ela influencia 95% do comportamento humano, segundo a teoria do iceberg

A mente humana é um sistema complexo que funciona em dois níveis principais: a mente consciente e a mente inconsciente. A teoria do iceberg, amplamente usada na psicologia, é uma metáfora visual que ajuda a compreender como essas duas dimensões da mente operam e influenciam nosso comportamento. De acordo com essa teoria, apenas uma pequena parte do que pensamos, sentimos e fazemos é controlada pela mente consciente, enquanto a maior parte de nossos pensamentos, crenças e comportamentos está sob o controle da mente inconsciente.

>> A metáfora do iceberg

Imagine um iceberg flutuando no oceano. Apenas cerca de 5% do iceberg é visível acima da superfície da água, enquanto os outros 95% estão ocultos abaixo da superfície. Esse exemplo é uma analogia poderosa para explicar a divisão entre a mente consciente e a mente inconsciente. A parte visível representa nossa mente consciente, à qual temos acesso direto — pensamentos racionais, decisões lógicas e percepções do momento presente. Já a parte submersa simboliza a mente inconsciente, vastamente maior e responsável pela maioria das nossas ações, emoções, crenças e memórias automáticas.

>> O papel da mente consciente

A mente consciente, que representa cerca de 5% do comportamento humano, é responsável pelo raciocínio, pela lógica, pela tomada de decisões conscientes e pelo processamento de informações que estão no nível da nossa atenção imediata. Ela é ativa quando estamos focados em uma tarefa, analisando uma situação ou tentando resolver um problema. Embora tenha um papel crucial na vida cotidiana, o alcance da mente consciente é limitado, pois ela pode lidar apenas com uma pequena quantidade de informações de cada vez.

Por exemplo, quando você decide o que vestir pela manhã ou qual caminho utilizar para o trabalho, sua mente consciente está tomando essas decisões. Ela avalia os prós e contras e faz escolhas deliberadas com base nas informações disponíveis. No entanto, essas decisões são apenas a ponta do iceberg. Abaixo da superfície, uma vasta gama de processos inconscientes influencia esses momentos conscientes.

>> A influência da mente inconsciente

A mente inconsciente, que constitui **95%** do nosso comportamento, é onde armazenamos todas as nossas crenças profundas, padrões emocionais, memórias reprimidas e hábitos automáticos. Ela opera em segundo plano, controlando funções como respiração, batimentos cardíacos e digestão, mas também governa aspectos complexos da nossa vida emocional e comportamental sem que tenhamos consciência disso. É na mente inconsciente que residem as crenças limitantes, os traumas do passado e os condicionamentos adquiridos ao longo da vida.

O mais intrigante é que a mente inconsciente é moldada principalmente nos primeiros anos de vida. Desde a infância, absorvemos experiências, crenças e valores das pessoas ao nosso redor — pais, familiares, professores e sociedade —, e tudo isso é registrado na mente inconsciente. Essas impressões iniciais têm um impacto profundo sobre a forma como nos comportamos, tomamos decisões e interagimos com o mundo, mesmo que não estejamos conscientes dessas influências.

Por exemplo, uma pessoa que foi ensinada na infância que "dinheiro é difícil de ganhar" pode, inconscientemente, carregar essa crença ao longo da vida, criando padrões de escassez, medo e bloqueios em relação à prosperidade, mesmo que racionalmente deseje a abundância.

>> Como a mente inconsciente molda o comportamento

A mente inconsciente controla grande parte do que fazemos no dia a dia, mesmo sem percebermos. Nossos hábitos, reações emocionais e comportamentos automáticos são conduzidos por essa parte submersa do iceberg mental. Quando repetimos um comportamento ou enfrentamos uma situação semelhante a algo do passado, a mente inconsciente ativa padrões previamente estabelecidos.

Um exemplo claro disso é o hábito de dirigir. Quando aprendemos a dirigir, utilizamos intensamente a mente consciente, pois estamos focados em cada detalhe — trocas de marcha, espelhos, sinais. No entanto, com o tempo, dirigir se torna uma ação automatizada pela mente inconsciente. Depois de anos dirigindo, muitas vezes nem nos lembramos das manobras que fizemos para chegar a um destino, pois a mente inconsciente assumiu o controle.

Além dos hábitos, as emoções também são grandemente influenciadas pela mente inconsciente. Quando experimentamos uma emoção forte — como medo ou ansiedade —, ela geralmente está enraizada em memórias ou experiências passadas que foram armazenadas na mente inconsciente, mesmo que não tenhamos consciência delas.

>> Reprogramação da mente inconsciente

Para muitos, o desafio é que a mente inconsciente pode abrigar crenças limitantes, traumas e padrões de comportamento que impedem o crescimento pessoal e o sucesso. A boa notícia é que, assim como foi programada ao longo da vida, a mente inconsciente também pode ser **reprogramada** para criar novos padrões que apoiam objetivos e desejos positivos.

Práticas como **visualização criativa**, **afirmações** e **técnicas de meditação** podem ajudar a acessar a mente inconsciente e alterar essas crenças e padrões. O conceito de **neuroplasticidade** sugere que o cérebro tem a capacidade de criar novas conexões neurais com base em experiências e pensamentos repetidos, o que significa que, ao repetirmos novas crenças e padrões desejáveis, podemos substituir os antigos.

Por exemplo, se uma pessoa tem uma crença inconsciente de que "não merece ser bem-sucedida", ela pode trabalhar para substituir essa crença limitante por uma nova afirmação, como "eu sou merecedora de todo o sucesso e prosperidade". Com o tempo, essa nova crença pode se enraizar na mente inconsciente, alterando a maneira como a pessoa se comporta e reage em situações relacionadas ao sucesso.

A teoria do iceberg nos ajuda a entender que a maior parte do nosso comportamento é guiada pela mente inconsciente. Embora a mente consciente tenha um papel importante no raciocínio lógico e na tomada de decisões deliberadas, é a mente inconsciente que armazena as crenças e os padrões que moldam a maneira como vivemos. Ao nos tornarmos conscientes da influência poderosa da mente inconsciente, podemos começar a reprogramá-la, abrindo caminho para mudanças profundas e positivas em nossa vida.

Quando esses dois aspectos da mente não estão alinhados, trabalhando de forma coordenada, ocorrem divergências entre desejos conscientes e resultados obtidos, isto é, a falta de alinhamento entre mente consciente e inconsciente explica por que você tem a sensação de que "cocria o contrário" — você pensa em dinheiro, deseja prosperidade, faz afirmações de abundância, visualiza riqueza, porém manifesta mais e mais circunstâncias de escassez.

A sua mente consciente, apesar de operar ativamente nas suas escolhas e decisões racionais, está limitada pelas crenças do inconsciente, que considera as mudanças como ameaçadoras e perigosas, priorizando a sua sobrevivência e a manutenção do seu estado atual, mesmo que isso signifique o bloqueio de desejos conscientes de mudança, crescimento e expansão. Ou seja, embora você queira conscientemente alcançar abundância, prosperidade, sucesso e liberdade financeira, as crenças limitantes de pobreza, escassez e fracasso armazenadas no inconsciente podem bloquear essas realizações.

Como vimos, o inconsciente ocupa 95% da mente humana, o que pode ser um obstáculo para a cocriação de riqueza, porém os 5% da mente consciente bastam para reprogramar o inconsciente, superar crenças limitantes de escassez e fracasso e alcançar sucesso e abundância. A Técnica Hertz, a qual estou compartilhando com você, usa todo o poder da mente consciente para moldar e alterar as frequências vibracionais, alinhando-as com as energias do que se deseja conquistar.

Crenças e níveis de consciência

As crenças são reflexos diretos de sua frequência vibracional, ou do seu nível de consciência, conforme descrito por Hawkins no Mapa da Consciência Humana. As crenças atuam como lentes através das quais você percebe e interage com o mundo, tornando a realidade uma experiência subjetiva, uma "verdade" particular.

As crenças e percepções associadas a cada nível de consciência determinam como você interpreta o mundo ao seu redor, criando uma realidade única que parece ser idêntica para todos, mas que é apenas o seu modo de ver o mundo.

Vibrando em níveis de consciência mais baixos, inferiores a 200 Hz na Tabela de Hawkins, você tende a ser influenciado pelas crenças limitantes e negativas, focando escassez, medo e raiva. Nessa frequência, ocorre a fusão e a identificação completa com as próprias crenças, muitas vezes irracionais ou prejudiciais, sem a consciência de que elas estão moldando a sua percepção da realidade.

No entanto, ao escolher modificar essas crenças para elevar seu nível de consciência e experimentar uma nova realidade, você está alterando sua frequência vibracional e se permitindo ter uma visão mais ampla e positiva da vida, influenciando diretamente a sua experiência e o seu poder cocriador consciente.

Para transcender crenças limitantes, é essencial neutralizar e silenciar a mente, renunciando à ilusão de controle e ao orgulho do conhecimento absoluto. Isso porque cada avanço significativo na consciência requer a superação de antigas certezas. A transformação ocorre quando as crenças inconscientes são trazidas à consciência para que você consiga se observar e, assim, modificar as crenças limitantes.

A *auto-observação* desempenha papel crucial nesse processo, e, por meio dela, a vaidade do ego, responsável por interpretar a realidade, as memórias, as emoções e suas percepções do meio em que vive, tende a recuar, abrindo espaço para a humildade e para a mudança.

Biologia da crença

O biólogo e pesquisador norte-americano Bruce Lipton, em seu livro *A biologia da crença*,[2] analisa como as crenças limitantes e a epigenética interagem, mostrando, sob uma nova perspectiva científica, como se dá a relação corpo-mente, a relação entre genes e saúde.

Lipton afirma que as crenças começam a se formar já no período gestacional, quando o feto absorve as percepções de realidade de seus pais, transmitidas a ele como uma estratégia de sobrevivência que de certa forma o prepara para se adaptar ao ambiente que encontrará após o nascimento.

Esse processo de "instalação" de crenças continua intensamente até cerca dos 6 anos de idade, período em que a mente consciente ainda não está plenamente desenvolvida para filtrar experiências e informações, fazendo com que tudo seja diretamente absorvido pela mente inconsciente, moldando comportamentos e potenciais para a vida.

Na adolescência, a programação do inconsciente já está firmemente estabelecida, influenciando a autoimagem e as crenças sobre o que é possível alcançar. Essas crenças são downloads das percepções e comportamentos dos seus pais ou outras figuras significativas da sua infância que foram armazenados sem que você tivesse plena consciência deles.

Na idade adulta, o inconsciente opera como um vasto arquivo de programas, reagindo automaticamente de acordo com as crenças preestabelecidas, enquanto a mente consciente oferece a possibilidade de autorreflexão e metacognição, permitindo a intervenção consciente nos padrões automáticos. No entanto, havendo conflitos entre as suas intenções conscientes e os programas instalados, a mente inconsciente, operando no presente e sendo muito mais poderosa em termos de processamento neurológico, pode sabotar a concretização de suas intenções.

---

2. LIPTON, Bruce. *A biologia da crença: Ciência e espiritualidade na mesma sintonia*. São Paulo: Butterfly, 2007.

É por isso que o simples pensamento positivo não é suficiente para provocar mudanças significativas (internas ou externas). É o sistema de crenças inconscientes que filtra e valida esses pensamentos, mantendo padrões de comportamento habituais. Bruce Lipton afirma que muitas vezes somos nosso próprio obstáculo por causa das crenças limitantes que estão arraigadas em nossa mente inconsciente. No entanto, trazendo essas crenças para a consciência, é possível começar a desprogramá-las e realinhar nossos padrões de pensamento e comportamento.

> Muitos de nós vivemos de maneira limitada não por falta de alternativas, mas por acreditar que elas não existem.[3]

Esse processo pode ser desafiador por causa da resistência natural da mente às mudanças, mas com dedicação, paciência e persistência, você pode sim reprogramar crenças limitantes. Por meio do seu livre-arbítrio e se aproveitando da capacidade de reconfiguração do seu cérebro (neuroplasticidade), pode modificar tanto elas quanto padrões de comportamentos nocivos que sejam incompatíveis com a realização de seus sonhos.

Lipton, em outra obra, *Efeito lua de mel*, sugere que devemos viver em um estado de constante "lua de mel" com nós mesmos, filtrando conscientemente as reações automáticas para sermos mais gentis e amorosos com a gente e com os outros, da mesma forma que policiamos o que fazemos e dizemos para a pessoa amada quando estamos apaixonados.[4]

---

3. LIPTON, Bruce. *A biologia da crença: Ciência e espiritualidade na mesma sintonia*. São Paulo: Butterfly, 2007, p. 60.

4. LIPTON, Bruce. *Efeito lua de mel*. São Paulo: Butterfly, 2023.

Como identificar crenças limitantes

Quando você define metas ou deseja cocriar algo em sua vida, seja em âmbito pessoal ou profissional, a sua mente inconsciente imediatamente avalia seus objetivos conscientes sob duas óticas principais: se são possíveis ou impossíveis, ou seja, se são fáceis ou difíceis de serem alcançados.

Essa avaliação é influenciada pelas crenças armazenadas em seu inconsciente, que atuam como filtros que interferem em como você interpreta sua capacidade, seu potencial, seus recursos e as oportunidades ao seu redor.

Quando a avaliação é positiva, você sente a presença de uma voz interna encorajadora dizendo: "Sim, isso é possível, você consegue, vai dar certo!". As crenças positivas facilitam o surgimento de ideias criativas e pensamentos organizados para o planejamento e a execução das ações necessárias, além de preenchê-lo com sentimentos de segurança, autoconfiança e coragem, contribuindo significativamente para a concretização do seu projeto ou objetivo desejado.

Por outro lado, quando a voz interna é desanimadora e apresenta pensamentos do tipo "Isso é impossível, não é para você, você não consegue, não vai dar certo", é evidente que suas crenças limitantes estão em ação.

As crenças limitantes geram uma cascata de pensamentos negativos e de autossabotagem, desmotivando-o e paralisando suas ações. Além disso, elas evocam sentimentos como insegurança, incapacidade, dúvida, medo, raiva, ansiedade, preocupação e tristeza, que atuam como barreiras reais à realização de seus objetivos.

Diante disso, a *auto-observação* deve ser a primeira e mais elementar ferramenta para nutrir uma atmosfera interna nutritiva. Uma vez que você identifica a presença de uma crença, o próximo passo é questionar e analisar racionalmente sua validade, verificando se ela é uma verdade universal ou se é uma crença que limita a sua prosperidade.

Esse processo consiste, por exemplo, em questionar se outras pessoas, em condições iniciais semelhantes às suas, conseguiram alcançar o que você deseja. Se a resposta for afirmativa, isso invalida a crença limitante e indica que é possível reprogramá-la.

Você pode confrontar suas crenças fazendo os seguintes questionamentos:

- ✓ *Isso que eu acredito que é verdade é válido para todas as pessoas?*
- ✓ *Existe alguém que já conseguiu o que eu desejo partindo das mesmas condições iniciais em que me encontro?*
- ✓ *O que eu perco se realizar meu desejo?*
- ✓ *O que de pior pode acontecer?*
- ✓ *O que de melhor pode acontecer?*
- ✓ *Quais são as vantagens de permanecer onde estou e não realizar meu desejo?*
- ✓ *Como uma pessoa que não tem essa crença limitante pensaria, sentiria e agiria?*
- ✓ *Qual a utilidade de sustentar essa crença?*
- ✓ *O que de positivo acontecerá se eu a transcender?*

Depois, especificamente com relação a crenças sobre dinheiro, prosperidade, sucesso e liberdade financeira, prossiga para a auto-observação, fazendo os seguintes questionamentos:

- ✓ *Como era minha percepção sobre dinheiro quando eu era criança?*
- ✓ *O que lembro sobre a forma como meus pais (ou outros cuidadores) lidavam com dinheiro?*
- ✓ *O que outros adultos com quem convivi falavam sobre dinheiro quando eu era criança?*
- ✓ *Teve algum evento marcante relacionado a (falta de) dinheiro quando eu era criança ou adolescente?*
- ✓ *Qual a principal lembrança que tenho sobre dinheiro?*
- ✓ *Quais os sentimentos dessa lembrança?*
- ✓ *Será que essa lembrança interfere na minha vida hoje?*
- ✓ *Como está minha vida financeira atualmente?*

CRENÇAS LIMITANTES   157

✓ *Como me sinto em relação à minha vida financeira hoje?*

✓ *Como me sinto em relação ao que minha família pensa da minha vida financeira?*

✓ *Como me sinto em relação ao que meus amigos e colegas pensam ou comentam sobre a minha vida financeira?*

✓ *O que atualmente faço de bom pela minha vida financeira?*

✓ *O que poderia melhorar?*

✓ *Como penso e sinto em relação a quem tem muito mais dinheiro do que eu?*

✓ *Como penso e sinto em relação a quem tem muito menos dinheiro do que eu?*

✓ *Acredito que é fácil ou difícil ganhar mais dinheiro do que ganho hoje?*

✓ *Quais frases prontas, jargões ou ditados populares sobre dinheiro eu sempre falo?*

✓ *De forma geral, o que tenho a dizer sobre dinheiro?*

Na prática, funciona assim: suponha que seu desejo seja que um helicóptero solte para você um saco de dinheiro com 1 milhão de reais como um presente dos céus. Então, a sua mente começa a produzir diversas formas de pensamentos, e sua voz interior lhe diz que isso não é possível de acontecer.

Você fica em dúvida se essa é uma verdade objetiva ou se é apenas uma crença limitante gravada em sua mente inconsciente. Você se pergunta: "Isso é possível? Já aconteceu com alguém?". Obviamente, a resposta é não, isso não é possível, portanto, você está diante de uma verdade objetiva.

Agora, suponha que more em uma comunidade pobre e viva abaixo da linha da pobreza, mas deseja ser dono de um empreendimento incrível e inovador, o qual, se você se dedicar muito, vai gradualmente crescer e conduzi-lo a uma vida milionária. No entanto, só de imaginar isso, a sua voz interna lhe diz: "Impossível, você nunca vai sair da pobreza, nunca vai ser milionário".

Da mesma forma que na primeira situação, você fica em dúvida se é uma verdade objetiva ou apenas uma crença limitante, e se pergunta: "Isso é possível? Já aconteceu com alguém?". Nesse caso, a resposta é sim, é possível, existem diversas histórias de pessoas que, com trabalho, dedicação e persistência, transitaram de polaridade, partindo da extrema pobreza para a riqueza! Portanto, você está diante de uma crença limitante, a qual pode e deve ser desprogramada.

Quando você se auto-observa e reflete sobre suas verdades, está elaborando um diagnóstico de sua situação atual, no qual estão descritas as crenças limitantes que estão causando desequilíbrio ou insatisfação, não importa em qual área de sua vida, e que precisam ser desprogramadas.

É importante ressaltar que as crenças limitantes "preferem" operar nas sombras, como verdades incontestáveis. Como uma expressão do ego, as crenças "não gostam" de ser expostas, observadas e postas à prova, por isso o simples ato de trazê-las à luz, à consciência, por meio do questionamento consciente, já inicia o processo de neutralização da influência que exercem silenciosamente em sua vida.

Foi assim que consegui limpar todo o lixo emocional que me impedia de viver a vida dos meus sonhos. Quando passei a me questionar sobre minhas crenças, descobri que havia muitas travas negativas invisíveis que me impediam de sair do meu estado de miséria e, ao trazê-las à mente consciente, encarei-as e busquei as ferramentas apropriadas para eliminá-las. Quando entendi como funcionava a cocriação e passei a agir para mudar minha situação é que consegui elevar e manter a minha frequência vibracional alinhada com a dos meus sonhos.

Como destravar a capacidade de cocriação da sua mente inconsciente

Para liberar sua capacidade de cocriar dinheiro, riqueza e prosperidade, é fundamental que faça uma limpeza emocional profunda para eliminar crenças limitantes arraigadas no inconsciente, a fim de inverter a polaridade das emoções negativas, transformar sentimentos de baixa vibração e dissipar pensamentos confusos que estão impregnados no seu ser desde antes da sua consciência despertar, e que afetam sua habilidade de cocriar conscientemente a realidade de riqueza que deseja, comprometendo a comunicação entre a sua mente e a mente superior.

A manifestação da riqueza exige a eliminação do "lixo emocional" — crenças inconscientes, pensamentos negativos e paradigmas antiquados — para abrir espaço a novas possibilidades positivas, elevar sua vibração e manter uma conexão profunda com o vácuo quântico e o eu superior.

Existem ferramentas que auxiliam nessa limpeza — ThetaHealing, os códigos de Grabovoi, a EFT (sigla em inglês de técnica de liberação emocional), além de afirmações positivas e mantras — e ajudam a reprogramar e transformar padrões emocionais negativos, restaurando seu DNA original para que dê espaço para riqueza, prosperidade e abundância ilimitada. Contudo, a Técnica Hertz amplifica e acelera o resultado, pois combina quanticamente todas essas ferramentas, e muitas outras, para calibrar sua frequência vibracional acima de 500 Hz e alinhá-la com o amor, a alegria e a abundância da fonte superior do universo.

O poder da autossugestão na reprogramação de crenças

A autossugestão consiste na capacidade de usar a mente consciente para inserir "sugestões" na mente inconsciente a respeito das mudanças que deseja realizar. Ela é uma reprogramação intencional de crenças, ou seja, inicia-se na mente consciente com o desejo de mudança e se consolida na mente inconsciente, que, como já vimos, é ligada ao sistema nervoso autônomo (SNA), responsável por regular funções involuntárias do corpo. O mecanismo das sugestões atua nesse nível, induzindo alterações biológicas e fisiológicas que alinham o corpo (emoções) aos pensamentos e desejos da mente.

O *efeito placebo* é um exemplo da eficácia dessas sugestões: é comprovado cientificamente que algumas pessoas se curaram de doenças tomando pílulas de açúcar ou injeções de soro fisiológico simplesmente por acreditarem estar recebendo um medicamento real e confiarem cegamente que tal tratamento seria o veículo para se chegar à cura.

A autossugestão opera como um efeito placebo. A partir do pensamento racional, a autossugestão transcende a consciência, fazendo com que o SNA se envolva no processo de cocriação por meio das *emoções* e permita o acesso até a mente inconsciente. O SNA, controlado pelo cérebro límbico (cérebro emocional), responde a emoções, não a comandos verbais. Assim, experiências emocionais, reais ou imaginárias, ativam o SNA da mesma forma, permitindo o acesso à mente inconsciente. É assim que a Técnica Hertz funciona: quando você vivencia a vida dos seus sonhos em sua imaginação e essa experiência produz emoções elevadas, como a gratidão, a sua mente inconsciente é sugestionada com a realidade dos seus sonhos projetada em suas imagens mentais, reprogramando suas crenças limitantes.

A gratidão, em particular, é uma emoção poderosa para aumentar a sugestionabilidade da mente inconsciente, pois ela carrega a informação de que o seu desejo já foi realizado. Afinal, o agradecimento costuma vir depois de ter recebido aquilo que pediu. Praticar a gratidão antecipadamente pela realização dos seus sonhos ensina seu corpo a alinhar-se com os desejos da sua mente, consolidando a sugestão por meio da repetição.

Nas minhas práticas de visualização e autossugestão, agradecia com todo o amor centenas de pessoas por serem minhas alunas, como se fosse realidade, imaginando cada detalhe.

Crenças limitantes de origem religiosa

As crenças limitantes de origem religiosa são particularmente mais desafiadoras de reprogramar por causa de sua conexão com o que você considera sagrado. Para modificar uma crença limitante comum, por exemplo, "é preciso muito esforço para ficar rico", é necessário modificar apenas a maneira de pensar a relação entre riqueza e esforço; no entanto, para desprogramar uma crença religiosa, como "os ricos não vão para o Céu", além de modificar a maneira de pensar, também é preciso reconfigurar a sua relação com o Divino, questionar suas interpretações da Bíblia (ou outra escritura sagrada), a autoridade dos seus líderes religiosos, os dogmas da sua igreja, e até mesmo os conceitos fundamentais, como pecado, "vontade" de Deus, céu e inferno.

O primeiro passo para desprogramar crenças religiosas é aceitar sua existência; o segundo passo consiste na coragem para confrontá-las e questioná-las racionalmente. Compreender intelectualmente os motivos pelos quais uma crença religiosa pode ser infundada ajuda a diminuir a resistência mental e torna mais fácil a entrega à prática de técnicas de reprogramação.

É no passo do questionamento que me proponho a ajudar, fazendo uma análise racional de algumas das crenças limitantes religiosas mais comuns relacionadas a dinheiro, riqueza, prosperidade e sucesso.

Vamos focar, principalmente, as crenças religiosas derivadas de interpretações equivocadas da Bíblia, pois esse é o livro sagrado de referência para a maioria dos brasileiros. Porém, se você seguir outros ensinamentos religiosos, pode igualmente fazer o confronto das crenças, questionando-as sob a luz da racionalidade.

Caso não saiba se tem crenças religiosas ou, apesar de sentir que as tem, não saiba quais são, recomendo que leia esta seção em um momento muito tranquilo e que pratique a auto-observação para perceber como as crenças ressoam em você. Se não sentir nada, provavelmente você não tem determinada crença. No entanto, caso se sinta incomodado, desconfortável ou até mesmo ofendido, pensando "que absurdo, isso não é crença, isso é uma verdade inquestionável", você vai ter que respirar fundo, abrir a sua mente e se questionar sobre essa afirmação. Sentir-se desconfortável durante a leitura é um forte sinal de que a crença que parece um "absurdo" está profundamente enraizada em sua mente inconsciente.

Nesse processo, tenham em mente os seguintes princípios:

>> Seja qual for a sua religião, a essência de Deus é amor, alegria, harmonia, abundância e prosperidade.

>> A palavra *religião* significa religar — religar você a Deus. Portanto, o objetivo da religião é religar você à essência divina de amor, alegria, harmonia, abundância e prosperidade.

>> Se segue uma religião cujos líderes defendem a ideia de que a riqueza o impede de se religar, de se conectar com o Divino, questione-a.

>> Se a religião que segue, a igreja que frequenta ou o líder em quem confia não está contribuindo para que você sinta mais amor, alegria e harmonia e tenha abundância e prosperidade em sua vida, questione-o.

>> Se a religião que segue, a igreja que frequenta ou líder em quem confia, de alguma forma, semeia o medo de ser rico e bem-sucedido em sua mente e em seu coração, questione-o.

>> 1. O dinheiro é a raiz de todos os males

A crença de que "o dinheiro é a raiz de todos os males" é uma interpretação errônea de Timóteo 6:10, que na verdade diz que "o *apego* ao dinheiro é a raiz de todos os males". Em muitas traduções, o versículo está incompleto, não sendo mencionado "o *apego* ao dinheiro", mas apenas o "dinheiro".

Se você tem a crença de que o dinheiro é a raiz dos males, essa distorção, provocada por um equívoco de tradução, influencia negativamente a sua relação com o dinheiro, levando-o a associá-lo diretamente com aspectos negativos da vida.

Na realidade, o problema não está no dinheiro em si, que é uma energia neutra, mas no *apego* excessivo, na cobiça e na ambição desmedida por ele. O mal não advém do dinheiro, mas do uso inadequado que se faz dele. Para ajudar a desprogramar essa crença, pense, imagine e visualize como você poderá usar a riqueza que deseja cocriar para fazer o bem.

>> 2. O dinheiro é coisa do diabo

O dinheiro é frequentemente mal interpretado em seu papel e significado. Como uma energia neutra e um recurso econômico, o seu valor moral é determinado exclusivamente pela intenção e pela ação de quem o utiliza — ele pode tanto financiar atividades destrutivas, como guerras, quanto ser empregado em causas nobres, como na construção de hospitais, no auxílio aos necessitados e no avanço tecnológico que visa ao bem comum.

A verdadeira questão reside na consciência do indivíduo que o manipula. Portanto, a ideia de que o dinheiro possa ser algo intrinsecamente mau não se sustenta; ele é apenas um instrumento nas mãos da humanidade. Além disso, considerando a passagem bíblica de Salmos 21:1, que diz: "Do Senhor é a terra e tudo o que nela existe, o mundo e os que nele vivem", podemos entender que o dinheiro, como parte da criação divina, é também uma manifestação de Deus, cabendo ao homem o livre-arbítrio de usá-lo de forma construtiva ou destrutiva.

>> 3. O dinheiro não combina com espiritualidade

A crença de que dinheiro e espiritualidade são incompatíveis, de que não se pode ser rico e espiritualizado ao mesmo tempo, é uma limitação que impede o seu desenvolvimento pessoal e a cocriação de riqueza. Essa dualidade pode fazer com que você entenda que deve renunciar à prosperidade material por acreditar que isso comprometeria seu crescimento espiritual, levando até mesmo ao julgamento de pessoas ricas como menos espiritualizadas.

No entanto, a verdadeira espiritualidade não está na renúncia material, mas nas ações praticadas e na superação de julgamentos e negatividades. Na verdade, ser rico pode facilitar o caminho espiritual ao remover preocupações com a sobrevivência, permitindo um foco maior no autoaperfeiçoamento e em servir aos outros. Bingo!

>> 4. Deus ama mais os pobres do que os ricos

A crença de que Deus ama mais e tende a favorecer os pobres em detrimento dos ricos é um equívoco baseado em interpretações históricas e sociais, não em verdades espirituais. Como afirmado em Atos 10:34: "Deus não faz acepção de pessoas", assim, Seu amor é incondicional e igual para todos, independentemente da condição financeira ou de qualquer outra.

A ideia de que a aceitação de uma vida de pobreza pode ser uma estratégia para garantir o amor divino mais profundo é uma inverdade que o leva à autossabotagem e ao conformismo. Na Idade Média, essa crença era reforçada pela Igreja como um meio de controle social, no entanto, atualmente, com fácil acesso à informação, inclusive às Escrituras, é possível verificar que não há fundamento bíblico que sustente a ideia de que a pobreza é uma condição necessária para o amor divino.

>> 5. Se sou pobre, é porque essa é a vontade de Deus

A crença de que a pobreza é uma condição imposta pela vontade divina muitas vezes é uma justificativa para você não buscar a melhoria pessoal, baseada na ideia equivocada de que tentar mudar a própria situação financeira seria contrariar a Deus.

No entanto, a ideia de que Deus escolhe deliberadamente quem será rico e quem será pobre contradiz o princípio bíblico de que "Deus não faz acepção de pessoas" (Atos 10:34). Na verdade, Deus lhe concedeu o livre-arbítrio, permitindo-lhe tomar decisões baseadas em seus valores e agir em conformidade com seus objetivos e vontade.

Portanto, a condição de pobreza não é uma fatalidade divina, mas uma circunstância que pode ser alterada mudando a mentalidade, elevando a frequência vibracional e agindo de forma concreta para reverter essa situação de escassez.

A inspiração divina pode orientá-lo nesse caminho, mas cabe a você tomar a iniciativa e agir para transformar sua realidade. Se a vontade de ser rico está pulsando forte em seu coração, e se Deus está no seu coração, então a vontade Dele é que você se dedique para realizar seu desejo de riqueza!

>> 6. É pecado desejar riqueza e querer ser rico

A associação entre riqueza e pecado é uma crença profundamente arraigada, que causa conflito interno e semeia o sentimento de culpa em muitos fiéis, levando-os a sabotar suas próprias chances de prosperidade. Essa ideia contradiz a evidência bíblica, que não classifica a riqueza como pecado, mas sim a ambição desmedida e outros comportamentos negativos que podem ser exacerbados pela posse de riquezas.

Histórias bíblicas de personagens ricos e justos, como Abraão, Jó e Salomão, demonstram que a riqueza em si não é condenada. Além disso, "quando se multiplicam os bens, multiplicam-se também os que comem" (Eclesiastes 5:11), o que indica que a verdadeira virtude da riqueza reside em sua capacidade de beneficiar a coletividade.

Portanto, se deseja e busca a riqueza de maneira honesta e com a intenção de contribuir para o bem comum, não há pecado nenhum nisso. Pelo contrário, sendo rico e abundante, terá mais condições de praticar a generosidade e a caridade, em alinhamento com os ensinamentos do mestre Jesus.

>> 7. Quem é pobre na Terra será recompensado no Reino dos Céus

A ideia de que o acesso ao Reino dos Céus é uma recompensa pós-morte não encontra base sólida na Bíblia, mas surge de uma interpretação literal e simplista das Escrituras. Na verdade, o conceito do Reino dos Céus não se refere a um lugar físico para onde vão os bons fiéis após a morte; é um conceito metafísico que se refere a um estado de consciência elevada, acessível ainda na vida terrena, uma jornada interior rumo à harmonia, ao amor, à saúde, à abundância, à paz e à liberdade. Bingo!

166 DNA DO DINHEIRO

Encarar a pobreza como um caminho para a recompensa divina pós-morte é uma forma de autossabotagem que impede ações proativas para superar a escassez. A lei da atração, vista sob a ótica da física quântica, sugere que atraímos condições semelhantes às vibrações que emitimos, indicando que as recompensas divinas são, na verdade, reflexos das nossas próprias frequências e ações.

>> 8. "É mais fácil um camelo passar pelo buraco de uma agulha do que um rico entrar no Reino de Deus."

A interpretação literal do trecho do Evangelho de Mateus 19:24 é motivo de muita confusão e de mal-entendidos, pois esse versículo, quando citado isoladamente e fora de contexto, pode levá-lo a crer que a riqueza em si é um impedimento para alcançar o Céu.

> Essa expressão teve origem na antiga Judeia, onde havia um posto alfandegário, chamado Fundo da Agulha, pelo qual os mercadores só podiam passar com seus camelos se pagassem altos impostos, o que dificultava a passagem.

No entanto, ao considerarmos figuras bíblicas justas e prósperas como Jó, fica evidente que a riqueza por si só não determina a condenação ou salvação de alguém.

> Na terra de Uz vivia um homem chamado Jó. Era homem íntegro e justo; temia a Deus e evitava o mal. Tinha ele sete filhos e três filhas, e possuía sete mil ovelhas, três mil camelos, quinhentas parelhas de boi e quinhentos jumentos, e tinha muita gente a seu serviço. Era o homem mais rico do oriente. (Jó 1:1-3)

A frase de Mateus é mais bem compreendida como uma hipérbole, figura de linguagem usada para enfatizar que o apego excessivo às riquezas pode dificultar a conexão espiritual, não que a riqueza seja intrinsecamente má.

CRENÇAS LIMITANTES   167

>> 9. Ao me conformar com a pobreza, estou pagando meus pecados para garantir minha vaga no Céu

A crença de que a pobreza é uma forma de expiação de pecados, garantindo assim uma "vaga" no Céu, é um equívoco que promove o conformismo, cultiva sentimentos de vergonha e culpa, e impede o crescimento pessoal.

Essa ideia não só é baseada em uma compreensão distorcida da espiritualidade, como também contradiz o princípio de que a natureza do universo e da consciência humana busca expansão e evolução. A verdadeira redenção não vem por meio do sofrimento ou da renúncia material, mas pela aceitação e pelo perdão de si mesmo, seguidos de um compromisso com a autotransformação e a melhoria contínua. Bingo!

>> 10. Ao abrir mão de qualquer tipo de luxo, me aproximo mais de Deus

A crença de que a renúncia ao luxo, à riqueza e ao conforto material o aproxima de Deus é uma fonte desnecessária de sentimentos de vergonha e culpa.

Observando a história, vemos que muitas ordens religiosas adotam a pobreza como um voto, mas paradoxalmente a riqueza e o luxo são características marcantes de diversas igrejas e templos, decorados com ouro e obras de arte valiosas. Essa contradição sugere que a riqueza material e a espiritualidade não são incompatíveis.

Além disso, alguns locais religiosos, com toda a sua opulência, foram associados a altas frequências vibracionais por estudos realizados, por exemplo, por David Hawkins, indicando que a presença do luxo pode ser compatível com o divino. Portanto, renunciar ao luxo não é condição para a proximidade com Deus; na verdade, a espiritualidade pode coexistir com a apreciação e o uso consciente da riqueza material.

>> 11. Quem não paga dízimo vai para o inferno

O dízimo, originado no Antigo Testamento como uma lei de Moisés, envolvia o pagamento de 10% dos rendimentos para auxiliar os necessitados e sustentar os sacerdotes levíticos. Na contemporaneidade, transformou-se em uma contribuição regular dos fiéis às suas igrejas, visando à manutenção das atividades eclesiásticas e à execução de projetos sociais.

Contudo, algumas igrejas e líderes religiosos adotam uma postura extremamente abusiva em relação à imposição do pagamento de dízimo, chegando até a coagir os fiéis para que façam doações que vão muito além dos dízimos. Infelizmente, há situações em que as doações são direcionadas não para projetos sociais, mas para o enriquecimento pessoal dos representantes das instituições religiosas.

Jesus, em Mateus 23:23, enfatiza a importância de haver valores como justiça, misericórdia e fidelidade no ato mecânico de dizimar: "Ai de vós, escribas e fariseus hipócritas! Porque pagais o dízimo da hortelã, do funcho e do cominho, enquanto descuidais do que há de mais grave na lei: a justiça, a misericórdia e a fidelidade; é isto que era preciso fazer, sem omitir aquilo".

O dízimo não deve ser encarado como uma obrigação, um preço que deve ser pago para obter bênçãos divinas ou evitar o inferno, ou seja, pagar o dízimo não isenta automaticamente uma pessoa de trabalhar seu próprio desenvolvimento espiritual para se tornar uma pessoa mais justa, honesta, benevolente e generosa. A essência do dízimo não está no pagamento do valor em si, mas nos sentimentos de generosidade, caridade e gratidão.

Na cocriação da realidade, especialmente na cocriação de riqueza, o pagamento do dízimo é fortemente indicado como uma maneira de fazer com que a consciência entenda que doar dinheiro é uma forma de expressar gratidão e abundância.

Joe Vitale sugere outra abordagem: recomenda que as pessoas façam contribuições que emanem genuinamente do coração, independentemente de serem para a igreja ou outras causas, mas que isso deve ser feito como um ato de gratidão, e não como uma compra de favores divinos ou garantias celestiais.

Lembre-se de que a verdadeira conexão com Deus não se baseia em transações materiais, mas no cultivo do amor incondicional, conforme a essência dos ensinamentos cristãos. Entenda que Deus não demanda sacrifícios financeiros, que Ele não quer o seu dinheiro, mas sim que você pratique o amor e a benevolência como verdadeiras expressões de fé.

>> 12. Estudar física quântica e neurociências para co-criar riqueza é contrário à vontade de Deus

Essa crença é um resquício da mentalidade medieval de que ciência e religião são campos opostos. Durante a Idade Média, teorias científicas que contradiziam os dogmas da Igreja Católica eram severamente punidas, como ocorreu com Galileu Galilei, que foi condenado à morte por afirmar que a Terra orbitava em torno o Sol, contradizendo a Igreja, que defendia que a Terra era o centro do universo.

Contudo, a partir do Renascimento, a Igreja passou a reconhecer sua falta de autoridade no assunto e, atualmente, a ciência, especialmente a física quântica e as neurociências, e a espiritualidade (não necessariamente a religião institucionalizada) encontram-se em uma relação harmoniosa.

Assim, longe de ser contrário à vontade divina, o uso consciente do conhecimento científico para promover o bem-estar e a prosperidade é visto como parte do movimento expansivo natural do universo, bem como ressoa com a expansão de sua consciência e, portanto, estaria em consonância com a vontade do Criador.

>> 13. Ser pobre é o mesmo que ser humilde; ser rico é o mesmo que ser arrogante

A crença de que pobreza é sinônimo de humildade e riqueza de arrogância é um equívoco, resultado da confusão entre características pessoais e condições materiais. Culturalmente, tendemos a descrever pessoas de origem modesta como "humildes", mas pobreza e humildade são conceitos distintos e independentes: pobreza refere-se à falta de recursos, enquanto a humildade é caracterizada pela ausência de vaidade e pela disposição para aprender e reconhecer limitações.

A Bíblia, por vezes mal interpretada, não iguala humildade à pobreza material. Como é dito em Romanos 12:3: "Por isso, pela graça que me foi dada digo a todos vocês: ninguém tenha de si mesmo um conceito mais elevado do que deve ter; mas, ao contrário, tenha um conceito equilibrado, de acordo com a medida da fé que Deus lhe concedeu".

Em outras palavras, a humildade é um estado de espírito que envolve gratidão, a capacidade de admitir erros e o desejo de servir aos outros sem se considerar superior ou inferior, ou seja, não tem nada a ver com pobreza material.

Especialmente na cocriação de riqueza, é fundamental que você abandone a associação entre pobreza e nobreza espiritual, ou entre riqueza e características negativas de caráter, pois tais crenças podem impedir a manifestação da prosperidade financeira.

>> 14. Ser pobre é o meu carma, não posso mudar isso

A crença de que a pobreza é resultado inevitável do carma é uma interpretação equivocada que leva à estagnação e ao conformismo, muito comum entre seguidores de religiões reencarnacionistas, como kardecismo, budismo e hinduísmo.

O carma, frequentemente visto como uma punição por atos praticados em vidas passadas, na verdade visa à restauração da harmonia e ao aprendizado. Portanto, acreditar que a pobreza é uma condição *cármica* inalterável não só impede o progresso pessoal, mas também contradiz sua natureza pedagógica, que afirma que ele é superável pela evolução pessoal.

>> 15. Ser contra os ensinamentos religiosos é o mesmo que ser contra Deus

É comum confundir dogmas e ensinamentos religiosos com a vontade divina em si.

Jesus, em Mateus 21:13, critica essa confusão: "E lhes disse: Está escrito: Minha casa será chamada de casa; vós, porém, fazeis dela uma caverna de bandidos". Essa frase é um alerta de que as instituições religiosas podem se desviar de seu propósito espiritual original e de que os ensinamentos das autoridades religiosas também não escapam da falibilidade humana. Além disso, é necessário lembrar que Deus transcende os limites físicos das igrejas: "O Deus, que fez o mundo e tudo o que nele há, é o Senhor do céu e da terra, e não habita em templos feitos por mãos humanas" (Atos 17:24).

Portanto, se os ensinamentos da igreja que você frequenta atualmente não contribuem para sua felicidade, paz, liberdade e prosperidade, considere buscar outras comunidades religiosas ou trabalhar a espiritualidade dentro de si mesmo. Reconheça que a verdadeira conexão com o divino reside no coração e na essência de cada ser, não em dogmas institucionais.

>> 16. O sofrimento da pobreza purifica a alma

Entenda que não é necessário viver na pobreza para purificar a alma ou evoluir espiritualmente; a verdadeira purificação, a evolução espiritual e o autoaperfeiçoamento são alcançados pela transformação pessoal, elevando a sua frequência vibracional por meio de pensamentos, sentimentos e comportamentos pautados em amor, alegria, apreciação, benevolência e gratidão. A sua condição financeira não determina a sua espiritualidade ou a sua purificação. O que realmente importa para a evolução espiritual são suas ações e seus comportamentos no dia a dia.

A pobreza ou qualquer forma de sofrimento não deve jamais ser vista como um sacrifício ao qual você deve se submeter para alcançar a glória espiritual, mas como uma oportunidade de aprendizado e crescimento, um chamado para se reconectar com a sua natureza divina próspera e abundante, indicando que é necessário que você mude padrões negativos e limitantes.

>> 17. Ambição é um pecado

Na Bíblia, a ambição é frequentemente vista de forma negativa, pois é associada à ganância, ao egoísmo e a outros comportamentos prejudiciais: "Pois onde há inveja e ambição egoísta, aí há confusão e toda espécie de males" (Tiago 3:16).

No entanto, a ambição, como qualquer sentimento humano, possui aspectos tanto negativos quanto positivos, de modo que, quando pautada em boas intenções e meios honestos, ela é saudável e contribui para o crescimento pessoal e a realização de objetivos. E, diferentemente da ambição que visa apenas ao acúmulo de riquezas de maneira egoísta e desonesta, a positiva visa ao bem-estar coletivo e ao progresso pessoal sem prejudicar ninguém. Portanto, se sua ambição por riqueza for aplicada de forma saudável, ela é uma manifestação de amor e está em harmonia com os princípios de abundância e prosperidade do universo.

>> 18. Se eu ficar rico, sentirei um vazio espiritual

A ideia de que a riqueza pode causar um vazio espiritual é uma crença muito prejudicial que impede o crescimento pessoal e a prosperidade financeira. Essa crença, muitas vezes enraizada em experiências de pobreza e limitação, sugere erroneamente que a prosperidade financeira o afasta de Deus.

Contudo, a verdade é que enriquecer pode reduzir o estresse e as preocupações, liberando mais tempo, espaço e energia para o que realmente é importante: o seu desenvolvimento espiritual. O "preenchimento" espiritual não depende do seu estado financeiro, mas da autoestima, do propósito, da vontade de servir ao próximo e do seu empenho em buscar a expansão. Portanto, a riqueza não compromete a espiritualidade, podendo até facilitar um caminho mais focado para o desenvolvimento interior.

>> 19. Se eu ficar rico, vou perder o respeito que meus irmãos da igreja têm por meu sofrimento e minha resignação

Sim, se você se tornar rico, mudará a forma como é percebido pela comunidade religiosa. No entanto, não veja isso negativamente; ao enriquecer, você tem a oportunidade de passar do status de "recebedor de doações" para "doador", inspirando ainda mais outras pessoas com a transformação que materializou em sua vida.

Mudanças na sua situação financeira podem levar a mudanças nas suas relações sociais, mas isso faz parte do seu crescimento pessoal. Enriquecer permite que contribua de maneira mais significativa com a sociedade e, naturalmente, se alinhe com novas amizades e parcerias que ressoem com sua nova mentalidade de prosperidade.

Por isso, encare comentários sobre mudanças em sua vida como elogios e reconhecimento do seu esforço e dedicação. Mudar para uma mentalidade de abundância é um processo positivo, que pode exigir desapego de relações baseadas na mentalidade de escassez.

>> 20. Se eu ficar rico, não poderei mais frequentar a minha igreja

A preocupação de que a riqueza o impossibilite de frequentar a igreja é totalmente infundada; você precisa observar se esse medo não é uma forma de resistência e autossabotagem para permanecer em sua zona de conforto. Enriquecer não afeta negativamente sua capacidade de participar de comunidades religiosas; na verdade, pode ampliar suas oportunidades de contribuir e compartilhar experiências. A resistência a mudanças financeiras positivas muitas vezes se origina de medos internos e crenças limitantes, que podem ser superados com reflexão e racionalidade.

>> 21. A autoridade da igreja sempre sabe o que é melhor para mim e minha família

Embora as figuras de autoridade religiosa possam oferecer orientação espiritual valiosa, a responsabilidade por suas decisões pessoais e fa-

174 DNA DO DINHEIRO

miliares pertence unicamente a você. A pessoa que mais sabe o que é melhor para você e sua família, definitivamente, é você mesmo!

Acreditar que um líder religioso *sempre* sabe o que é melhor para você e sua família consiste em renunciar à própria inteligência, autonomia e empoderamento e delegar as decisões e responsabilidade por sua própria vida a terceiros.

Claro, você pode honrar, validar e reconhecer o líder religioso como um mentor, mas jamais como um árbitro das escolhas de sua vida. Lembre-se de que a autorresponsabilidade é fundamental para cocriar a realidade que deseja. A sabedoria e o apoio espiritual são valiosos, mas as decisões finais devem sempre ser suas, baseadas na sua experiência e percepção do que é melhor para você e seus entes queridos.

>> 22. A autoridade religiosa tem contato direto com Deus, e eu não tenho

Embora o pastor ou padre da sua igreja possa ser um excelente orador, capaz de entregar sermões tocantes e orações inspiradoras, isso não o coloca mais próximo do divino do que você ou qualquer outra pessoa.

Cada um de nós carrega dentro de si uma faísca do sagrado; Deus está presente em todos nós. Essa conexão divina não é exclusiva de ninguém e está acessível a todos, a qualquer momento, por isso, você pode escolher viver em constante comunhão com Sua presença divina, permitindo que ela influencie e inspire seus pensamentos, sentimentos, palavras e ações diárias.

>> 23. Deus está me punindo com a pobreza

De acordo com uma visão espiritual mais ampla, Deus não distribui punições ou recompensas, Ele lhe concedeu o livre-arbítrio para que você possa, segundo a lei da causa e efeito, plantar o que quiser e colher os frutos desse trabalho. Isso significa que você é responsável pelas consequências de suas ações e pela realidade que cria, quer tenha consciência disso ou não.

A física quântica embasa essa ideia ao explicar que a frequência vibracional, emitida por seu campo eletromagnético, influencia diretamente a realidade que você vivencia, de modo que nada é por acaso, tudo é resultado das vibrações que emite.

Como cocriador consciente de sua realidade, você precisa superar a noção antiquada de um Deus antropomórfico, ou seja, um Deus que tem ações humanas, é vingativo e punitivo. Deus é energia de amor puro e infinito. Assim, cabe unicamente a você escolher viver em harmonia com essa energia amorosa, moldando sua existência de acordo com sua vibração.

>> 24. Cocriar sonhos é querer manipular a vontade de Deus ou brincar de ser Deus, e isso é pecado

A cocriação consciente de sonhos, envolvendo o estudo da frequência vibracional, da física quântica, das neurociências e de outras ciências, é questionada por religiosos ortodoxos, que acreditam que cocriar é tentar manipular a vontade divina.

Contudo, não há nada de errado e muito menos pecaminoso nisso. Os princípios da cocriação ressoam em perfeita harmonia com os princípios bíblicos. A lei da atração e outros conceitos similares refletem ensinamentos milenares da Bíblia, que já apontavam para o poder da fé e do pensamento para a moldagem da realidade.

E tudo que pedirdes em oração, crendo, já recebereis. (Mateus 21:22)

Tenha cuidado com o que você pensa, pois a sua vida é dirigida por seus pensamentos. (Provérbios 4:23)

Se tiverdes fé e não duvidardes, [...] mas até se a este monte disserdes: Ergue-te e precipita-te no mar; assim será feito. (Mateus 21:21)

Esses ensinamentos evidenciam que fé ativa, crença e intenção positiva são fundamentais para a realização dos desejos, alinhando-se com o entendimento contemporâneo da física quântica sobre o impacto da consciência para provocar o colapso da função de onda e moldar a realidade. Portanto, longe de ser um pecado, assumir seu poder de cocriador com fé é um princípio bíblico, um convite à aplicação consciente da fé para transformar a vida.

>> 25. Para prosperar, basta ter fé e acreditar que Deus proverá tudo que quiser

A crença de que apenas ter fé e orar é suficiente para alcançar a prosperidade é mais um equívoco decorrente de más interpretações bíblicas. A Bíblia já afirmava: "Uma pessoa é justificada por obras e não por fé somente" (Tiago 2:24), e "A fé sem obras é morta" (Tiago 2:26).

Esses versículos evidenciam a importância de unir a fé à ação, sem ficar esperando que a riqueza e a prosperidade lhe batam à porta apenas porque você é cristão. De fato, ter fé e confiar são elementos fundamentais no processo de cocriação, mas também é preciso agir para semear a prosperidade, o que inclui trabalhar, aprender a gerir finanças e evoluir pessoal e profissionalmente.

Por isso, a verdadeira prosperidade vem da combinação entre fé e dedicação; você deve agir nos níveis energético, vibracional, mental e espiritual praticando técnicas para desprogramar as suas crenças limitantes e elevar a sua frequência vibracional, mas também precisa agir no nível físico da matéria, definindo e cumprindo as suas metas.

CAPÍTULO 9

Principais sabotadores da cocriação de dinheiro

Se deseja riqueza e sucesso, mas acha que ainda está muito longe de realizar esse desejo, certamente você tem sabotadores internos — seus próprios pensamentos, sentimentos e comportamentos — que estão impedindo a cocriação de prosperidade e abundância financeira.

Esses sabotadores, muitas vezes inconscientes, incluem sentimentos negativos, crenças limitantes, preocupações excessivas e comportamentos nocivos, que geram uma vibração energética baixa incompatível com as frequências elevadas que permitem a sintonização de riquezas.

Por isso, como mencionei anteriormente, você precisa fazer uma auto-observação profunda e detalhada para reconhecer esses bloqueios. Ao aprender a identificar e transpor essas barreiras, pode, enfim, liberar seu potencial de cocriador da realidade para expressar a riqueza em todas as áreas da vida.

Neste capítulo, vou apresentar os principais padrões de pensamentos, sentimentos e comportamentos *sabotadores* da cocriação de dinheiro, da riqueza, do sucesso e da prosperidade. Já falamos de alguns deles anteriormente, quando apresentei as crenças limitantes, mas acho necessário retomá-los aqui, pois não apenas atuam como um obstáculo para que alcance seu objetivo, mas eles lutam contra você, fazendo com que se retraia cada vez que os encontra. Assim, recomendo que leia e releia com atenção, sem autojulgamento, para que esteja aberto para perceber com quais padrões se identifica. E, uma vez que os tenha identificado, comece imediatamente a trabalhar em sua desprogramação.

Dez pensamentos e crenças sabotadores da prosperidade

Há pensamentos e crenças que fatigam sua mente inconsciente, pois têm energia densa e vibram em baixa frequência. Talvez você já tenha reconhecido algum desses padrões quando questionou suas crenças limitantes, mas agora, depois de já ter lido e praticado um pouco a desprogramação delas, permita-se sentir como essas afirmações estão agindo sobre você.

"Eu preciso escolher entre felicidade e dinheiro" — A ideia de que é impossível ter uma vida plena e financeiramente próspera ao mesmo tempo cria uma divisão que impede o indivíduo de buscar a ambos com equilíbrio.

"Dinheiro causa brigas" — Associar o dinheiro a conflitos familiares ou entre amigos pode fazer com que a pessoa evite a prosperidade para manter a harmonia em suas relações.

"Quem sou eu para ter tanto dinheiro?" — Uma crença de autodesvalorização que desconsidera o próprio valor e talento, limitando a autoestima e a abertura para receber.

"Só posso ter dinheiro com muita sorte" — Acreditar que a riqueza é algo fora de controle e puramente dependente de sorte impede a pessoa de agir proativamente em direção à prosperidade.

"Não posso ganhar mais do que meus pais/pares" — Essa lealdade inconsciente a pessoas próximas cria um teto para o próprio sucesso, como uma maneira de manter um "equilíbrio" nas relações.

"Para ganhar dinheiro, é preciso sacrificar a vida pessoal" — Ver o dinheiro como algo que exige sofrimento pode fazer com que a pessoa evite situações que poderiam levar à prosperidade.

"Eu não consigo administrar grandes quantias" — A insegurança sobre a capacidade de lidar com riqueza faz com que a pessoa inconscientemente evite acumular ou buscar maiores ganhos.

"Pessoas ricas não são felizes" — Essa ideia cria um bloqueio inconsciente, gerando o medo de que a riqueza possa comprometer a paz de espírito ou os relacionamentos.

"Eu nunca vou me recuperar financeiramente" — Após uma crise ou perda, essa crença de impossibilidade impede a recuperação e mantém a pessoa presa a uma mentalidade de escassez.

"Tenho que trabalhar muito para ganhar qualquer coisa" — Essa visão de que a prosperidade é sempre difícil e desgastante afasta o fluxo de abundância, tornando o dinheiro algo "difícil de alcançar".

Dez sentimentos sabotadores de prosperidade

Você não pode controlar as suas emoções, pois elas são respostas fisiológicas automáticas, mas você pode gerenciar como irá responder quando elas surgirem e entender como seus sentimentos, embora pareçam incontroláveis e espontâneos, podem contribuir ou prejudicar no seu processo de cocriação.

Os sentimentos negativos são uma "bomba" que explode e destrói qualquer possibilidade de cocriação de riqueza, pois eles mantêm a frequência vibracional em níveis muito baixos, impedindo que você sintonize as vibrações elevadas da abundância e da prosperidade.

A seguir, vou listar os principais sentimentos sabotadores da cocriação de dinheiro, riqueza, prosperidade e sucesso. Se você se identificar com algum deles, recomendo que pratique a Técnica Hertz para inverter as polaridades e elevar a sua frequência vibracional.

1. Medo: é considerado um dos maiores sabotadores da prosperidade, atuando como veneno para a alma. Ele contamina o inconsciente com pensamentos perturbadores, quebrando a integridade de nossos sonhos, metas e objetivos. Na Tabela de Hawkins, o medo vibra em apenas 100 Hz, uma frequência significativamente mais baixa do que a necessária para se alinhar com a abundância do universo, que vibra acima de 500 Hz. Esse sentimento não apenas bloqueia a manifestação de riqueza, mas também facilita a cocriação de problemas e dificuldades, especialmente relacionados com aquilo que você mais teme.

2. Ansiedade: poderosa sabotadora da prosperidade porque altera a química do corpo e confunde as conexões cerebrais, paralisando a sua capacidade de provocar o colapso da função de onda em decorrência do efeito Zenão. A ansiedade reduz a vibração energética, colocando-o em um estado de inércia que impede a ativação acelerada dos átomos para a cocriação de riqueza. Além disso, a ansiedade também impede que você alcance as frequências mais elevadas, que estão em harmonia com o universo, bloqueando a manifestação dos sonhos e desejos de prosperidade.

3. Ingratidão: é um bloqueador direto da manifestação da prosperidade e de todos os sonhos. É frequentemente associada a uma frequência vibracional muito baixa, geralmente ressonante com emoções negativas como reclamação, vitimização e escassez. No contexto da física quântica e da escala de consciência desenvolvida por David R. Hawkins, que mede as frequências das emoções humanas, pode ser comparada a emoções como apatia, culpa e medo, que vibram em torno de 20 a 100 Hz na Escala de Hawkins. Essas emoções de baixa vibração geram padrões de energia que bloqueiam o fluxo de abundância, pois a ingratidão está diretamente relacionada à percepção de falta. Assim, quando uma pessoa se concentra na ingratidão, nas reclamações ou nos pensamentos de escassez, ela cria um campo vibracional que atrai mais daquilo que está em desarmonia, reforçando os padrões de limitação. A gratidão, por outro lado, eleva a vibração para a frequência do amor e da prosperidade; sem um coração grato, torna-se impossível acessar as bênçãos e a abundância que o universo tem a oferecer.

4. Não merecimento: sua família, as pessoas com quem conviveu e as experiências que teve na vida, especialmente na sua infância, podem ter programado em você a crença de que não é digno e merecedor de prosperidade, riqueza e felicidade. Essa crença atua como uma enorme barreira à cocriação, pois, se não se sente merecedor de possuir e viver coisas boas, não tem como ocorrer o colapso da função de onda que materialize a riqueza que deseja conscientemente. É essencial reconhecer o próprio valor e o seu direito inato à abundância para superar esse terrível bloqueio.

5. Ódio: sentimento de baixa vibração que não só atrai negatividade, mas também impede a realização dos desejos de prosperidade. Ele é considerado um sabotador dos sonhos e um opressor da prosperidade, pois sua vibração lenta resulta na perda de átomos, levando a sensações de cansaço, confusão e até doenças. O ódio, na verdade, é a ausência de amor, e sem amor a vibração permanece baixa e incapaz de atrair a riqueza desejada. Além disso, ele indica que a sua atenção está voltada para o outro, para a pessoa por quem você sente ódio, o que o faz perder o foco no que importa e não permite canalizar energia para cocriar seus sonhos.

6. Inveja: é o desejo de possuir o que é de outra pessoa combinado com o ressentimento, e até mesmo a raiva, do outro que tem o que você gostaria de ter. A inveja reduz a sua vibração drasticamente, impedindo a materialização dos sonhos. Como no ódio, o sentimento de inveja também tira seu foco do que realmente é importante e drena sua energia; no ódio, sua atenção se volta para o outro e não para o seu sonho. Assim, em vez de invejar, emita vibrações positivas de admiração e felicidade pelas conquistas alheias, o que impulsiona a sua própria capacidade de materializar seus desejos e prosperidade.

7. Culpa: a culpa vibra em uma frequência de cerca de 30 Hz, o segundo nível mais inferior da Tabela de Hawkins. A culpa congela os átomos e cria uma inércia total, impedindo qualquer movimento para a manifestação dos seus desejos, incluindo o fluxo de dinheiro e abundância. Reconhecer-se como um cocriador responsável, livre de culpa, é vital para liberar a energia divina e manifestar as riquezas desejadas. A libertação da culpa também pressupõe a aceitação e o autoperdão.

8. Tristeza e negatividade: são sentimentos que se complementam e se nutrem um do outro, vibrando em frequências abaixo de 100 Hz. Eles reduzem a sua energia a ponto de mantê-lo quase totalmente estagnado: você se sente como um carro sem combustível que precisa ser empurrado para se mover. Sem a energia necessária para subir a "ladeira" em direção aos sonhos, a tristeza e a negatividade deixam você preso, paralisado nesse estado, longe da prosperidade nas finanças, nos relacionamentos ou na saúde.

9. Insegurança: sentimento profundamente ligado ao ego, que turva a percepção da realidade e dificulta a visualização clara dos objetivos de vida. Dominado pela insegurança, você tende a enxergar apenas aspectos negativos, o que leva a decisões inadequadas, falta de clareza de ideias e pensamentos, e perda de oportunidades. Para desprogramar a insegurança, é preciso trabalhar o autoconhecimento e a autoconfiança, de modo a ter uma visão mais ampla e otimista dos caminhos a serem seguidos e da sua capacidade de lidar com os desafios, superar obstáculos e conquistar o sucesso.

10. Indecisão: é uma das grandes sabotadoras da prosperidade porque dispersa a energia e a atenção, dificultando o foco necessário para realizar seus objetivos. Sem um foco claro, essa dispersão energética cria um obstáculo significativo na sua comunicação com o universo, que só pode lhe responder adequadamente se as suas intenções forem claras e específicas. A indecisão não só atrasa a realização dos seus sonhos, mas também contribui para um estado de estagnação e insatisfação geral na vida. Para superar a indecisão, é essencial praticar a autoconfiança, tomar decisões conscientes e comprometer-se com elas, entendendo que cada escolha é um passo em direção à manifestação dos desejos. Estabelecer prioridades claras e focar objetivos específicos são atitudes fundamentais para alinhar a vibração pessoal com as frequências do sucesso e da prosperidade. A decisão firme e a ação direcionada são chaves poderosas para desbloquear o potencial ilimitado de cocriação.

Dez comportamentos sabotadores da cocriação de riqueza

Além dos pensamentos, crenças e sentimentos que sabotam e bloqueiam a cocriação de sucesso e prosperidade, também existem alguns comportamentos que atuam como um "escudo" contra a riqueza.

Para identificá-los e, assim, acabar com eles, você precisa praticar a auto-observação atentamente. Os comportamentos sabotadores em geral operam em modo automático, sem que conscientemente saibamos que estamos agindo de determinada forma.

1. Vitimização: é a antítese da cocriação de sonhos! Saiba que não existem vítimas cocriadoras conscientes de sonhos; vítimas são meros cocriadores inconscientes de realidades negativas. A narrativa da vítima é construída sobre a crença de que agentes ou forças externas são os únicos culpados por todos os seus infortúnios; sem qualquer consciência de autorresponsabilidade, a vítima se mantém desalinhada com os princípios da cocriação, perpetuando uma realidade desfavorável de escassez. Para abandonar os comportamentos vitimistas, o primeiro passo é aceitar que você é inteiramente responsável pela realidade que vive e experiencia. Somente quando assumir essa responsabilidade e trabalhar para mudar suas crenças criará condições para elevar sua vibração, a fim de acessar estados de alegria, amor e abundância, alinhados com a essência e a frequência original do seu ser.

2. Reclamação: é uma das polaridades contrárias da gratidão. Opera em uma frequência de cerca de 30 Hz, bloqueando efetivamente o processo de cocriação e gerando cada vez mais razões para reclamar, perpetuando esse círculo vicioso. Esse hábito faz com que você mergulhe em um estado de descontentamento, insatisfação, vitimização e raiva, impedindo-o de enxergar pequenas situações de abundância que podem ser apreciadas e, assim, pelas quais poderia agradecer. Ao reclamar, você não apenas bloqueia o fluxo vibracional necessário para a cocriação, mas também se alinha com sentimentos de ingratidão, insegurança, falta de fé e amor-próprio e reflete a não aceitação do próprio potencial e a desconexão com a essência divina, anulando seu poder de cocriador. A solução para desprogramar a reclamação consiste em agradecer mais do que reclamar, trabalhando a aceitação e o foco na positividade.

3. Julgamento: julgar tudo e todos, especialmente de forma negativa as pessoas que desfrutam de grandes riquezas, é um grande sabotador na cocriação de dinheiro. Primeiro, porque o julgamento está associado aos níveis mais inferiores da Tabela de Hawkins, o que faz sua frequência vibracional baixar; segundo, porque ao julgar mal os ricos e a forma como desfrutam da riqueza, você emite para o universo a informação de que a riqueza é algo que o incomoda. Porém, quando abandona a constante necessidade de julgar as situações e as pessoas como boas ou más, certas ou erradas, você alcança um estado de maior silêncio interno e, naturalmente, eleva a sua frequência e passa a acessar o seu potencial infinito para cocriar prosperidade.

4. Procrastinação: é o ato de adiar ou postergar suas ações e decisões, o que resulta em um estado letárgico na vida. É uma forma de autossabotagem, pois o inconsciente, ao registrar a inação, contribui para a manutenção de um estado de ansiedade que impede a realização dos sonhos. A procrastinação cria um conflito entre o desejo consciente de alcançar objetivos e a tendência inconsciente de evitar mudanças, reduzindo a sua energia e neutralizando a sua motivação para agir e manifestar a prosperidade. Para superá-la, é crucial focar o objetivo desejado e dedicar-se à sua realização com ações concretas, comprometendo-se genuinamente com o seu sonho.

5. Desorganização: é um enorme obstáculo para a manifestação da prosperidade, pois ela representa a falta de planejamento e de estrutura, essenciais para transformar sonhos em realidade. Quando você não tem um plano de ação claro e estrategicamente organizado, mesmo que a vibração dos seus átomos seja elevada com intenções positivas, a ausência de metas, foco e organização impede a materialização dessas intenções. O universo apenas responde à clareza e ao foco; sem organização, as possibilidades infinitas permanecem como meras potencialidades. A organização não apenas facilita a manifestação da prosperidade, mas também potencializa a capacidade de aproveitar as oportunidades que o universo oferece. Para isso, estabeleça metas claras, tanto na vida pessoal quanto na profissional, e elabore uma estratégia de como alcançar o seu objetivo.

6. Falta de metas e objetivos: de nada adianta você organizar e criar uma estratégia se não souber quais são suas metas e objetivos. Sem objetivos específicos, você fica à mercê de vibrações difusas e da ansiedade, que afastam qualquer possibilidade de cocriação de riqueza. Definir metas é fundamental tanto para direcionar a sua energia e a sua atenção para o que deseja alcançar, quanto para estabelecer maneiras de manter o entusiasmo e a frequência vibracional elevados a fim de sintonizar as oportunidades, as circunstâncias e os recursos necessários para a realização dos seus sonhos.

7. Comodismo: é caracterizado pelo apego excessivo às rotinas e ao aparente conforto daquilo que é conhecido e previsível. Ele reduz a frequência vibracional e impede o avançar para níveis superiores de consciência, nos quais os sonhos e desejos se realizam. Para sair do comodismo, é essencial buscar novas experiências e desafios, quebrando a monotonia do cotidiano e estimulando o movimento e a ação. A mudança de rotina e a busca por novidades são passos importantes para aumentar a vibração energética e alinhar-se com o fluxo de prosperidade do universo, que é puro movimento.

8. Conformidade: comportamento de imobilidade e resignação passiva às circunstâncias, que contradiz as leis da ação e da dinâmica universal. Conformismo, alinhado com a vibração da apatia, impede

186 DNA DO DINHEIRO

a realização de qualquer desejo genuíno de mudança, mantendo a sua vibração estagnada e distante do fluxo de vida e prosperidade que o universo oferece em constante expansão.

9. Avareza e egoísmo: revelam foco exagerado nos seus próprios interesses, necessidades e objetivos, em detrimento dos interesses, necessidades e objetivos das outras pessoas. Segundo o que já vimos, para cocriar dinheiro, prosperidade e abundância, é essencial praticar a generosidade, ou seja, é essencial entender que, para receber, é preciso primeiro dar. A sua capacidade de obter sucesso e riqueza está intrinsecamente ligada à sua disposição de contribuir para o bem-estar dos outros e ao seu desejo de retribuir ao universo as bênçãos recebidas.

10. Promiscuidade: em um primeiro momento, você pode questionar o que sua vida sexual tem a ver com sua vida financeira, mas fato é que comportamentos sexuais influenciam em sua frequência vibracional. Manter relações extraconjugais, consumir pornografia, prostituição, ter relações sexuais casuais excessivas, por exemplo, drenam a sua energia vital e perturbam o seu equilíbrio energético, mesclando energias de baixa vibração. Além disso, a promiscuidade vibra na frequência do desejo, calibrada em apenas 125 Hz na Tabela de Hawkins, o que prejudica a cocriação de seus sonhos de riqueza ou qualquer outro sonho. Superar a promiscuidade envolve cultivar a aceitação, o autoperdão, o amor-próprio e a autoestima, movendo-se além das limitações do ego para acessar a plenitude e a harmonia da sua centelha divina.

Faça as pazes com o dinheiro: crenças empoderadoras

Depois de identificar suas emoções, pensamentos e comportamentos em relação ao dinheiro, à prosperidade, à riqueza e à abundância em sua vida, decida **fazer as pazes com o dinheiro**! E o que isso significa? Simplesmente que você deve manter uma relação próxima, sem medo, sensível e consciente com ele.

O primeiro passo é romper algumas crenças que, eventualmente, estejam enraizadas em sua mente, que, inclusive, podem ter sido absorvidas quando você era criança. Por exemplo: dinheiro é sujo; todo rico é corrupto; rico não vai para o céu; muito dinheiro causa problemas; dinheiro não traz felicidade, entre outras. É fundamental que você limpe e reprograme suas crenças sobre dinheiro e riqueza, que podem estar impregnadas na vibração das suas células e do seu DNA, repercutindo negativamente em todo o seu campo eletromagnético, gerando energias de escassez, pobreza, falta, insegurança e vitimização, que não permitem o colapso da prosperidade, situada em frequências elevadas.

É preciso quebrar todos os muros de resistência que ainda aprisionam a sua consciência de prosperidade. Mas como fazer isso? Através da sua poderosa mente e seus fabulosos recursos holográficos! Lauro Trevisan, um dos meus maiores mestres, aponta que existem recursos infindáveis dentro de cada pessoa, no seu inconsciente, muitos dos quais ainda estão velados. Eu concordo plenamente com essa ideia: temos tudo de que precisamos dentro de nós!

Nós carregamos a centelha divina da abundância e da prosperidade, e tudo o que precisamos fazer é ativar essa energia de ouro que reluz em nossas moléculas e no **DNA milionário** de nossa existência holográfica. Usando esse recurso fantástico que é sua própria mente, você pode fazer as pazes com o dinheiro e permitir que ele flua alegre e abundantemente na sua vida.

Entenda que tudo se manifesta, primeiramente, no hemisfério invisível da realidade, no campo quântico, amorfo e holográfico, para, em seguida, por correspondência, se tornar uma realidade no plano da matéria. Portanto, você já pode se considerar rico, milionário, próspero e totalmente abundante, uma vez que, no campo das infinitas possibilidades, já há uma versão sua com essas características.

"Viva como se o fruto daquilo que deseja fosse real", escreveu Gregg

Braden no incrível livro *O efeito Isaías*.[1] Você só precisa acreditar, visualizar criativamente, criar a energia, a intenção e a vibração adequadas para transformar a energia substancial ou o plasma quântico da matriz holográfica no seu desejo iminente de abundância, riqueza e prosperidade ilimitado.

Então, use sua imaginação para fazer as pazes com o dinheiro, visualize-se em uma relação feliz e harmoniosa com ele. Use sua imaginação para experimentar uma realidade em que todas as suas contas estão pagas, sua casa está com a manutenção em dia, as necessidades dos seus filhos estão todas satisfeitas e você se sente totalmente em paz e livre para realizar todos os seus desejos.

Visualize sua conta bancária com o saldo dos seus sonhos e, na sua imaginação, comece a gastar todo esse dinheiro como quiser e bem entender. Se preferir dinheiro em espécie, visualize-se pegando maços de dinheiro e conte nota por nota, sentindo o cheiro e a textura. Todas as sensações são vibracionais e vão ativar as partes do cérebro necessárias para produzir a energia da crença de que esse recurso é real e já faz parte de sua vida.

---

1. BRADEN, Gregg. *O efeito Isaías: Decodificando a ciência da oração e das profecias*. São Paulo: Cultrix, 2003.

CAPÍTULO 10

Mindset de abundância e riqueza

Mindset, que em português pode ser traduzido como mentalidade ou configuração mental, vai além da simples maneira como você pensa. O termo abrange também as suas ações e comportamentos, bem como a sua maneira de ver a vida e como interage com ela.

Quando falamos em *mindset* de escassez e *mindset* de abundância, estamos falando sobre padrões de pensamento e comportamento que diferenciam pessoas que vivenciam a falta, a pobreza e o fracasso daquelas que vivenciam a abundância, a riqueza e o sucesso.

Se você tem um *mindset* de abundância, você acredita que há riquezas suficientes para todas as pessoas e que é sempre possível criar mais valor e prosperidade, beneficiando a todos, e tem disposição natural para colaborar e contribuir para o sucesso dos outros, reconhecendo que ajudar pode também aumentar o seu próprio valor e sucesso.

Além disso, com o *mindset* positivo, emana gratidão e generosidade, tendo inclinação espontânea para compartilhar seu conhecimento, tempo e habilidades com outras pessoas, pois acredita que o sucesso alheio impulsiona o sucesso de todo mundo. Você tem a percepção de que tudo e todos no universo estão interconectados.

Por outro lado, se tem um *mindset* de escassez, acredita que os recursos e riquezas do universo são finitos e limitados e, assim, não é possível que todos tenham prosperidade ao mesmo tempo. Você pensa que, para que alguém seja rico, outro deve ser pobre; que para você ganhar alguma coisa, outro precisa perder.

No *mindset* da escassez, é muito difícil se alegrar genuinamente pelo sucesso alheio; na verdade, a tendência é ver o sucesso dos outros com ressentimento ou inveja, acreditando que essas conquistas representam algo que você perdeu ou deixou de ganhar. Além disso, tende a julgar negativamente aqueles que são financeiramente bem-sucedidos.

Na prática da cocriação da realidade, se existe um *mindset* de abundância, cocriar riqueza se dá de forma extremamente fluida. Você tem o chamado "toque de Midas": tudo o que toca vira ouro, tudo dá certo, tudo cresce, tudo se expande. É possível ter a habilidade de multiplicar a prosperidade para você e para todos os envolvidos de maneira natural. Você simplesmente acha normal ser rico e, por isso, cocria cada vez mais riqueza.

Mas, se você tem um *mindset* de escassez, ocorre o contrário: a cocriação de riqueza é travada ou, até mesmo, inexistente. Você tem o "dedo podre": tudo que toca dá errado, perde dinheiro, patrimônio, empregos, sociedades, nada dá certo, tudo parece se atrofiar, mesmo quando se esforça muito. Assim, você acaba inconscientemente achando normal ser pobre e esperando o pior da vida, o que, por sua vez, cocria mais escassez e pobreza.

Se ainda está aqui comigo, lendo este livro, para aprender como transformei minha vida de escassez em uma vida de abundância, suponho que, neste momento, você reconheça que "talvez" tenha um *mindset* de escassez. Afinal, se tivesse um *mindset* de abundância, estaria nadando na riqueza e estaria lendo outro tipo de livro, ou poderia estar escrevendo seu próprio livro sobre prosperidade.

No entanto, também presumo que, se ainda está aqui, é porque quer mudar de um *mindset* de escassez para um de abundância. E, com tudo o que já vimos, sabe que precisa transformar internamente seus pensamentos e sentimentos negativos em positivos e, além disso, refletir toda essa transformação para sua realidade externa, a partir de seus comportamentos. Essa transição é fundamental não só para alcançar a riqueza, mas para obter amplo sucesso em diversas áreas da vida.

A seguir, vou apresentar dezoito diferenças entre os *mindsets* pobres e ricos, e os analisaremos juntos, para que perceba como cada um deles se relaciona com o dinheiro e outros aspectos da vida. Essa é uma maneira de, por identificação, você conseguir tornar conscientes os aspectos do *mindset* de escassez que estão pautando seu comportamento para, então, começar a sair do piloto automático e adotar conscientemente as novas formas de pensar e os novos comportamentos que vão lhe permitir cultivar um *mindset* de abundância para o seu sucesso financeiro e pessoal.

A proposta deste capítulo é que você consiga identificar se tem comportamentos alinhados com a escassez, para começar a modificá-los imediatamente.

Lembre-se: você está no comando! Mudar só depende de você.

>> 1. Autorresponsabilidade

"São coisas da vida. Acontece, não há o que eu possa fazer."

X

"Eu determino o que acontece na minha vida."

Se você tem *mindset* de pobreza, provavelmente se vê como uma vítima das circunstâncias — da sua infância, da família, do trabalho, do governo etc. — e acredita que pouco ou nada pode fazer para mudar sua situação.

Se tem *mindset* de riqueza e abundância, você assume a responsabilidade pela sua vida e acredita firmemente que tem o controle sobre a direção que está seguindo e sobre o seu destino; entende que suas decisões e ações têm um impacto significativo em seus resultados.

Reconhecer que tem o poder de mudar sua vida é o primeiro passo para sair da pobreza e caminhar em direção à riqueza.

>> 2. Abordagem ao risco

Pobres jogam o jogo do dinheiro para não perder.

X

Ricos jogam o jogo do dinheiro para vencer.

Se tem um *mindset* de pobreza, você entra no "jogo do dinheiro" para não perder, evitando riscos a todo custo, apegando-se à mediocridade da sua zona de conforto e a pequenos ganhos secundários; o medo de perder o impede de agir e tomar iniciativas que poderiam potencialmente melhorar suas condições financeiras.

Se tem um *mindset* de abundância, você joga para ganhar; vê os riscos como oportunidades para crescer e aprender, aceitando que eles fazem parte do caminho para o sucesso.

>> 3. Compromisso com a riqueza

Pobres sonham em ser ricos.

X

Ricos são comprometidos em ser mais ricos.

Querer, desejar ou sonhar em ser rico e estar, de fato, comprometido em se tornar rico são duas coisas muito diferentes. Se tem *mindset* de pobreza, você deseja riqueza, mas não está disposto a se comprometer com seu desejo e a fazer os sacrifícios necessários para realizá-lo, dando preferência a pequenos prazeres imediatos.

Se tem *mindset* de abundância, está motivado e disposto a agir, mesmo que isso seja desconfortável e desafiador; está comprometido com o seu sucesso em longo prazo e não se deixa seduzir por prazeres imediatos.

>> 4. Amplitude de visão

Pobres pensam pequeno.

X

Ricos pensam grande.

Se tem *mindset* de pobreza, você tem ambições limitadas, se restringe a objetivos pequenos muitas vezes por medo de falhar, o que pode impedir seu crescimento e progresso. Por exemplo, você pensa: "Só quero pagar minhas contas em dia" ou "Só quero criar meus filhos com dignidade".

Se você tem *mindset* de riqueza, pensa grande e estabelece metas ambiciosas. Não se limita a pequenos objetivos ou aspirações; a amplitude da sua visão não só motiva a sua ação, mas também abre caminho para oportunidades maiores e melhores.

>> 5. Foco em oportunidades

Pobres se concentram nos obstáculos.

X

Ricos se concentram nas oportunidades.

Se tem *mindset* de pobreza, tende a se concentrar em obstáculos, objeções e dificuldades, sente-se paralisado e tende a desistir diante de um desafio.

Se tem *mindset* de riqueza, enxerga obstáculos e dificuldades como oportunidade de aprendizado e crescimento. Consegue ver para além dos desafios imediatos, vê potencial de crescimento e sucesso, sente-se instigado a persistir e encontrar soluções diante de um desafio.

>> 6. Admiração por pessoas bem-sucedidas

Pobres se ressentem dos ricos.

X

Ricos admiram outros ricos.

Se você tem *mindset* de pobreza, tende a se ressentir, invejar, julgar ou desdenhar do sucesso, das conquistas e da riqueza dos outros. A riqueza alheia o incomoda, o sucesso do outro é visto como uma ameaça ou injustiça, o que reforça sua mentalidade de escassez e o impede de alcançar um sucesso semelhante.

Se tem *mindset* de riqueza, admira pessoas ricas, se inspira em quem é bem-sucedido. Entende que o sucesso do outro pode servir de modelo para o seu próprio crescimento.

>> 7. Associações positivas

> *Pobres se associam com pessoas negativas ou malsucedidas.*
> *X*
> *Ricos se associam com pessoas positivas e bem-sucedidas.*

Diz-se popularmente que você é a média das cinco pessoas com quem mais convive. De fato, seus pensamentos e comportamentos são influenciados pelas pessoas com quem escolhe se associar no amor, nas amizades e no trabalho. Se tem *mindset* de escassez e pobreza, tende a se associar com pessoas negativas ou malsucedidas, a se relacionar com quem reforça suas atitudes negativas e crenças limitantes, o que dificulta o seu progresso pessoal e financeiro.

Se tem *mindset* de riqueza, você naturalmente se cerca e se relaciona com pessoas positivas e bem-sucedidas, que podem lhe oferecer apoio e inspiração.

>> 8. Autopromoção

> *Pobres têm vergonha de se promover e criticam*
> *quem se promove ou promove seus produtos ou serviços.*
> *X*
> *Ricos estão dispostos a se promover e valorizam*
> *quando os outros também se promovem.*

Se já assistiu a alguma *live* minha, deve ter visto o que acontece quando, depois de passar duas ou três horas entregando conteúdo gratuito, eu promovo a venda dos meus cursos pagos: muita gente começa a me xingar no *chat*, reclamando porque estou vendendo meu treinamento. Essas pessoas, que se incomodam quando me promovo ou promovo meus

produtos, possuem um *mindset* de escassez que as faz ver a autopromoção como algo negativo ou constrangedor e, agindo assim, inconscientemente, limitam com severidade seu potencial de crescimento.

Mas quem tem *mindset* de riqueza ama se promover e promover seu
trabalho, e acha o máximo ver outras pessoas em ação fazendo o mesmo. Não há qualquer constrangimento ou julgamento, mas muita autoconfiança para aplicar a autopromoção como uma ferramenta para abrir
portas e criar oportunidades.

>> 9. Superação de problemas

Pobres são vítimas de seus problemas.

X

Ricos são maiores do que seus problemas.

Se tem *mindset* de pobreza, você se sente uma vítima impotente diante
dos seus problemas, sente-se em constante estado de luta pela sobrevivência, sobrecarregado com as dificuldades, vendo-as como barreiras
intransponíveis que levam à mera resignação.

Se você tem *mindset* de riqueza, encara seus problemas como oportunidades para aprender e crescer, entende que superar desafios faz parte do caminho para o sucesso que deseja alcançar e se sente motivado a
buscar novas soluções criativas para contornar os problemas e ultrapassar os obstáculos.

>> 10. Habilidade de receber

Pobres não sabem receber.

X

Ricos adoram receber e sabem receber.

Se tem *mindset* de pobreza, você se sente constrangido e tem dificuldades para aceitar elogios, presentes, ajuda ou qualquer forma de genero-

sidade, seja por orgulho, desconfiança, seja por um sentimento de não merecimento — frequentemente, quando recebe alguma coisa, em vez de expressar gratidão, diz "ah, não precisava se incomodar" —, o que afeta negativamente suas relações e oportunidades.

Se tem *mindset* de riqueza, está sempre aberto a receber, sempre é grato pela generosidade dos outros e percebe o ato de receber como uma oportunidade de fortalecer relações mutuamente benéficas, pois entende que o dar e o receber são elementos fundamentais da prosperidade e circulação de riquezas.

>> 11. Remuneração por resultados

> *Pobres são pagos pelo seu tempo.*
> *X*
> *Ricos são pagos pelos seus resultados.*

Se tem um *mindset* de pobreza, a sua tendência é trabalhar "vendendo" o seu tempo, prestando um serviço cuja expansão é limitada por sua capacidade de produção x tempo, de forma que seus ganhos sempre serão balizados por um teto máximo.

Se tem *mindset* de riqueza, entende que a sua prosperidade está relacionada aos resultados que produz, não simplesmente ao tempo que investe para produzir, o que incentiva a sua motivação para a eficiência, a inovação e o comprometimento com a excelência, além de ter potencial para gerar ganhos ilimitados.

>> 12. Mentalidade de "E" x "O"

> *Pobres pensam "ou isso ou aquilo".*
> *X*
> *Ricos pensam "isso e aquilo".*

Se tem *mindset* de pobreza, você vê a vida pela ótica da escolha em termos

MINDSET DE ABUNDÂNCIA E RIQUEZA   197

excludentes, por ter uma mentalidade de escassez. Você não acredita que pode prosperar em todas as áreas da vida e ter tudo o que deseja; ao contrário, acredita que sempre terá de fazer escolhas entre dois desejos, funcionando como uma profecia autorrealizável: só pode ter riqueza ou felicidade; riqueza ou saúde; riqueza ou amor.

Se tem *mindset* de riqueza, você vê a vida pela ótica da escolha em termos inclusivos. Acredita que pode prosperar e ter tudo o que deseja, acredita que pode obter sucesso em múltiplas áreas da vida simultaneamente, vive em alinhamento com a abundância infinita do universo e enxerga as infinitas possibilidades. Não pensa "ou", você pensa "e": pode ser feliz e saudável; amado e rico; próspero e bem-sucedido. Acredita que pode tudo, e isso também funciona como uma profecia autorrealizável.

>> 13. Foco no patrimônio

> *Pobres se concentram em sua renda mensal.*
>
> *X*
>
> *Ricos se concentram em seu patrimônio.*

Se tem *mindset* de pobreza, você direciona seu foco no curto prazo, se concentra apenas na sua renda e nas suas despesas mensais, seus recursos são todos direcionados para o consumo imediato, sem qualquer preocupação em construir ativos que possam proporcionar segurança financeira e crescimento futuro.

Se tem *mindset* de riqueza, seu foco não está em consumir seu patrimônio e seus recursos, mas sim em construí-los e aumentá-los e, para isso, estuda e se dedica para entender como investir seu dinheiro de maneira a gerar mais riqueza no longo prazo, em vez de apenas gastá-lo ou economizá-lo sem um propósito definido.

>> 14. Gestão financeira

Pobres administram muito mal o seu dinheiro.

X

Ricos administram bem seu dinheiro.

Se tem *mindset* de escassez, você tende a ter dificuldades em gerenciar seu dinheiro de forma eficiente, frequentemente gastando mais do que ganha ou fazendo escolhas financeiras ruins que impedem o acúmulo de riqueza e sustentam uma realidade de escassez.

Se você tem *mindset* de riqueza, naturalmente se interessa em aprender as melhores e mais eficientes formas para gerenciar bem o seu dinheiro e o seu patrimônio, investindo em seu crescimento pessoal e na expansão dos seus negócios; você é bastante meticuloso com seus orçamentos, investimentos e despesas, sempre buscando maneiras de maximizar seu patrimônio.

>> 15. Preferência de compra

Pobres amam compras parceladas.

X

Ricos compram à vista.

Se tem *mindset* de escassez, você tem tendência a fazer compras parceladas, pois tem a certeza de que é muito inteligente e que é vantajoso parcelar um bem pelo qual você não poderia pagar à vista. Você é magneticamente atraído por ofertas de parcelamento, e quanto mais parcelas, melhor! Esse é um dos motivos pelos quais os pobres se afundam em dívidas.

Por outro lado, se tem *mindset* de riqueza, você não vê vantagem em compras parceladas, evita fazer dívidas e prefere pagar à vista, pois compreende que o endividamento pode limitar sua liberdade financeira e comprometer seu patrimônio. Você vê o crédito apenas como uma ferramenta que deve ser usada estrategicamente, com muita moderação, e não como uma extensão de seu poder de compra.

>> 16. Dinheiro trabalhando

Pobres trabalham duro para ganhar dinheiro.
X
Ricos mantêm seu dinheiro trabalhando duro para eles.

Se tem *mindset* de escassez e pobreza, a sua tendência é lutar pela sobrevivência, trabalhando arduamente para receber uma renda mensal insuficiente para promover o bem-estar da sua família. Todo valor que recebe já está comprometido com algum pagamento urgente que precisa ser feito, de modo que nunca sobra nada para investir em oportunidades que poderiam melhorar sua situação financeira.

Se tem *mindset* de riqueza, você não trabalha para ganhar dinheiro, faz o dinheiro trabalhar para você investindo em ações, aplicações, imóveis e negócios que podem gerar uma renda passiva, permitindo-lhe acumular riquezas mesmo quando não está trabalhando ativamente, mesmo quando está dormindo!

>> 17. Ação apesar do medo

Pobres se deixam paralisar pelo medo.
X
Ricos agem apesar do medo.

O medo é uma emoção humana primária — todos sentem medo, mas, dependendo do *mindset*, o poder que ele exerce sobre você é bem diferente. Se tem *mindset* de pobreza, você tem uma resposta de congelamento: o medo o paralisa, faz com que você não tolere correr riscos ou tentar algo novo que poderia levar ao sucesso, mantendo-o na zona de conforto da pobreza.

Porém, se tem *mindset* de riqueza, apesar de sentir medo diante de certas circunstâncias da vida, como qualquer outra pessoa, você não paralisa; ao contrário, reconhecendo que essa emoção muitas vezes sinaliza a fronteira entre a sua zona de conforto e um passo adiante em direção ao crescimento, à prosperidade e ao sucesso, encontra formas de agir.

>> 18. Aprendizado contínuo

Pobres acham que já sabem de tudo.

X

Ricos aprendem e crescem constantemente.

Se tem *mindset* de escassez, você tende a acreditar que já sabe de tudo: sabe como a vida e o universo funcionam, sabe o que pode acontecer e do que é capaz. Sabendo de "tudo", você acaba se conformando diante das situações, fechando-se para novas informações e oportunidades de aprendizado que poderiam levá-lo à mudança positiva, ao sucesso.

Se tem um *mindset* de riqueza, independentemente da sua idade, da sua experiência e da sua capacitação, você está sempre disposto a aprender, buscando novos conhecimentos, habilidades e experiências que possam contribuir para seu crescimento pessoal e financeiro e, por isso, está em constante evolução, expandindo e prosperando cada vez mais.

Quando mudei minha consciência, mudei minha vida

Como contei na introdução deste livro, eu conheci bem o fundo do poço: estava com depressão, morando no meu escritório, com uma dívida exorbitante, três filhos pequenos para cuidar, dois deles ainda de fraldas e um deles gravemente doente.

Enquanto estava mergulhada naquele caos, não conseguia imaginar como alguém poderia ganhar tanto dinheiro. Minha mentalidade era de tamanha pobreza que, mesmo se minhas dívidas fossem muito menores, eu teria tentado me matar da mesma forma. Não conseguia alimentar meus filhos, e eu ia dormir com fome, abraçada a eles, sem ver uma saída financeira para nossa situação. A morte realmente me parecia a única solução...

Em determinado momento, algo começou a mudar dentro de mim. Parte dessa mudança veio por causa dos meus filhos, especialmente durante o ano em que meu filho Arthur ficou hospitalizado. Eu tinha que viver. E mesmo que achasse que não tinha forças para agir por mim, precisava agir por eles.

Aí minha obsessão se tornou entender o que eu tinha feito com minha vida. Como desde os dezesseis anos eu estudava sobre o poder da mente, sabia que, de alguma forma, era eu quem criava aquela realidade caótica. Apesar de ainda me sentir vítima e culpar os outros pela minha situação, trazer esse conhecimento à consciência me ajudou a me manter viva e tentar encontrar opções para tirar minha família daquela situação.

Passei a dedicar cada vez mais tempo ao estudo da mente, desvendando e decodificando ensinamentos que ainda não existiam prontos para mim, como existem atualmente. Hoje, quando entro em uma *live* ou subo no palco, ofereço aos meus alunos mais de vinte e cinco anos de estudo, resultado de um investimento de 1 milhão de reais em treinamentos ao redor do mundo e mais de 2 mil livros lidos. Escolhi trilhar esse caminho para descobrir como sair daquela situação, e saí. Por isso tenho autoridade para guiar você por esse caminho; sei que funciona.

Quando aprendi o funcionamento da consciência e da riqueza, e apliquei a reprogramação do *mindset* de abundância em mim mesma, em menos de um ano consegui quitar minha dívida e, ainda, acumular 1 milhão de reais na minha conta.

Quando entendi que a verdadeira riqueza vem de dentro, a minha vida mudou não porque o mundo mudou, mas porque eu mudei, passando de uma pessoa pobre, vítima, miserável e vingativa, para uma pessoa próspera e confiante.

Minha vida não é um mar de rosas, claro. Tenho problemas, medos, frustrações e muitos outros desafios, como qualquer outra pessoa. A diferença é que agora ajo como responsável pela minha realidade, sou mais forte e poderosa do que qualquer problema. Quando caio, sei como me levantar com rapidez, e ainda mais forte. E é essa transformação de consciência que, por meio deste livro, estou compartilhando com você. Assim como eu cocriei a vida dos meus sonhos, você também tem tudo para cocriar a sua.

O universo opera com inteligência e benevolência incríveis, e nada é por acaso; tudo serve a um propósito maior, mesmo as experiências dolorosas. As adversidades que você enfrenta não têm a função de paralisá-lo, mas sim de impulsioná-lo a realizar as curas e transformações necessárias em sua jornada para que você possa evoluir, expandir e alinhar a sua existência com o seu verdadeiro eu, saudável, amado, próspero, feliz e bem-sucedido em tudo que faz.

Tudo, desde um emprego perdido até um relacionamento que termina, faz parte dessa engrenagem maior, destinada a nos curar e a nos transformar. A sua escolha é se deixar ser dominado pelos acontecimentos e se manter em uma "zona de conforto" ou se autorresponsabilizar e agir para se tornar uma pessoa mais forte e conectada com altas frequência vibracionais.

CAPÍTULO 11

Autoimagem de riqueza e sucesso

O conceito de *autoimagem* é fundamental para você entender como percebe a si mesmo e como essa percepção influencia diretamente a realidade que vive, em especial a sua realidade financeira.

A autoimagem, como o nome sugere, é a imagem que tem de si mesmo. Ela é formada por crenças inconscientes sobre quem você acredita ser, o que acredita ser capaz de fazer e o que acredita merecer, moldando seus padrões de pensamento, sentimentos e comportamentos, atuando como um filtro através do qual suas experiências são interpretadas e determinando o alcance do seu potencial para cocriar conscientemente a realidade que deseja.

Se sua autoimagem for negativa, isto é, se inconscientemente você se vê como pobre, carente e fracassado, por mais que trabalhe e se esforce, continuará experimentando resultados que confirmam e reforçam essa percepção, manifestando mais e mais circunstâncias de escassez.

Por outro lado, se sua autoimagem for positiva, associada a sucesso, alegria, riqueza e prosperidade, você vai, infalivelmente, gerar resultados que confirmam e reforçam essas características, manifestando cada vez mais circunstâncias e oportunidades de crescimento, expansão e abundância.

A autoimagem não é definitiva ou estática. Comprometendo-se com o autoconhecimento e o autoaperfeiçoamento, é possível alterá-la para que você passe a se ver como um sucesso e, assim, cocrie uma realidade de abundância.

Do mesmo jeito que seu corpo físico pode ser treinado com exercícios para desenvolver e tonificar os músculos, pelo autoconhecimento você também pode treinar a mente inconsciente a fim de mudar a maneira como se vê, cultivando uma autoimagem que reflita a prosperidade que deseja. Ao alterar a autoimagem, não só modifica a maneira como se vê, mas também como percebe e interage com o mundo ao seu redor, abrindo caminho para elevar a frequência vibracional.

Neste capítulo, vou abordar mais uma vez a importância da *imaginação*, porém agora no contexto de ela ser a principal ferramenta na reprogramação de uma autoimagem bem-sucedida. Pela imaginação, você se visualiza com uma autoimagem plena, conforme a deseja, iniciando o processo de elevação da frequência vibracional ao mesmo tempo que passa a se comportar de forma congruente, como se já tivesse realizado tudo o que quer. Dessa maneira, a autoimagem determinará como você interage com o mundo e, por consequência, a realidade que cocria. Por isso, ao reprogramar sua autoimagem, abre a porta para transformações significativas em sua vida, alinhando suas crenças internas com os objetivos de riqueza e abundância que deseja alcançar. E eu vou te ensinar como fazer isso!

Como você se enxerga

É muito fácil identificar qual é a sua autoimagem: se olhe no espelho e note como você se sente em relação ao que vê, mas também olhe para seus relacionamentos, trabalho, saúde, finanças e tudo ao seu redor com a intenção de mensurar os resultados que conquistou até hoje e seu grau de satisfação.

Se vive uma vida plena, feliz e abundante, se tem relacionamentos saudáveis e harmoniosos, sente-se realizado profissionalmente e suas finanças prosperam a cada dia que passa, terá uma autoimagem de sucesso. Por outro lado, se está insatisfeito com a imagem que vê no espelho, com o rumo que sua vida tomou, se tem relacionamentos conflituosos e disfuncionais, está infeliz no seu trabalho e suas finanças estão indo de mal a pior, infelizmente terá a autoimagem de fracasso.

E se está no meio-termo — não se considera plenamente satisfeito em alguns aspectos da sua vida, mas não é nada muito grave; se tem relacionamentos "mornos", que não são uma maravilha, mas também não chegam a ser abusivos; se não ama seu trabalho, mas também não o odeia; se não é rico, mas não passa fome nem tem grandes dívidas etc. —, sua autoimagem será medíocre, o que indica que você se acomoda com pouco, ignorando seu potencial para o sucesso e o crescimento.

Seja qual for a autoimagem que tenha identificado, ela pode ser melhorada, ou mesmo completamente alterada.

Se identificou que tem uma autoimagem de sucesso, parabéns! Festeje, mas não se acomode. Lembre-se de que todos nós temos um potencial ilimitado de expansão e podemos aprimorar a autoimagem para ir ainda mais longe, manifestar cada vez mais sucesso, felicidade e prosperidade.

Se identificou que tem uma autoimagem de mediocridade ou de fracasso, saiba que pode reconfigurá-la completamente, programando sua mente inconsciente com uma autoimagem de sucesso, a qual vai moldar a sua nova vida e permitir que cocrie riqueza, felicidade e prosperidade ilimitadas.

Quer saber como? Vou explicar passo a passo, mas, antes, você precisa entender melhor como funciona a autoimagem, para agir com todo o conhecimento e propriedade e construí-la de forma robusta.

A sua autoimagem é uma profecia autorrealizável

A autoimagem é essencialmente a percepção que tem de si. Ela é gradualmente formada desde a sua infância a partir das experiências, das interações, dos sucessos e dos fracassos que vivenciou ao longo da vida, ou seja, abarca tanto os aspectos positivos quanto os negativos de sua existência, desde as suas principais conquistas até as rejeições e os problemas mais dolorosos que viveu, bem como (e talvez principalmente) a interpretação que deu à maneira como as pessoas o trataram.

O interessante é que a autoimagem se baseia no que você acredita ser verdade sobre si, mesmo que não seja objetivamente verdadeira. Por isso, ela pode estar baseada em distorções da realidade, em meros julgamentos ou interpretações equivocadas, que, se aceitos como verdades absolutas, moldam seu comportamento, sua realidade e sua vida, determinando os limites de sucesso, felicidade, satisfação e prosperidade em todos os aspectos, incluindo saúde, relacionamentos, realizações profissionais e, obviamente, a intensidade com a qual você experimenta a pobreza ou a riqueza.

Independentemente de ter consciência sobre o tipo de autoimagem que tem, ela funciona como um molde pelo qual as suas experiências de vida são configuradas. Assim, se você se vê como um fracassado, consciente ou inconscientemente, acabará agindo de forma que valide essa percepção, ainda que surjam oportunidades de ter sucesso, criando, assim, um círculo vicioso no qual a autoimagem negativa é constantemente reforçada pelas experiências vividas: "Eu sabia que ia fracassar".

Porém, a forma como se vê é imparcial, portanto, também pode criar um círculo virtuoso em que a autoimagem positiva produz resultados que reforçam sua percepção positiva de si mesmo — se você se vê como um sucesso, uma pessoa próspera, abundante, capaz de multiplicar seu patrimônio com facilidade, obterá resultados muito bem-sucedidos que confirmam que nasceu para o sucesso: "Eu sabia que daria certo, sabia que eu conseguiria".

A autoimagem estabelece um padrão para suas experiências, que, por sua vez, reforçam como você se enxerga, perpetuando uma vivência que pode ser tanto destrutiva quanto construtiva. É nesse sentido que a autoimagem funciona como uma *profecia autorrealizável* que limita ou expande o seu potencial com base nas crenças de quem você é, do que é capaz e merece, de modo que, seja lá o que acredita sobre si, esse pensamento determina sua realidade.

O mecanismo da autoimagem na mente inconsciente

Dentre diversas funções incríveis, a mente inconsciente possui dois mecanismos diretamente relacionados com a autoimagem: o *mecanismo criativo*, também chamado de mecanismo automático ou mente criativa, responsável pela busca por soluções para a realização dos objetivos da mente consciente; e o *mecanismo cibernético*, responsável pelo ajuste de seus comportamentos em conformidade com a autoimagem.

Conhecer como funcionam esses dois mecanismos e como pode direcioná-los a seu favor é fundamental no processo de desprogramar a autoimagem de pobreza e fracasso e programar uma autoimagem de riqueza e sucesso.

>> Mecanismo criativo

Mecanismo criativo refere-se à capacidade inata da mente inconsciente de buscar soluções para problemas, ter ideias inovadoras e criativas e encontrar os meios mais adequados para realizar os objetivos que você estabelece por meio do pensamento racional da mente consciente.

Maxwell Maltz (1899-1975), médico nova-iorquino, autor dos livros *Psicocibernética* e *Psicologia da autoimagem*, explica que a mente inconsciente possui uma natureza teleológica, o que significa que ela tem uma tendência natural de trabalhar em direção a um fim ou propósito, encontrando os meios necessários para realizar os desejos da mente consciente.

> O Mecanismo Automático (A Mente Criativa) é teleológico, ou seja, opera ou deve ser orientado para alguma "finalidade". Não desanime porque "os meios pelos quais" podem não ser aparentes. É a função do mecanismo automático fornecer os meios pelos quais quando você concede um objetivo. Pense em termos de resultado

final, e os meios pelos quais algo deve ser realizado muitas vezes cuidarão de si mesmos.[1]

A mente inconsciente está constantemente em busca de meios para alcançar os fins estabelecidos pela mente consciente, porém há uma condição importante: o mecanismo criativo só funciona a seu favor, em alinhamento com seus desejos conscientes, se a sua mente inconsciente não estiver obstruída por crenças limitantes ou programada com uma autoimagem negativa.

Havendo um conflito entre o seu desejo consciente e a sua autoimagem, isto é, se deseja riqueza, mas tem uma autoimagem de pobreza, o mecanismo criativo não é ativado para realizar o seu desejo, o seu desejo consciente é ignorado e a sua autoimagem inconsciente prevalece, determinando os seus comportamentos e a manifestação da realidade vivenciada por você.

É por isso que a sua transformação pessoal — a cocriação do novo eu — e a realização do seu sonho de viver uma vida próspera e abundante pressupõem mudar sua autoimagem, o que, por sua vez, requer a desprogramação das crenças limitantes que a definem para, então, ser possível o alinhamento dos desejos conscientes com as convicções internas e para que o mecanismo criativo da mente inconsciente busque os meios para alcançar o objetivo estabelecido e, finalmente, essa realidade se manifeste.

Maltz também enfatiza a importância de focar o resultado desejado sem querer controlar o processo ou tentar prever os meios específicos para alcançá-lo, pois a sua mente inconsciente tem acesso a recursos e soluções que a sua mente consciente é incapaz de perceber. Também destaca a importância de mudar *intencionalmente* seus comportamentos, em alinhamento com seus objetivos, e *agir*, colocando em prática o

---

1. MALTZ, Maxwell. *Psicocibernética*. Porto Alegre: Citadel, 2023. p. 54. Cf. também: MALTZ, Maxwell. *Psicologia da autoimagem: Viva melhor e mais feliz com você mesmo*. Rio de Janeiro: BestSeller, 1975.

que for necessário para a realização dos desejos. Ele inclusive recomenda, em consonância com os princípios da cocriação da realidade, que é preciso agir como se o resultado desejado já tivesse sido alcançado, ou seja, adotando uma atitude de certeza e confiança.

> Aprenda a confiar que seu mecanismo criador fará o papel dele; você não deve perturbá-lo através de uma preocupação exagerada, ficando ansioso se ele irá ou não funcionar, ou tentando forçá-lo por meio de um esforço consciente exagerado. "Deixe-o" trabalhar, em lugar de "forçá-lo" a trabalhar. Essa confiança é necessária, porque seu mecanismo criador opera abaixo do nível da consciência, e você jamais poderá "saber" o que se passa nessa área. Além disso, é da natureza dele operar espontaneamente, conforme as necessidades do momento. Por conseguinte, você não tem garantias de antemão. Ele inicia o trabalho à proporção que você age e que, através de suas ações, faz uma exigência a ele. Não espere ter uma prova para começar a agir. Aja confiante em que ele, o seu mecanismo de êxito, fará o resto.[2]

Como pode ver, Maltz, alinhado com os conhecimentos da metafísica, do esoterismo, da psicologia, das neurociências, da frequência vibracional e da física quântica, compreendia perfeitamente o princípio mais elementar da cocriação da realidade: *ser* para *ter*. Ou seja, para que você *tenha* o que deseja, precisa primeiramente *ser* a pessoa que se sente capaz e merecedora de ter, por isso a importância de adotar o estado de ter alcançado o desejo para, então, manifestá-lo em sua realidade.

Dito tudo isso, a ferramenta mais poderosa para promover mudanças significativas na sua autoimagem e para que você possa *ser* a frequência vibracional elevada capaz de sintonizar e materializar os seus sonhos é a que trabalha com as *imagens mentais*. Ao visualizar seu sonho, seu objetivo ou o resultado desejado, você ativa o mecanismo criativo da sua mente inconsciente, gerando novas ideias e padrões de pensamento. As

---

2. MALTZ, Maxwell. *Psicocibernética*. São Paulo: Record, 1972. p. 14.

experiências que tem com suas imagens mentais de riqueza, sucesso e prosperidade induzem respostas fisiológicas como se suas experiências imaginadas fossem fisicamente reais, alterando a sua bioquímica, fazendo com que você, efetivamente, antecipe o *ser* ao *ter*.

>> Mecanismo cibernético

O outro mecanismo poderoso da mente inconsciente, intimamente associado à autoimagem, é o *mecanismo cibernético*. Ele é um mecanismo de "navegação", uma espécie de GPS da mente inconsciente que orienta seus pensamentos e comportamentos em conformidade com a sua autoimagem.

Etimologicamente, "cibernética" é uma palavra de origem grega que pode significar tanto piloto, timoneiro, navegador, como também a arte de dirigir, pilotar ou governar, ou seja, o conceito de cibernética está relacionado tanto ao sujeito que faz a ação quanto às próprias ações. Esse mecanismo, curiosamente presente tanto em máquinas quanto em seres vivos, é o princípio por trás dos aparelhos de GPS: quando você está usando seu aplicativo de mapa e, por exemplo, em vez de entrar à esquerda, segue em frente, é o mecanismo cibernético que faz com que o sistema recalcule a rota, indicando onde deve fazer um retorno, de modo a voltar para o caminho que o levará ao destino planejado. O mecanismo cibernético também está presente nos computadores de bordo das aeronaves e embarcações, garantindo que, se houver algum desvio, seja por falha humana ou por intempéries naturais, a rota seja automaticamente ajustada.

Saber que as máquinas são programadas dessa maneira é algo interessante, porém é ainda mais incrível saber que seres vivos também funcionam assim. Aves migratórias, por exemplo, possuem um aguçadíssimo mecanismo cibernético associado ao sistema nervoso autônomo, permitindo que, sazonalmente, elas sejam capazes de migrar de um ponto a outro, percorrendo milhares de quilômetros sem que nenhuma se perca pelo caminho — o mecanismo cibernético funciona como um GPS natural que jamais falha.

Tudo fica ainda mais interessante quando compreendemos que os seres humanos também têm um mecanismo cibernético operando na mente inconsciente. Ele não só mostra o caminho para chegar a um destino e ajusta a rota quando necessário, como também usa a autoimagem como *padrão* para definir todos os seus pensamentos, sentimentos, palavras e comportamentos, definindo, em última instância, sua frequência vibracional e sua realidade.

Bob Proctor (1934-2022), admirador e estudioso do trabalho de Maxwell Maltz, especialmente no que diz respeito à autoimagem sob a ótica da psicocibernética, ilustra de maneira detalhada o impacto profundo que a autoimagem tem sobre a vida. Ele descreve a autoimagem como o "projeto mental" que orienta a existência, atuando como uma rota predefinida que você segue inconscientemente, e, se por acaso se desviar do percurso, o mecanismo cibernético de autocorreção entra em ação para trazê-lo de volta à rota-padrão estabelecida por sua autoimagem.

Proctor explica que suas tentativas conscientes de mudança, como começar um novo trabalho, investir em um novo negócio ou fazer qualquer coisa para gerar riqueza e aumentar sua renda, são silenciosamente sabotadas por sua autoimagem, caso ela seja de fracasso. Nesse caso, o mecanismo cibernético de correção de rota funcionaria da seguinte maneira: você reconhece que precisa fazer alguma coisa para aumentar sua renda e, para isso, faz planos, entra em um curso sobre o assunto, lê livros, adota um mentor, contrata um consultor, traça metas, começa a agir, trabalha arduamente. Faz tudo certinho e até obtém algum resultado positivo. No entanto, sua mente inconsciente, que trabalha sob o padrão da autoimagem de fracasso, "percebe" a mudança e detecta que você está saindo da rota. Se ela pudesse falar, diria: "Opa, meu querido, você está se perdendo do seu caminho, o seu padrão é o fracasso... Que sucesso é esse que você está conseguindo? Que prosperidade é essa? Você não é assim, vamos corrigir isso imediatamente!".

O mecanismo cibernético de correção de rota entra em ação para que você volte ao seu estado original, ao seu padrão de fracasso. Para operar essa correção, ele tem recursos infinitos: você vai começar a procrastinar, perde a motivação, se associa com pessoas desonestas que lhe roubam, faz um investimento equivocado, começa a se questionar se é isso mesmo que quer, se distrai com prazeres imediatos e pode até ficar doente ou sofrer um acidente para ter uma desculpa para parar de progredir.

Não importa como, a sua mente inconsciente vai dar um jeito de sabotar a sua tentativa de mudança, fazendo com que qualquer forma de sucesso seja meramente temporária.

Essencialmente, se você tem uma autoimagem de pobreza e fracasso, vai perder qualquer riqueza que venha a adquirir e continuará pobre. É isso que acontece nos casos em que pessoas ganham uma fortuna na loteria ou recebem uma grande herança, mas, de alguma forma, o dinheiro acaba e elas voltam ao padrão de pobreza. Deve ser por isso que se diz popularmente que "alegria de pobre dura pouco". Na verdade, seria mais correto afirmar que a alegria, o sucesso e a prosperidade eventualmente alcançados por quem tem uma autoimagem de pobreza e fracasso duram pouco.

No entanto, da mesma forma que existe a "correção de rota" que faz voltar à pobreza aqueles que têm uma autoimagem de fracasso, mas que alcançaram alguma forma de prosperidade, também ocorre o ajuste de rota no caminho inverso: aqueles que têm autoimagem de sucesso e riqueza, mas que por algum motivo vão à falência, tendem a se recuperar e reconstruir seu patrimônio com facilidade, voltando a viver em conformidade com a sua autoimagem.

Talvez, a essa altura, você esteja em pânico, achando que é vítima da sua autoimagem e que, se tem uma autoimagem de fracasso, inevitavelmente o mecanismo cibernético de sua mente inconsciente vai continuar ajustando a sua rota para a falha, não importando o quanto se esforce.

De fato, a autoimagem e o mecanismo cibernético são implacáveis e não é possível escapar dos seus efeitos. Você não pode mudar as consequências nefastas da sua autoimagem de fracasso e pobreza, porém *pode mudar a sua autoimagem!*

Você pode programar na mente inconsciente uma nova autoimagem de sucesso, riqueza, prosperidade, felicidade, capacidade e merecimento, fazendo o mecanismo cibernético, juntamente com o mecanismo criativo, trabalhar para sustentar e expandir uma nova realidade compatível e que contribua para a realização dos seus sonhos!

Mudança de autoimagem

Vimos que não é possível mudar os resultados produzidos pela autoimagem — não há como escapar do ajuste de rota feito pelo mecanismo cibernético da mente inconsciente —, porém, se deseja resultados diferentes, se deseja trilhar uma nova rota, pode agir na raiz do problema e modificar a sua autoimagem.

A mudança da autoimagem é perfeitamente possível e pode ser profundamente transformadora, permitindo que você se veja de maneira mais positiva, capaz e merecedora, para que possa liberar todo o seu potencial para alterar a sua realidade de maneira profunda, manifestando a prosperidade e o sucesso em todas as áreas da sua vida.

O primeiro passo para mudar a sua autoimagem é reconhecer e acreditar que você tem essa capacidade, que pode mudar a maneira como percebe a si mesmo, abrindo as portas para um novo conjunto de possibilidades e resultados que esteja alinhado com seus desejos conscientes.

Também é importante que reconheça e aceite que, para além da maneira como se percebe, o seu verdadeiro eu — a sua imagem original — é divino, perfeito, ilimitado, ou seja, naturalmente inclinado à expansão, ao crescimento, à evolução e à prosperidade. Faz parte da sua natureza desejar, buscar e vivenciar o sucesso e a realização, transcendendo a realidade da mera sobrevivência.

Figuras históricas emblemáticas, como Jesus, Gandhi e Madre Teresa, viveram de acordo com essa autoimagem original, refletindo seu verdadeiro eu divino e perfeito em suas vidas e ações. No entanto, não é preciso ter uma autoimagem de perfeição absoluta para melhorar significativamente sua qualidade de vida e seus resultados profissionais e financeiros. Uma autoimagem mais positiva, mesmo que não seja perfeita, já é suficiente para elevar a sua experiência a um novo patamar, trazendo mais plenitude e abundância.

Transformar a autoimagem é um processo ativo e intencional, que exige dedicação e compromisso, saber usar a ferramenta correta e estar constantemente atento a algumas sutilezas em seu comportamento.

O poder da palavra

A ferramenta mais elementar e básica para começar a modificar conscientemente a sua autoimagem é o *poder da palavra*. Você precisa começar a usar a sua linguagem verbal de maneira mais consciente, prestando atenção ao que fala tanto em voz alta quanto em suas conversas internas, quando "fala" apenas por meio de pensamentos.

Se sua autoimagem é de fracasso e pobreza, sua linguagem se expressará de forma negativa, de modo que você deve frequentemente falar e pensar coisas depreciativas sobre si mesmo, sua capacidade e seu merecimento. Se for o seu caso, precisa parar com isso. Agora!

Frases e pensamentos como "sou um fracasso", "sou preguiçoso", "sou medroso", "sou acomodado", "sou ansioso", "não posso", "não consigo", "nada dá certo para mim" etc. devem ser imediatamente excluídos da sua vida.

Para programar uma autoimagem de sucesso e riqueza, é necessário parar de nutrir, reforçar e confirmar a autoimagem de fracasso e pobreza que você deseja desinstalar. Sei que é um grande desafio: palavras, sobretudo as relacionadas aos pensamentos negativos, saltam da boca e surgem na mente de maneira automática. É por isso que a auto-observação é tão importante.

Instalar um padrão automático positivo, funcional e construtivo demanda tempo e persistência, não acontece da noite para o dia, mas isso não é motivo para você desanimar e se acomodar; ao contrário, é mais um motivo para começar a mudar agora mesmo, sem perder mais tempo.

AUTOIMAGEM DE RIQUEZA E SUCESSO   215

Além de inibir os pensamentos e palavras negativos, também deve, paralelamente, começar a pensar e falar — especialmente por meio de afirmações positivas, comandos, decretos e mantras — sobre a sua nova autoimagem de sucesso e riqueza como se ela já fosse realidade. Seus pensamentos e palavras mais frequentes funcionam como afirmações que, reforçadas por sentimentos, gradualmente programam a sua mente inconsciente com novas informações sobre a sua autoimagem.

A prática de repetir afirmações positivas, apesar de algumas críticas sobre sua eficácia, é extremamente benéfica quando realizada com convicção e emoção. Elas são uma maneira de aproximar você daquilo que deseja, fazendo seu cérebro trabalhar como se já fossem uma realidade. Para que sejam mais efetivas, crie afirmações personalizadas, claras, objetivas e empoderadoras, que reflitam a autoimagem que você quer programar.

Veja no box a seguir alguns exemplos de afirmações voltadas para reprogramação de uma autoimagem de sucesso. Você pode reproduzi-las ou adaptá-las, personalizando para o que achar mais apropriado.

Afirmações para a autoimagem de sucesso

Estou tão feliz e grato agora porque sou/posso/tenho...

Eu sou incrível! Sou a pessoa que quero ser.

A minha vida é maravilhosa!

Sou a forma mais elevada de criação de Deus.

Minhas capacidades e meu potencial são ilimitados.

Estou sempre aprendendo, crescendo e mudando para melhor.

Sou digno de todas as coisas boas da vida.

Minha personalidade irradia confiança, certeza e otimismo.

Encho minha mente com pensamentos saudáveis, amorosos e prósperos continuamente.

O poder das imagens mentais

Imagens mentais são a ferramenta mais poderosa para modificar a sua autoimagem. Usando o poder da sua imaginação, é possível superar as crenças limitantes e reprogramar a sua mente para que o mecanismo criativo entre em ação.

As imagens mentais, quando quanticamente entrelaçadas na prática da Técnica Hertz, são potencializadas e mais eficientes na reprogramação e cocriação da realidade, por atuarem profundamente na autoimagem da cocriação do *novo eu*. Elas são tão poderosas porque "falam a língua" da sua mente inconsciente, isto é, a linguagem não verbal, simbólica e arquetípica das imagens criadas na mente consciente se comunica diretamente com a mente inconsciente, transmitindo-lhe as informações selecionadas conscientemente.

As experiências mentais com as imagens de seu *novo eu* e da sua nova realidade de sucesso, riqueza e prosperidade produzem *emoções* elevadas, alterando a bioquímica do corpo e, consequentemente, sua frequência vibracional.

> ### Exercício para programar uma autoimagem de sucesso, de Maxwell Maltz
>
> - Relaxe de olhos fechados e evoque a lembrança de um evento do seu passado em que tenha experimentado o sucesso.
>
> - Reviva e sinta a cena em riqueza de detalhes.
>
> - Quando estiver no auge da emoção decorrente da lembrança desse evento, mude o foco para um evento futuro, no qual deseja ter sucesso. Depois, questione-se: "E se fosse real?".
>
> - Então, crie a imagem mental do seu sucesso, dê forma e adicione detalhes até atingir um estado emocional em que você sente os sentimentos que sentiria se, de fato, seu sucesso já estivesse materializado.

CAPÍTULO 12

Arquétipos de comportamentos em relação ao dinheiro

Você tem uma fortuna em sua mente, só precisa saber como sacar

Imagine quantos dígitos você tem armazenados na sua mente: 1 milhão de reais, 10 milhões de reais, 100 milhões de reais, 1 bilhão de reais ou mais? Já se perguntou quanto dinheiro existe dentro da sua mente que ainda não foi acessado? Já se perguntou onde está depositado e guardado o dinheiro do universo?

Todo o dinheiro e toda a riqueza do universo, antes de estarem em qualquer instituição bancária, estão na consciência, na consciência de quem é rico, na consciência de quem é próspero. Todo a riqueza que você deseja está em você, só precisa aprender a sacar esse dinheiro, a cocriar, a materializar.

De nada adianta ter pensamentos positivos, fazer visualizações e querer ser algo se suas atitudes estão desalinhadas com a frequência do universo, se o que está dentro de você, nas profundezas da sua mente, tem mais força do que seus desejos superficiais. A sua vida é um reflexo do seu ser, e o universo trabalha incansavelmente para trazer mais de quem você é e do que vibra para sua realidade.

A origem de seus problemas financeiros

A verdadeira origem dos seus problemas financeiros não está no vazio de sua conta bancária, mas sim na escassez que está na sua mente e na baixa frequência vibracional que emite. Essa frequência é reflexo de quem você é. Não há como esconder isso, suas sombras e tudo o que você vibra e emite cocriam a realidade ao seu redor; a vibração é a confirmação, a todo instante, de quem é você.

Entenda que veio a este mundo para fazer escolhas e tomar decisões alinhadas com quem decidiu ser. Por isso, por mais que as dificuldades e experiências passadas tenham sido dolorosas, por mais duras que sejam, elas não definem quem você é hoje, e muito menos quem pode ser no futuro.

> O que aconteceu não o define; o que o define é o que decide fazer com o que lhe aconteceu.

A sua história, por mais trágica que possa ser, não é desculpa para você não viver a vida de prosperidade que deseja; ela é apenas o contexto no qual decide quem quer ser. O que aconteceu não o define; o que o define é o que decide fazer com o que lhe aconteceu. Bingo!

O que pensa, fala, sente e vive, de alguma forma, sempre retorna. Se vibra negatividade, como pobreza, escassez ou desonestidade, isso se reflete no que você cocria para sua vida. Esses padrões de pensamento e comportamento criam um círculo vicioso, um loop de experiências negativas que apenas você tem o poder de interromper.

Então, o que você precisa fazer é mudar a sua frequência vibracional, a sua autoimagem, a sua mentalidade, as suas crenças limitantes, os seus comportamentos. Precisa mudar quem você é para mudar a sua vida.

Arquétipos de comportamentos com relação ao dinheiro

A escassez que vive está relacionada a um padrão arquetípico de comportamento com cuja vibração você se encontra inconscientemente alinhado.

Os arquétipos são formas universais de comunicação e organização do universo, representando conceitos fundamentais. A águia, por exemplo, simboliza a liderança, e a árvore da vida simboliza a matriz da existência, a prosperidade e o movimento. Eles são também formas de informação, como os arquétipos do dinheiro, que influenciam todas as pessoas no mundo, quer saibam disso ou não.

Se está vibrando em ressonância com um padrão arquetípico fraco, negativo, associado à escassez e ao fracasso, você se torna um radar para sintonizar e manifestar relacionamentos, eventos e circunstâncias equivalentes. Por isso, para mudar sua vida, é crucial reconhecer e sair dessas vibrações negativas limitantes, buscando uma consciência de riqueza e felicidade.

Veja quais são os principais arquétipos que regem o comportamento em relação ao dinheiro.

Fracassado: arquétipo marcado pela mentalidade de escassez e fracasso. Se vibra nessa frequência, você tende a não gastar dinheiro por medo de que essa quantia lhe faça falta, e evita investir com medo de perder. Essa atitude perpetua a falta, pois, ao acreditar que nunca haverá dinheiro suficiente, está criando um círculo de escassez que se autoalimenta.

Inocente: caracteriza-se pela insegurança e sensação de impotência em relação ao dinheiro. Se está na vibração desse arquétipo, você tende a buscar constantemente a orientação de outros, delegando a tomada de decisões financeiras, na esperança de ser "salvo" ou ajudado. Essa dependência faz com que o dinheiro também se torne incerto em sua vida, refletindo sua indecisão e insegurança. O comportamento financeiro do inocente é diretamente influenciado pela necessidade de aprovação e direcionamento externos.

Vítima: se você está vibrando no arquétipo da vítima, sua principal característica é a tendência de culpar outras pessoas ou fatores externos por suas dificuldades financeiras. Vibrando no vitimismo, vive no passado, ressentido e cheio de mágoas com relação ao que lhe aconteceu e ao que fizeram com você. Também acredita que é uma ótima pessoa, trabalhadora e dedicada, mas que é um injustiçado pela vida. Esse arquétipo o impede de assumir responsabilidade por sua situação financeira, mantendo-o em um estado de impotência, dependência e carência.

Mártir: se está sempre disposto a sacrificar suas próprias necessidades e economias para ajudar os outros e nunca se coloca como prioridade, é muito provável que esteja na ressonância do arquétipo do mártir. Essa suposta generosidade, embora nobre, pode comprometer a sua saúde financeira, pois ela faz com que você coloque as necessidades dos outros acima das suas, muitas vezes até prejudicando sua própria situação econômica. O mártir encontra valor em se sacrificar pelos outros, mas acaba negligenciando sua segurança financeira no processo.

Tolo: se vibra no arquétipo do tolo, seu comportamento é caracterizado pela falta de atenção e consciência em relação ao seu dinheiro; tende a gastar sem planejamento ou sem pensar nas consequências, adquirindo dívidas ou perdendo dinheiro em investimentos e negócios imprudentes, resultando em uma situação de escassez crônica. A falta de controle e de conhecimento sobre suas finanças mantém o tolo em um estado de incerteza financeira, sem entender como ou por que seu dinheiro "desaparece" tão rapidamente.

Artista: se vibra nesse arquétipo, você tem uma relação complexa com o dinheiro, marcada por sentimentos ambivalentes. O artista aprecia o dinheiro pela liberdade que ele pode proporcionar, mas ao mesmo tempo não quer que sua vida gire em torno dele. Há uma tensão entre o desejo de liberdade financeira e a resistência em se deixar consumir por sua busca. O artista valoriza a expressão e a criação acima dos ganhos materiais, buscando um equilíbrio delicado entre sustentar sua arte e manter sua integridade criativa, muitas vezes oscilando para a polaridade da escassez.

Tirano: vê o dinheiro como uma ferramenta de poder e controle sobre os outros, estando disposto a pagar o preço que for necessário para alcançar seus desejos, muitas vezes à custa do sacrifício alheio. Esse arquétipo representa a dominação e a manipulação financeiras, pelas quais o dinheiro é usado para estabelecer superioridade e dependência. O tirano pode atrair seguidores, ou servos, mas sua relação com o dinheiro é baseada no controle e na imposição, não na reciprocidade ou no respeito mútuo.

Mágico ou mago: mestre da cocriação de riqueza e dinheiro, possui a habilidade de "fazer o dinheiro aparecer", transformando sua realidade financeira por meio do equilíbrio entre sabedoria e ação. O mago entende as leis universais da abundância e sabe como aplicá-las para criar prosperidade; ele não apenas cocria dinheiro de maneiras inesperadas, mas também ensina os outros a fazerem o mesmo, compartilhando seu conhecimento sobre a magia da cocriação.

Guerreiro: determinado e focado, o guerreiro está em uma missão para conquistar o sucesso financeiro. Ele é resiliente e bem-sucedido em suas finanças, bem como em outros aspectos da vida. Quando cai, ele se levanta e continua sua jornada, usando os obstáculos como alavancas para alcançar seus objetivos. O guerreiro é um exemplo de perseverança e determinação, mostrando que, com esforço e foco, é possível superar desafios e alcançar a prosperidade.

Mestre: generoso e sábio, o mestre utiliza o dinheiro como um meio para servir e educar. Ele investe em conhecimento, seja adquirindo livros, cursos ou outras formas de aprendizado, reconhecendo que o maior retorno sobre o investimento vem da expansão da consciência e do aprimoramento do espírito. O mestre ajuda os outros a se conectarem com sua espiritualidade e divindade, promovendo o crescimento pessoal e coletivo. Ele entende que a verdadeira riqueza vem de dentro e que, ao compartilhar seu conhecimento e recursos, ajuda outras pessoas a alcançarem seus sonhos e a evoluírem espiritualmente.

Águia: a águia simboliza a visão clara, a sabedoria e a capacidade de voar alto. No contexto da prosperidade financeira, ela representa a habilidade de enxergar além dos obstáculos imediatos, visualizando oportunidades que estão além do alcance comum. A águia inspira a desenvolver uma perspectiva estratégica, essencial para decisões financeiras inteligentes. Assim, quem adota o arquétipo da águia na sua relação com o dinheiro tende a pensar no longo prazo, planejando de forma a alcançar estabilidade e crescimento constante. A clareza de visão da águia permite que o indivíduo identifique tendências, oportunidades de investimento e práticas que reforcem sua autonomia financeira.

Herói: o herói representa coragem, determinação e ação. No âmbito da prosperidade, ele é aquele que enfrenta desafios, ultrapassa barreiras e persevera em meio às adversidades. Esse arquétipo reflete a necessidade de agir com resiliência em momentos de incerteza ou dificuldade financeira. O herói financeiro não desiste frente a contratempos; ao contrário, usa essas experiências como aprendizado para construir um caminho sólido para o sucesso. Adotar o arquétipo do herói permite que a pessoa assuma riscos calculados e desenvolva autoconfiança, características cruciais para alcançar uma vida financeira próspera.

Cada um desses arquétipos reflete diferentes atitudes e crenças em relação ao dinheiro. Reconhecê-los e compreendê-los é importante para transformar a sua relação com o dinheiro e criar uma nova realidade financeira, mais próspera e abundante.

Sua vida e a cocriação dos seus sonhos são influenciadas pelo arquétipo com o qual você se identifica, fazendo com que se comporte de determinadas maneiras em situações e relações que desafiam sua evolução. Porém, somente o fato de tomar consciência sobre a influência de um arquétipo negativo já enfraquece a sua influência, abrindo o caminho para a sua transformação, que sempre ocorre de dentro para fora, sem depender das circunstâncias ou das pessoas ao seu redor.

Capítulo 13

Princípios, segredos e ações para cocriação da riqueza

Os segredos e códigos que tenho para revelar, para você cocriar holograficamente dinheiro, riqueza e prosperidade ilimitada em sua vida, são chaves quânticas no universo e estão associados à física quântica e ao estudo sobre a frequência das emoções humanas, conforme o Mapa da Consciência do dr. David Hawkins e da Roda da Vibração Quântica, criada e desenvolvida por mim.

Leia, releia e preste muita atenção nessas informações que vou transmitir agora, pois este conteúdo vai mudar o modo como você enxerga o mundo e mostrar a maneira pela qual você pode transformar, para sempre, a sua realidade e modificar o seu destino para ter uma vida próspera, abundante e plenamente satisfatória em todos os sentidos de sua existência.

Vou explicar princípios, segredos e ações importantes para cocriar abundância financeira e felicidade plena, mas antes quero destacar alguns fatores que considero essenciais para você viver uma experiência milionária e se sentir, finalmente, alguém rico, próspero e totalmente feliz. Esclarecerei quatro fatos sobre você e sua relação com a prosperidade, com o universo e com os princípios da cocriação da realidade, a respeito dos quais talvez você ainda não tenha consciência ou tenha dúvidas.

Fatos sobre sua relação com a prosperidade

>> FATO 1 — Você tem direito à riqueza e à fortuna no universo!

Aceite isso como um fato e passe a materializar seus sonhos de riqueza e abundância. Mas, além de aceitar racionalmente que tem o direito, você também deve se **sentir** como alguém rico ou milionário, nutrindo cada célula, molécula e o seu DNA com a sensação arrebatadora de plena **Abundância Sagrada**.

Saiba que você tem os milhões que deseja na sua conta, a cobertura com vista para o mar que tanto sonha e o carro fantástico com o qual pretende desfilar na avenida mais movimentada da sua cidade. A riqueza, a abundância e o sentimento de prosperidade são recursos inatos à sua personalidade cósmica. Em *1001 maneiras de enriquecer*, sabiamente, Joseph Murphy decretou:

> Você está aqui para levar uma vida plena e feliz, para glorificar Deus e adorá-lo eternamente. Todas as riquezas materiais, mentais e espirituais do universo são dádivas de Deus, intrinsecamente boas e suscetíveis de uma boa utilização.[1]

Deus ou **o Todo** garante todos os recursos de que você necessita, pois há uma fonte inesgotável de tesouros, riquezas e fartura ilimitada em todas as áreas. Você precisa apenas alcançar a vibração certa para cocriar holograficamente, direto no vácuo quântico, os recursos que deseja, seja dinheiro, bens materiais, imóveis, sucesso profissional, pessoal, inteligência criativa ou sabedoria infinita. Você é uma consciência divina, carrega o DNA **cósmico** do criador dentro de si, por isso, tem a habilidade para produzir os próprios tesouros.

---

1. MURPHY, Joseph. *1001 maneiras de enriquecer*. 9. ed. Rio de Janeiro: BestSeller, 1996.

>> FATO 2 — Você é o alquimista de vibrações milionárias

Aceite que tudo está ao seu alcance, que existe um campo de potencialidade e de infinitas possibilidades disponível para sua livre escolha e opção. O mais importante, em termos de abundância, é preservar a sensação e o sentimento imanentes de riqueza e prosperidade dentro de si, pois essas sensações vão gerar a química e a vibração quântica perfeita para você entrar em simbiose com a Onda Primordial do Universo e colapsar a realidade de abundância que deseja.

Tudo, afinal, se resume à vibração, ou melhor, a estados vibracionais. Nem mesmo o átomo é denso ou sólido, ele tem energia, frequência e vibração, conforme foi comprovado por Max Planck, o pai da física quântica, há mais de um século. Se o átomo, que dá base e é a arquitetura estrutural de tudo no universo, não é estático nem sólido, logo tudo que for composto de átomos também não tem rigidez alguma e, portanto, pode ser alterado.

Saber disso nos assegura o fato de que, ao alterar os estados vibracionais, pode-se mudar tudo, todos os fatores e todas as conjunturas. Com isso, você pode transmutar uma situação negativa em outra positiva ao mudar a vibração e a polaridade (o *spin*) dos próprios átomos. O que quero dizer é que você pode mudar o padrão da sua vibração e elevá-la ao estado da prosperidade e, assim, modificar sua realidade.

Para isso, a primeira coisa a fazer é nutrir o sentimento sagrado da abundância dentro de si, ou seja, sentir-se próspero e experimentar a vibração da abundância, usando a imaginação, a mente e todos os seus sentidos para alcançar a frequência da riqueza, uma vez que a abundância e a riqueza nada mais são do que estados de espírito que se traduzem em padrões vibracionais difundidos pelo seu campo eletromagnético até o núcleo espacial do vácuo quântico, onde todas as possibilidades existem, a riqueza é natural e a abundância se manifesta através da Mente Superior ou Mente de Deus.

>> FATO 3 — Você nasceu rico!

Para se sentir abundante, você deve, antes de tudo, aceitar e assumir esse dom. Dom? Sim, reitero que a abundância é um dom e um atributo natural do seu ser. Você nasceu rico, próspero e milionário. A essência do Criador é essa: amor, alegria, gratidão e abundância. A energia do **Todo** está impregnada em cada pedacinho do seu corpo, na sua mente e na sua consciência.

> Você nasceu com todo o equipamento necessário para levar uma vida plena, feliz e de sucesso. Você nasceu para vencer, para conquistar, para sobrepor-se a todos os obstáculos e para revelar as glórias e belezas existentes em seu íntimo. Todos os poderes, qualidades, atributos e aspectos de Deus se encontram em você mesmo. Sua vida é a vida de Deus e esta vida é agora a sua vida. Deus tem sempre êxito em tudo que empreende, seja isso uma árvore ou o cosmo. Você é um dos elementos de Deus e não pode, portanto, fracassar.[2]

>> FATO 4 — Você pode determinar sua vibração

Entenda que a cocriação de dinheiro e abundância tem conexão com o seu campo eletromagnético e também se relaciona com a programação nuclear e vibracional do seu DNA e, consequentemente, a frequência enviada por você ao universo. Por isso, a sensação ou o sentimento de abundância é tão importante para você fabricar os próprios tesouros. Isto porque esse sentimento conversa perfeitamente com as emoções de aceitação, gratidão, amor, alegria e harmonia.

Essas emoções, conforme a Escala de Hawkins, vibram em instâncias superiores a 500, 600, 700 Hz de potência e, como você já deve saber, quanto mais elevada a vibração, mais velocidade e ritmo você alcança para entrar em fase com a energia primária do universo. O universo, propriamente, se manifesta em luz e a luz vibra rápido, de modo leve, harmônico e contínuo; o sentimento de abundância proporciona essa

---

2. MURPHY, Joseph. *1001 maneiras de enriquecer*. São Paulo: BestSeller, 2007.

aceleração quântica e te eleva a um padrão vibracional compatível com a matriz holográfica, onde os sonhos viram realidade e os seus desejos de riqueza e de prosperidade se tornam matéria no mundo.

A melhor parte é que, para se sentir abundante e vibrar na abundância, você pode usar a sua gloriosa imaginação, uma vez que nem a sua mente, nem o universo distinguem realidade física e realidade imaginária, a única coisa que importa é a sensação e, consequentemente, a vibração emitida por você. Por isso, você pode estimular o sentimento da abundância para cocriar riqueza e prosperidade na mente e no coração.

Nesse sentido, veja o que afirma o autor Michael Losier no livro *A lei da atração: O segredo colocado em prática*, reforçando a ideia de relação intrínseca entre o sentimento da abundância e a vibração contida no campo vibracional de cada pessoa:

> A abundância é um sentimento e, como todo sentimento, tem uma vibração correspondente [...] Ao criar a vibração da abundância de forma mais consistente, e com mais frequência, nós a estaremos incluindo em nosso campo vibracional e, portanto, aumentando a abundância em nossa vida.[3]

Você, naturalmente, carrega a vibração da abundância dentro de si. Só precisa estimular esse recurso sagrado para gerar a frequência natural da prosperidade e aproveitar as melhores oportunidades de dinheiro, negócios, empreendimentos de sucesso, reconhecimento profissional, amor pessoal e familiar, e conquistar todos os seus sonhos de aquisição material ou concretizar seus projetos de vida. Toda a fartura está sob seu domínio imanente e só depende do ajuste vibracional, a partir do sentimento natural da abundância do seu ser cósmico e existencial.

---

3. LOSIER, MICHAEL J. *A lei da atração: O segredo colocado em prática*. Rio de Janeiro: BestSeller, 2008.

Princípios básicos da cocriação de riqueza

Aqui estão os 10 princípios básicos da cocriação da riqueza no universo. Os elementos quânticos a seguir vão ativar o seu DNA **milionário** e criar o seu novo *mindset* de riqueza, para você alcançar todos os seus sonhos de abundância e atingir resultados extraordinários na vida, especialmente no campo das finanças e da prosperidade.

>> 1. Consciência criativa

Você é um agente ativo na construção da realidade, você coparticipa desse processo e tem o poder para colapsar a realidade que deseja, de modo criativo, inteligente e capaz. Por isso, você é o responsável pelo seu destino e tem o livre-arbítrio para fazer as melhores escolhas. Você pode ser um milionário, rico, próspero e ativar o seu DNA milionário porque ele pertence a você, faz parte da sua centelha divina e da sua essência como filho de uma consciência cósmica que une a tudo e a todos através de um entrelaçamento quântico refletido sobre todas as coisas e seres no universo.

>> 2. Mude a frequência

Para ativar seu DNA milionário e manifestar seu *mindset* de riqueza e abundância, você precisa mudar a sua frequência e se manter em uma vibração elevada, que deve estar situada em uma faixa superior a 500 Hz, que é o próprio fluxo do universo.

Dinheiro, prosperidade e riqueza também são fluxos de energia e o mais incrível é que, para acessar essa frequência e, naturalmente, as esferas da prosperidade, o DNA milionário e o *mindset* de riqueza, você precisa apenas amar, ser grato e ser uma pessoa alegre! Essas são as frequências do dinheiro, da riqueza e da abundância!

> Você precisa apenas amar, ser grato e ser uma pessoa alegre!

E aí, você consegue? Você está disposto? Quer ser um milionário, viver uma vida repleta de alegrias e de prosperidade infinita? Então, ame muito, agradeça sempre, independentemente da circunstância, e tenha entusiasmo pela vida. Este é o grande segredo para você ativar, definitivamente, seu DNA milionário.

>> 3. Limpeza estratégica

Para elevar a frequência do seu padrão vibracional emitido ao universo, antes de tudo, você precisa passar por um intenso processo de purificação. Você precisa de uma limpeza estratégica, extrair sentimentos e crenças negativos do inconsciente e eliminar os pensamentos conturbados da mente. Sem esse alinhamento, sem organizar a morada interior da consciência, não será possível subir na escala da consciência e alcançar a vibração certa para cocriar a riqueza e aproveitar todas as formas de prosperidade oferecidas pelo universo.

>> 4. Mente quântica

Como eu já disse antes, nós existimos em uma Mente Universal, a Mente de Deus. Nós todos pertencemos a uma mesma plataforma, a uma mesma Mente Quântica e estamos todos interligados, de modo que o que um faz, o outro sente e vice-versa. Assim, se quiser manifestar seu DNA milionário, é necessário que você compreenda e tome consciência dessa dinâmica. E eu falo isso porque a realidade é projetada por cada um de nós, quando entramos em conexão com essa Mente Quântica, quando desejamos e acreditamos, realmente, em sua existência e no seu poder para manifestar qualquer realidade no universo. Sua riqueza começa com essa consciência quântica, vibracional e universal.

>> 5. Infinitas realidades

Agora você tem lucidez e consciência de todo o mecanismo de funcionamento do universo e das leis apresentadas pela física quântica. Então, você sabe que no universo nada é estático ou sólido, mas que tudo é possível, que existem infinitas possibilidades, infinitas realidades e futuros implicados. Você, como cocriador consciente, pode manifestar toda a riqueza do universo; você tem poder para transformar qualquer realidade em um universo infinito e atômico; você pode desenhar seu futuro no momento do colapso de função de onda, quando as partículas ainda estão em superposição e a matéria também não tomou forma. A prosperidade depende da sua escolha e do seu olhar inteligente e perspicaz como observador quântico da realidade no universo holográfico.

>> 6. *Mindset* do dinheiro

Você já é rico, próspero e abundante. Se você quer manifestar esse *mindset* de riqueza, então aja como se ela coexistisse em sua vida. E o que isso significa? Você deve apreciar o dinheiro, contemplar coisas requintadas, um restaurante refinado, uma roupa elegante, frequentar lugares sofisticados. Sua mente deve conhecer e reconhecer o dinheiro. Olhe para o dinheiro, pegue no dinheiro, pense em números específicos que você deseja obter. Sua mente, seu cérebro precisam se acostumar e se familiarizar com dinheiro. O dinheiro precisa estar plasmado e impregnado na sua vida. Pense, respire e sinta o dinheiro, deixe a energia do dinheiro circular por você. Faça isso antes de dormir e logo após acordar. Visualize quantias e valores cada vez maiores entrando em sua conta. Assim, você abre os canais sensoriais da mente e deixa o fluxo da energia do dinheiro transitar de maneira definitiva em sua vida.

>> 7. Poder do pensamento

O seu pensamento é um agente atômico para colapsar e produzir a realidade desejada por você. Ao lado dos sentimentos, os pensamentos, sendo positivos e com uma vibração elevada, têm um megapoder para transformar a realidade desejada. Lembre-se de que a centelha divina começa pelo poder do pensamento e pela sua capacidade de manter uma boa intenção e uma vibração elevada emitida ao universo.

>> 8. Agradeça pelo dinheiro e pela abundância

É extremamente necessário que você comemore com gratidão tudo o que acontece em sua vida: se fechou um projeto, assinou um contrato, recebeu uma quantia. Não importa o que seja, se quiser ativar seu DNA milionário e o *mindset* de riqueza, tudo você precisa comemorar e agradecer.

Ao fazer isso, você ativa o sistema de recompensa da sua mente, que é o sistema responsável pela sensação de bem-estar e de prazer do nosso corpo, e passa a enxergar e ter cada vez mais motivos para agradecer e para comemorar a abundância. Sempre que o seu cérebro identifica que algo de bom aconteceu, especialmente com relação ao dinheiro, e que você é bem-sucedido e possui coisas em sua vida que merecem reconhecimento, é importante sentir-se grato por isso. E, naturalmente, ocorre uma liberação de dopamina, um importante neurotransmissor que aumenta nossa sensação de prazer. A gratidão é a frequência da abundância, por isso, quando você manifesta gratidão em relação a dinheiro, prosperidade e abundância, mais e mais disso voltará para a sua vida em "n" situações.

Uma dica de ouro — todos os dias, ao acordar, diga:

Obrigado, universo; obrigado, Criador de tudo que é, pelos (*diga quantos*) reais que estão a caminho!

>> 9. Palavras têm poder

As palavras têm poder vibracional, elas emitem frequência e sintonias específicas e também contêm emoções, por isso, decretos, mantras, orações e afirmações positivas reverberam no espaço e entram em fase com frequências similares no universo. Você pode dominar a cocriação e estabelecer um contato direto com a fonte de criação através do poder e do domínio das palavras corretas.

Na Técnica Hertz, você usa palavras assertivas, vinculadas à prática sagrada do Ho'oponopono de Identidade Própria, dentre elas: "Eu te amo", "Sinto muito", "Me perdoa" e "Sou grato". Perceba que a junção dessas palavras ou decretos forma uma explosão quântica e vibracional; ao mencioná-las, você alcança uma frequência superior a 500 ou 600 Hz, na mesma sintonia dos sentimentos de amor, perdão e gratidão, o que permite entrar em fase com o universo e com o fluxo energético de abundância e prosperidade garantido pelo **Todo**.

Mantras, decretos, orações e afirmações são senhas para você acessar a Mente de Deus e o manancial infinito de riquezas do universo. Você pode usar palavras assertivas e estratégicas para todas as finalidades, incluindo, claro, riqueza, prosperidade e dinheiro. Da mesma forma, os códigos de Grabovoi também operam como mantras ou decretos quânticos. No caso da atração imediata de dinheiro, você pode recitar, diariamente, os números 520.

Catherine Ponder, na obra *Leis dinâmicas da prosperidade*, explica o poder das palavras e das afirmações através da **lei do domínio ou do comando**, segundo a qual temos poderes extraordinários para decretarmos e comandarmos todos os nossos sonhos e desejos ao universo:

> Realmente, a lei de comando é uma das fáceis de se aplicar. Depois de fazer a relação de seus desejos e depois de tê-los imaginado como já realizados, chega a hora de libertar a essência neles contida por meio de palavras de determinação e de domínio, a fim de que a força celeste entre em ação. O que você ordena, você consegue [...]. Muitas pessoas já provaram ser a prática diária de se afirmar, em voz baixa ou mentalmente, a maneira mais simples de pedir para que a lei do domínio crie prosperidade [...]. O verbo "afirmar" quer dizer "tornar firme". Se você afirma ou estipula os bens que você deseja, em vez de continuar falando naquilo que você não quer, você começará a tornar firme na sua mente e nos seus espaços infinitos os desejos que você almeja. À medida que você continua afirmando os bens que você deseja, eles se concretizarão.[4]

Ao proferir decretos, é indispensável que suas afirmações sejam positivas (~~Não quero ser pobre~~ — Eu sou rico), pois, conforme explicam

---

4. PONDER, Catherine. *Leis dinâmicas da prosperidade*. São Paulo: Editora Pensamento, 1985.

as neurociências, decretos positivos e repetidos liberam hormônios da alegria na mente, como serotonina, ocitocina ou dopamina.

Além disso, as afirmações positivas mexem e alteram a vibração até mesmo das células e das moléculas de DNA. Os cientistas comprovaram isso através de experimentos no DNA com a inserção de raios modulares de laser implicados à frequência das palavras humanas. Essa interferência modular, segundo os testes, mudou a vibração do DNA e das células, elevando seu estado e frequência vibracional. E toda essa mudança interna modifica o campo informacional e, consequentemente, a vibração emitida pela pessoa ao universo, o que facilita o processo de cocriação da realidade de abundância e prosperidade. Através das palavras e de afirmações quânticas positivas, você consegue mudar a sua frequência interna e, assim, os resultados externos da sua vida.

Portanto, as afirmações positivas são excelentes para elevar a sua frequência vibracional, mas o segredo para fazê-las funcionar é adicionar-lhes o sentimento correspondente. Quando fizer uma afirmação positiva, você precisa colocar sentimento na afirmação, desejar com intensidade. Se você falar mecanicamente, da boca para fora, não surtirá efeito.

Se você quer prosperar rápido e conquistar dinheiro na sua vida, tenha por hábito fazer afirmações positivas no seu dia a dia. A minha dica é que você faça, neste período inicial como cocriador consciente de riqueza, ao menos dez a vinte repetições de prosperidade e abundância, tais como: "Eu sou rico", "Eu sou próspero", "Eu sou abundante", "Eu sou milionário", "Eu sou um sucesso".

E por que as afirmações devem ser curtas? A ciência descobriu que a nossa comunicação é por *quantum* de informação, isto é, um "pacote" de informação, de maneira que quanto menor for o pacote, mais as informações são absorvidas. Por isso, escreva afirmações curtas para se comunicar com mais eficiência com o universo a respeito de qualquer coisa relacionada à sua vida, desde que elas tenham sentimentos positivos quando emanadas.

PRINCÍPIOS, SEGREDOS E AÇÕES PARA COCRIAÇÃO DA RIQUEZA   235

Eis mais uma dica valiosa para você praticar a técnica das afirmações curtas e materializar uma boa quantia de forma rápida:

Eu, (*diga seu nome*), materializo (*diga quantos*) reais rapidamente e sem nenhum esforço!

>> 10. Silencie e entre em ponto zero

Depois de desejar profundamente algum objetivo, seja riqueza, prosperidade ou um *mindset* milionário, você deve soltá-lo ao universo, ao campo de infinitas possibilidades para ele, então, criar matéria, adquirir energia. Depois disso, a minha dica é que você entre no ponto zero, no campo de ponto zero do universo.

Quando assume essa postura, você aquieta a mente, de modo que você e o seu desejo, literalmente, entram em fase com o universo, ou seja, vocês se tornam, novamente, unos, uma única personalidade que conspira a favor da materialização do desejo e de sua composição física no universo.

A quietude mental trará o sentido puro de harmonia para você, e o universo vibra no quê? Na harmonia! Por isso, quando você tem, em si, esse sentimento de harmonia, começa a colapsar, a fazer com que as coisas se materializem na sua vida, inclusive a energia do dinheiro e a riqueza, propriamente.

Então, o ponto zero é o seu potencializador, pois nele você visualiza, sente, agradece, e então silencia a mente em ponto zero por dois, três ou cinco segundos. Você simplesmente entra em silêncio total e passa a confiar no amor do **Todo** e no poder do universo para transformar seu sonho em realidade, em partícula e em matéria em nosso mundo físico.

Ações para cocriar abundância financeira e felicidade plena

Conheça agora sete ações e comportamentos fundamentais no processo de materializar a abundância e conquistar uma vida plena, cheia de realizações e oportunidades incríveis na sua vida:

>> 1. Pensamento próspero

A primeira ação efetiva para você cocriar riqueza, abundância, sucesso financeiro e profissional é manter, dentro de si, em sua mente, um pensamento próspero, ou seja, nutrir e estimular o seu novo *mindset* de riqueza. Para tal, você precisa acreditar que já vive uma vida milionária e extraordinária, sentir-se desse modo e viver, hoje, a experiência da abundância.

Ao manter essa vibração da prosperidade e da riqueza, você gera uma química de plena satisfação dentro de si, de aceitação, gratidão, amor, harmonia e paz interior, desencadeada pela produção dos neurotransmissores da alegria, como dopamina e serotonina, ingredientes químicos específicos e apropriados para você elevar a frequência do seu campo vibracional acima de 500 Hz, de modo a produzir a riqueza e os tesouros mais fantásticos do universo em sua vida.

>> 2. Autoconfiança

O mestre Napoleon Hill, em seu livro *A escada da fortuna*,[5] aponta este elemento consciencial, o "espírito de autoconfiança", como um fator poderoso para você manifestar a abundância natural em sua vida. O sentimento de autoconfiança, que significa acreditar em si, bem como desenvolver a força e a potência da fé, segundo o autor, é considerado como a terceira lei do triunfo.

Há, ainda, uma relação desses fatores com o amor universal do Criador, com a aceitação perante a vida, seja nos bons ou maus momentos,

---

5. HILL, Napoleon. *A escada da fortuna*. São Paulo: Editora Fundamento, 2011.

mediante um ato de coragem, à própria harmonia e à paz interior conquistada.

Então, essa fantástica fusão de elementos conscienciais, potencializados dentro de si, gera uma vibração potente, poderosa e arrebatadora, superior a 500, 600, 700 Hz de vibração, o que permite a qualquer pessoa entrar no fluxo de abundância, prosperidade, amor e felicidade extrema em todas as áreas da vida.

>> 3. Plena aceitação

Outra ação poderosa é a aceitação, através da qual você começa a se libertar, definitivamente, das crenças limitantes sobre dinheiro, riqueza e prosperidade, superando, para além da coragem, qualquer estado de letargia, apatia ou medo e quebrando barreiras emocionais, velhos paradigmas e modelos mentais que o condicionaram a vida toda. A aceitação vibra em 350 Hz e é, certamente, o propulsor atômico para elevar a sua vibração, sem escalas, ao ritmo poderoso do universo, para cocriar abundância e uma vida milionária.

Mas atenção, quando eu falo em aceitar ou aceitação, me refiro, essencialmente, ao poder divino que existe dentro de você, ou seja, o deus que habita a sua alma, que está alojado na sua consciência e gravado no seu DNA **quântico**. Quando aceita, você tem fé, acredita no amor do **Todo** e compreende seu papel indissociável no mundo e, assim, também aceita seu poder como cocriador universal da realidade, passando a assumir 100% da responsabilidade por todos os acontecimentos da vida, sejam positivos ou negativos, para, enfim, manifestar seus sonhos de riqueza, dinheiro, sucesso e plena felicidade em total harmonia com o universo, em ressonância vibracional com a Mente Superior, que comanda tudo e todas as coisas da existência. Aceitar é amar a si e amar o **Todo**, alcançando a vibração do universo, acima de 500 Hz, permitindo-se cocriar uma vida extraordinariamente milionária.

>> 4. Atenção ao desejo

Intensificar (aumentar) a sua vibração significa
simplesmente dar, ao seu desejo, uma atenção, uma energia,
uma concentração mais positivas — Michael Losier[6]

Tudo o que você foca, você aumenta. Este princípio relacionado à lei da atração ou lei da vibração quântica expressa o fato de que tudo o que você deseja, ao qual dá atenção e direciona energia progride e prospera. Portanto, se você quer se tornar milionário e experimentar a essência da riqueza, deve direcionar sua atenção, seus sentimentos, seus pensamentos e suas atitudes para a riqueza, isto é, manter sentimentos de prosperidade dentro de si, acreditar na abundância natural do universo em sua vida, manter comportamentos congruentes e condizentes com esse desejo e, assim, se dedicar através de suas ações para a conquista de seu propósito de riqueza.

Todo esse conjunto vai formatar o seu campo vibracional em uma energia positiva e também vai potencializar a força magnética do seu campo atrator de riqueza e prosperidade, uma vez que as suas três mentes, a partir dessa nova atitude, estarão alinhadas vibracionalmente, ou seja, sentimento, pensamento e ações na mesma sintonia cósmica, focados no seu desejo de prosperidade, para formar a sua fortuna financeira e atrair cada vez mais dinheiro.

>> 5. Persistência compensadora

Persistência não significa insistência; dedicação não se traduz em esforço; ação não é considerada resistência. Você pode cocriar a riqueza que deseja quando persiste em seu sonho, porém, de maneira consciente, inteligente, planejada e estratégica, pois a persistência somente é positiva quando você tem clareza sobre os seus sonhos.

---

6. LOSIER, Michael. *A lei da atração: O segredo colocado em prática.* Rio de Janeiro: Best-Seller, 2008.

A persistência desenvolve seu espírito de autoconfiança, reforça a sua fé no Criador e potencializa a sua força mental em prol de um objetivo ou propósito na vida. Ela não conversa com a resistência porque, ao definir uma meta alinhada com o seu propósito existencial, você substitui esforço por dedicação, expressada pelo amor por si mesmo e pela atividade que desempenha, de modo que não importam o tempo, as horas acumuladas de dedicação, nem se o resultado é imediato ou não.

A persistência deve estar atrelada a algum propósito maior, especialmente em relação ao dinheiro, à prosperidade e à riqueza. Quando você busca enriquecer, através da persistência compensadora, com o foco em expandir a sua consciência e ajudar os outros, estimular a economia, gerar empregos ou auxiliar o crescimento profissional e financeiro de outras pessoas, naturalmente o universo vai corresponder positivamente. Afinal, a energia gerada por você com esses pensamentos, sentimentos e ações, certamente, é de alta vibração.

Com isso, você será contemplado com eventos maravilhosos, de mesma proporção vibracional ou até mesmo superiores. Esse princípio também está relacionado à lei da semeadura: plante e colherás, pois o universo sempre compensará você, seja financeiramente ou com mais amor, à medida que você se porta como alguém generoso, dedicado e solidário às causas das pessoas e do mundo.

>> 6. Desejo puro no universo

O seu desejo de riqueza e de dinheiro deve ser puro como a água de uma fonte recém-descoberta: deve ser cristalino, transparente e límpido como as corredeiras das cachoeiras de uma selva inexplorada. Isso significa que o seu desejo por algo deve ser nobre, genuíno e autêntico, ancorado em sentimentos bons e positivos e em ações responsáveis, generosas e solidárias consigo, com as pessoas e com o mundo.

Desse modo, pergunte-se, com bastante frequência: por que você deseja a riqueza? Por que almeja a prosperidade? Por que quer ganhar tanto dinheiro? Qual o sentido disso tudo? As respostas dessas indagações vão mostrar, realmente, se o que vibra dentro de você são sentimentos nobres, de afetividade, de amor, de intenção positiva e gratidão, ou se atendem apenas aos desejos do seu ego, à sua ambição desenfreada, egoística, ancorada apenas em interesses mesquinhos sem a mútua colaboração com as demais pessoas, com a economia da sua cidade ou com o desenvolvimento do conhecimento e a expansão da consciência coletiva.

Além disso, se você realmente quiser alcançar a prosperidade plena, a riqueza e ter acesso à fortuna, deve eliminar tudo de negativo que ainda estiver impregnado no seu inconsciente, pois o desejo puro por algo deve estar livre de crenças, medos e subjugações.

No livro *A ciência do sucesso*, a autora Sandra Anne Taylor descreve o poder da **lei do desejo puro**, que pode ajudá-lo a subir na escala vibracional e realizar todas as suas genuínas intenções de prosperidade e abundância em todas as áreas da vida:

> A lei do desejo puro diz que quando você é impulsionado por uma intenção pura — livre de medo, dúvida e desespero — certamente obterá um resultado vantajoso. Libertar-se do medo muda a energia de sua motivação, transformando vibrações negativas e resistentes em positivas e receptivas; e energias de desejo insatisfeito e desespero em esperança e expectativa — dois componentes vitais desta lei.[7]

No medo, por exemplo, que vibra apenas 100 Hz, você permanece separado da fonte suprema de riquezas do universo, do **Todo** e, por isso, não consegue subir na escala vibracional do sucesso e da realização financeira. Para conseguir superar essas barreiras e vibrar no desejo puro, você precisa evitar emoções confusas e pensamentos conflitantes, eliminar toda a sujeira emocional, as mágoas, os ressentimentos, as revoltas e as dúvidas do seu ser. A minha orientação é que você pratique a Técnica Hertz, o Ho'oponopono e todos os recursos e ferramentas possíveis para vibrar no desejo puro acima de 500 Hz e colapsar a vida milionária que vislumbra.

---

7. TAYLOR, Sandra Anne. *A ciência do sucesso*. Tradução de Ana Cristina B. P. de Sousa. São Paulo: Editora Gente, 2009.

>> 7. Expansão e crescimento

Para crescer e multiplicar seu dinheiro ou capital, você deve **desejar, planejar e executar**. Uma tríade aparentemente simples, porém fundamentada em princípios da física quântica e das neurociências e indispensável para quem busca a expansão econômica, profissional e em seus empreendimentos.

Ao **desejar** com intensidade, você gera a emoção e a química fundamentais na sua mente, liberando os hormônios de satisfação, que, por sua vez, vão produzir a vibração necessária em seu campo quântico para criar o holograma de seu desejo na Matriz da Criação e manifestar a realidade pretendida. Quando **planeja**, você usa os atributos da imaginação, os recursos poderosos do pensamento quântico. Já na fase da **execução**, você age na direção de seus objetivos, saindo de qualquer inércia ou modo letárgico e se colocando em movimento, isto é, colocando sua vibração e seus átomos em movimento constante.

Tudo isso mexe com a química do seu cérebro, com as emoções do seu coração e com todo o seu campo eletromagnético, alterando, sobretudo, a sua assinatura vibracional no universo, contribuindo para elevar a sua frequência ao patamar da cocriação da realidade de prosperidade e abundância.

Ao desejar, foque a prosperidade e a riqueza e, no processo de expansão, focalize sua atenção na multiplicação de seus lucros, rendimentos e negócios. Tudo a que você dá atenção aumenta de proporção: a atenção age como um fermento quântico para a composição material de seu desejo de riqueza e de fortuna. Como afirmou Murphy em seu livro *1001 maneiras de enriquecer*:

> Seu desejo de ficar rico, de prosperar e de se desenvolver é um impulso fundamental do próprio ser [...]. Crescimento significa a multiplicação dos seus bens, o desenvolvimento do seu pensamento ou plano incipiente. Não pode haver crescimento sem que haja uma ação inicial. Comece logo a impressionar a sua mente

com a ideia do crescimento, mas ciente de que não pode obtê-lo sozinho, porquanto compete a Deus proporcioná-lo.[8]

O fato é que, através do seu desejo e intenção de expansão financeira, de crescimento pessoal, profissional e de sua ideia fixa e vontade inquebrantável de prosperidade e riqueza, você consegue impressionar a sua mente inconsciente. Isso vai gerar a vibração certa e necessária para a Mente Superior, Deus ou vácuo quântico colapsar e produzir a matriz holográfica do seu sonho de riqueza e de fortuna.

Esse processo tem a ver também com a **lei da semeadura**, segundo a qual você sempre vai colher o que semear e plantar, de modo que ao semear sentimentos de fé, de convicção, de certeza e confiança no **Todo**, Ele lhe proverá as melhores ofertas de colheita. Da mesma forma, seu desejo deve ser ardente, sua intenção, pura e verdadeira, e suas ações, congruentes com seu objetivo de enriquecer e se tornar uma pessoa milionária e próspera em todos os sentidos.

Meus dez passos para cocriar a vida dos sonhos

Eu decreto os sentimentos de amor, alegria, compaixão, harmonia e felicidade. Os mais preciosos que Deus me presenteou sentir na vida
Elainne Ourives

A vida é uma jornada e tudo tem seu ritmo, passo e constância: na física quântica e no movimento de cocriação o processo acontece de maneira similar. Por isso, você precisa caminhar e dar passos estratégicos para alcançar o que deseja.

Eventualmente, pode ocorrer o salto quântico do átomo, que na realidade da vida prática se expressa quando um objetivo é alcançado de modo rápido e espontâneo, como se fosse um "milagre". Porém, ao

---

8. MURPYHY, Joseph. *1001 maneiras de enriquecer*. 9. ed. Rio de Janeiro: BestSeller, 1996.

analisar o mecanismo de ação do salto quântico, você perceberá que, apesar de ultraveloz e dinâmico, ele só ocorrerá quando você passar pelo que tiver que passar ou aprender o que tiver que aprender. Por isso, para dar o salto quântico ou para cocriar a realidade, você também precisa caminhar e passar pela jornada completa de transformação interior. Isso é matemático, é lógico, segue os princípios da física quântica, além de se fundamentar nos alicerces da cocriação.

Entre as chaves para se tornar um cocriador milionário, você vai aprender agora quais são os meus dez passos para cocriar a vida dos sonhos. São dez passos primordiais, os quais eu mesma sigo, para subir a vibração na escala da consciência, entrar no fluxo do universo e prosperar, definitivamente, em todas as áreas importantes da vida.

1. Divirta-se: minhas cocriações de prosperidade são divertidas, com muito bom humor. Sustentam-se em humor, paz, harmonia, equilíbrio e felicidade. Isso eleva a vibração do meu campo eletromagnético e ajuda na composição dos meus sonhos para alcançar a riqueza.

2. Seja específico: tenho convicção do meu desejo, sei aonde quero chegar, o que ilumina minha alma e desperta meu verdadeiro interesse. Passo todas essas informações ao universo no momento da cocriação de dinheiro e abundância, pois, sem o endereço certo, o universo não tem como entregar a correspondência que você quer. Ele precisa saber exatamente o que você deseja, por exemplo: uma promoção no trabalho ou uma quantia específica.

3. Solte e confie: depois do pedido feito, eu solto, relaxo minha mente e minhas emoções. Confio e entrego a materialização do meu sonho de prosperidade ao potencial infinito do amor universal de Deus e, com isso, afrouxo a tensão, a resistência da mente e dos sentimentos, bem como elimino qualquer resquício de ansiedade que possa anular a materialização dos meus sonhos para cocriar a vida milionária que vislumbro.

4. Foque o presente com vontade e concentração: não penso no passado nem me atenho ao futuro. Minha cocriação de riqueza acontece no aqui e no agora, no alinhamento vibracional entre a mente e o coração.

Faço isso durante a meditação, por vários minutos consecutivos. Quem me conhece, sabe que faço isso várias vezes ao dia e que, algumas vezes, passo o tempo mais de olhos fechados do que abertos. A vida de riqueza da qual disponho hoje foi criada e projetada, antes de tudo, na minha mente e colapsada pela intensidade das minhas emoções.

5. Use a imaginação para arquitetar sua realidade: eu crio o cenário nos mínimos detalhes, transmito toda a informação possível sobre a prosperidade que desejo ao universo na hora de cocriar a realidade e o sonho que imagino. Quanto mais detalhes, mais real a experiência e mais rápido meu sonho se torna realidade. E faço isso tudo sempre no presente, no aqui e no agora, uma vez que o universo é atemporal e compreende apenas o padrão emanado por nossas energias. Você também deve agir dessa forma para produzir a riqueza e os tesouros que deseja. Quer um carro? Dê os mínimos detalhes e já o veja na sua garagem. Sinta essa emoção. Quer mais dinheiro? Toque, pegue, sinta o cheiro, invista esse recurso mentalmente. O cérebro não distingue passado e futuro e o universo só compreende a energia enviada por você através das suas emoções, é isso que colapsa a realidade de ouro dos seus sonhos.

6. Estabeleça um prazo e aja: em todo processo de cocriação dos sonhos e de prosperidade, eu dou a data e o tempo para a manifestação dos meus sonhos no mundo material e físico. Por exemplo: se você quer um aumento salarial, então, além de determinar de quanto será esse acréscimo, estabeleça um prazo. Quanto mais detalhes, melhor. O universo quer compreender sua exatidão e quer saber se você tem convicção quanto aos seus desejos.

7. Agradeça: antes de tudo, eu agradeço. A gratidão é o elixir da cocriação dos sonhos, especialmente no âmbito da abundância e da prosperidade. No meu caso, eu agradeço por tudo o que já recebi aqui e agora. Eu sei que, no universo das infinitas possibilidades e no campo quântico da realidade, tudo já existe, todas as coisas são possíveis e todas as possibilidades podem ser manifestadas. Na verdade, basta agradecer o que você já tem, seja o carro, a casa, a saúde, o relacionamento perfeito. Tenha fé, acredite, tudo já é seu. Você é perfeito e tudo já lhe pertence. Você já é rico e milionário.

8. Deixe fluir: eu confio, deixo fluir, entrego, tenho uma posição receptiva, sou aberta às possibilidades. Eu recebo com amor o que eu mesma cocriei, todas as coisas que se manifestam, de uma forma ou outra, em minha vida. Tudo foi arquitetado por mim, pela minha mente e pelo meu coração. Eu tenho essa consciência, respeito, aceito e agradeço. Então, faça o mesmo. Aceite a vida, agradeça, confie e libere para o universo produzir a riqueza que já existe em sua vida interior. Isso libera e autoriza a produção holográfica do seu desejo de riqueza e de prosperidade no universo.

9. Acredite no seu sonho: sou livre e, por isso, não ofereço resistência a nada. Confio plenamente, eliminando qualquer dúvida do meu coração e da minha mente. Não deixo qualquer possibilidade de insegurança invadir minha alma nem os meus pensamentos. Você também deve abdicar do medo, da ansiedade e de qualquer expectativa para viver livre para os seus sonhos de riqueza, de prosperidade e para uma vida extraordinariamente milionária se tornar real, no campo holográfico da cocriação, no vácuo quântico.

10. Preze pela privacidade dos seus desejos: os meus desejos dizem respeito a mim, unicamente. São particulares, íntimos e privativos. Isso não é egoísmo, mas foco, concentração, amor a mim mesma e à benevolência do universo. Por isso, no momento da minha cocriação e mesmo após manifestar meu desejo, reservo a particularidade do meu pedido somente a mim, não comento nem falo para ninguém sobre meus desejos. Você deve agir do mesmo modo e preservar o seu desejo de riqueza, de modo a não entrar em ressonância vibracional com eventos contrários, pois quando o foco está apenas na riqueza, na prosperidade e na abundância, o seu desejo milionário ganha forma e composição holográfica, cresce com o fermento da sua energia positiva e, em pouco tempo, vira matéria e realidade em sua vida.

Códigos secretos da lei da atração

Quero lhe transmitir agora dez códigos secretos da lei da atração e da ciência da manifestação da riqueza para você manifestar e cocriar, definitivamente, a prosperidade na vida. Esses códigos quânticos vão abrir as portas do universo para a confecção de qualquer realidade, ajudando você a se libertar de todo tipo de amarra emocional, barreira energética ou qualquer fator que esteja impedindo a sua prosperidade na mesma frequência do universo, em vibrações elevadas.

Os dez códigos secretos da lei da atração vão auxiliar você no movimento de retorno à Fonte da criação, à matriz holográfica, lugar onde todas as coisas são possíveis, as oportunidades são infinitas, ilimitadas e inesgotáveis, onde toda a abundância e fartura do universo lhe pertence de maneira natural e soberana.

>> 1. Espírito de doação

Doação — eis uma chave secreta revelada para a prosperidade e para a cocriação dos seus próprios sonhos em geral. Doar gera o fluxo da abundância e o conecta com a energia do amor, da gratidão e do próprio universo. A energia da generosidade, da caridade e da compaixão manifestada através da doação vibra acima de 500 Hz e eleva substancialmente o campo quântico de qualquer pessoa.

Entenda que doar não significa apenas dar uma esmola para uma pessoa ou pagar um boleto mensal para alguma instituição de caridade; doar representa um gesto de amor ao próximo e a si mesmo, de nobreza, de afeto e de sinceridade com a natureza original de Deus e do universo. Você pode doar qualquer coisa: tempo, dedicação, amor, responsabilidade, companheirismo, informação, conhecimento etc. Esse é o verdadeiro espírito doador.

>> 2. Ajuste o foco

Apenas foque o que você realmente deseja e, se ainda não sabe o que deseja, pense em como gostaria de se sentir, como gostaria que as pessoas lhe tratassem, como seria uma vida em perfeita harmonia, sendo reconhecido como profissional, amado e querido pelas pessoas. Somente isso basta para você mudar o foco dos seus pensamentos e sentimentos.

A ideia aqui é você prestar atenção no seu objetivo, direcionar sua energia ao seu desejo e esquecer os problemas. Quando fizer isso, você, naturalmente, vai deixar para trás qualquer padrão de energia ou campo de obstrução vibracional que esteja impedindo você de cocriar o seu desejo no universo.

Alex Madsen chama esse movimento de lei da atenção:

> A lei da atenção diz que aquilo no que você presta atenção se expande. Como seres humanos, a maioria de nós sempre quer voltar ao que é familiar, mas permanecer imerso em processos de pensamento que não funcionam para promover seus sonhos é inútil.[9]

>> 3. Proatividade

Nada no universo é estático, nada está parado; tudo se movimenta e circula, tudo flui em ciclos concêntricos em uma espiral ascendente. Você já deve ter ouvido falar que água parada causa doenças, traz problemas e transtornos, certo? O mesmo ocorre com a nossa energia: se permanece imóvel, na apatia, sem reação, você não movimenta e não circula a energia.

Na apatia e sem tomar uma iniciativa, você vibra apenas em 50 Hz. Praticamente, você se torna uma pedra humana sem vibração, sem vida e sem frequência. Acontece que o universo pede ação, movimento e proatividade. Quando você está em movimento, ativo, positivo, produtivo, a energia flui, segue em direção à Fonte de Criação, e você sobe de modo acelerado na escala. Proatividade tem conexão com alegria, entusiasmo, gratidão, e todas as emoções também situadas acima de 500 Hz.

> Quando estamos dispostos a tomar medidas, permitimos que os milagres se manifestem. É um dos verdadeiros segredos para tirar o

---

9. MADSEN, Alex. *O fator da prosperidade*. São Paulo: Editora Gente, 2007.

máximo proveito da lei (da atração). Se você puder se obrigar a tomar medidas rapidamente e com frequência, num ápice você alcança as coisas que poderia alcançar em um curto espaço de tempo.[10]

>> 4. Boa intenção

Você já sabe que o universo é como um espelho, ou seja, o que você emite para o espaço retorna para você em uma mesma frequência através de diversas situações, que podem ser boas ou ruins. Para o universo, nem você nem o outro existem como personalidades individuais, você é apenas uma faixa vibracional e um pontinho de energia que viaja no espaço/tempo, incessantemente.

Bem, diante disso, o que quero dizer é que não adianta pensar ou desejar mal a alguém. *Mas por que, Elainne?* Eu explico! Aliás, até adianta, caso você queira magnetizar, atrair e criar problemas na sua vida. Mas se você deseja atrair soluções, sucesso, prosperidade e abundância, deve desejar o bem, ter sempre boa intenção em todas as suas ações e empreender sentimentos positivos às demais pessoas.

Quando você age dessa forma, seu padrão de energia, seu campo vibracional, sua frequência automaticamente se elevam e você sobe na escala da consciência. Veja o seguinte: boa intenção vibra com gratidão, com amor, com alegria, emoções na faixa de 500 Hz, a vibração através da qual você pode conquistar o mundo e cocriar todos os seus sonhos.

>> 5. Organização

Como escrevi anteriormente, o universo reflete apenas o que existe em seu mundo interior, por isso, a organização é uma das chaves mais importantes para você cocriar a prosperidade no universo. A organização permeia tanto o alinhamento das três mentes (inconsciente, consciente e superior) como a gestão das próprias energias, a estabilidade das emoções e a manutenção de pensamentos hígidos e homeostáticos. Entenda o seguinte: o externo é o espelho do interno e vice-versa.

10. MADSEN, Alex. *O fator da prosperidade.* São Paulo: Gente, 2007.

Muitas coisas podem ser resolvidas externamente, antes mesmo de toda a purificação da mente e do coração. Por exemplo: comece arrumando tudo em sua casa, desde as pequenas coisas, como trocar uma lâmpada queimada ou consertar a maçaneta de uma porta, organize suas finanças, faça um planejamento das contas, aprenda a poupar, cuide da sua saúde física, mental e psicológica.

Todos esses comportamentos de organização vão refletir internamente, e a sua energia vai, sem dúvida alguma, passar por um intenso processo de pureza e de amplitude vibracional. Quando você purificar as energias, subirá a frequência e terá acesso às instâncias superiores do universo, onde são fabricados os sonhos. Vale a pena, experimente!

>> 6. Desejo e fé

Tenha a fé simples da criança. Aceite como verdadeiro
e infalível o princípio de que, pelo fato de pedir, já está alcançando.
A fé, pois, é a ponte que liga o pedido ao recebimento
Lauro Trevisan[11]

Você deve acreditar que seu sonho já existe e já é seu. Sabe por quê? Porque, realmente, todas as coisas no universo são possíveis, já existem em alguma dimensão, e você precisa apenas acessar a frequência correta para manifestar o desejo pretendido em sua vida! Tudo depende do desejo, do foco direcionado de energia, dos sentimentos emanados ao universo e de vivenciar o que se busca, mesmo ainda antes de ter alguma evidência da materialização do objeto ou objetivo no mundo físico.

> "Viva como se o fruto daquilo que você deseja já fosse real."

No livro *O efeito Isaías*, Gregg Braden repassou a oração dos essênios. "Viva como se o fruto daquilo que você deseja já fosse real." Veja que é um pedido diferente, provavelmente, uma forma de orar diferente

---

11. TREVISAN, Lauro. *O poder infinito da sua mente*. São Paulo: Editora Gente, 2008.

das que você já conhece, pois a ideia não é pedir por alguém ou alguma coisa, mas acreditar, ter fé e vivenciar a realidade desejada como se já estivesse acontecendo.

Aceite que você já tem tudo o que sempre desejou e que, quando experimenta o fruto dos seus sonhos através da sua imaginação, automaticamente, você colapsa a realidade desejada, tamanha a força do sentimento e o poder mental do cocriador da realidade. Você simplesmente eleva a vibração e captura a frequência da onda de energia ainda dispersa e sem forma no universo, para transformá-la em realidade.

Tudo, primeiramente, acontece no mundo invisível, no universo dos átomos e das infinitas possibilidades antes de virar matéria e se transformar no seu sonho. Por isso, o desejo intenso é um ato de fé e, assim, se você deseja e tem fé que já é seu, automaticamente movimenta energia, átomos, frequência e vibração ao universo para colapsar e cocriar a realidade e o sonho a que tanto aspira.

>> 7. Abundância infinita

O seu direito às riquezas é tão natural como a água que você bebe. Para quem você imagina que foram criadas as riquezas do Universo?
Lauro Trevisan[12]

O mestre Lauro Trevisan fala da riqueza como algo inato aos seres humanos e essa é a mais pura verdade do universo: há uma fonte inesgotável de prosperidade, abundância e todas as riquezas naturais do universo. E essa fonte lhe pertence, está em você desde o princípio dos tempos, você precisa apenas se reconectar com o Criador para acessá-la. Esse processo de reconexão, entretanto, demanda uma profunda mudança interior, a limpeza das emoções e a ressignificação das crenças limitantes por pensamentos positivos, de alta frequência e vibração.

12. TREVISAN, Lauro. *O poder infinito da sua mente*. São Paulo: Gente, 2008.

>> 8. Treino e repetição

Os grandes líderes, empresários, palestrantes e atletas do mundo conquistaram seus maiores sonhos através de muito treino e repetição, mas, longe do esforço puro, eles se aperfeiçoaram e buscaram a excelência em suas áreas, acima de tudo, através da **dedicação**.

As pessoas que atingiram altos níveis de sucesso e a excelência no que fazem têm algo em comum: elas se sentem motivadas porque suas atividades são a expressão de seu propósito de vida e, por isso, exercem-nas com amor e dedicação. Essa tríade — motivação, amor e propósito — vibra em alta frequência, vibra ainda no entusiasmo, na fé, no desejo, na gratidão, na boa intenção e na vontade de ajudar o próximo, de compartilhar conhecimento, sabedoria e informação. Veja que apesar do treino e da repetição, tudo é feito com amor, tudo flui e o propósito de vida sempre prevalece.

>> 9. Perdão

Quando você perdoa a si e aos outros, abre todas as portas do universo. Talvez o perdão seja o gesto de amor mais profundo que existe no Universo, pois quando perdoa, você compreende, de fato, que o outro faz parte de você e que todos nós somos originários da mesma fonte de energia, da mesma composição química do universo — a química do amor incondicional, vibracional e infinito de Deus.

Ao perdoar, de coração, na alma e na mente, você eleva seu estado vibracional às alturas, ao topo da escala da consciência, pois você vibra amor. Ele sobe para 500 Hz e ascende rumo à iluminação plena e espiritual, dos mestres ascensionados. Eu vibro de amor quando falo desse tema porque, para subir na escala e evoluir, eu precisei, primeiramente, perdoar a mim mesma e, sobretudo, me aceitar. Eu aprendi, assim, a agradecer por todas as circunstâncias e a confiar na magnitude do **Todo**.

Ao perdoar, você acessa, como eu acessei, o fluxo do universo, você vibra na mesma frequência da fonte e passa a manifestar todas as formas de prosperidade existentes.

>> 10. Merecimento

Você já se olhou no espelho e disse que se ama? Não? Então, corre lá, olhe bem no fundo dos olhos e diga assim: "Eu me amo!", "Eu me aceito!", "Eu mereço!".

Você foi feito de amor infinito por uma Mente que se expressa somente através do amor. Mas por que estou falando isso? Porque você é merecedor de todas as coisas boas do Universo, da prosperidade e da abundância sagrada designada por Deus. Todas as coisas lhe pertencem, você é merecedor, um ser de pura luz celestial, que representa a expressão do amor do **eu superior**.

Quando compreende isso, você sai da frequência do medo, da ansiedade, da angústia, da tristeza, da solidão ou de todas as esferas de vibrações densas para subir à esfera do amor e da gratidão. E quando eu falo em prosperidade, me refiro a todas as áreas, seja no campo afetivo, familiar, profissional, financeiro ou do amor. Tudo é seu, o mérito é seu e você representa o amor de Deus na Terra e no universo. Saiba disso e prosperará de modo incondicional e ilimitado.

Cinco segredos ocultos da mente jamais contados na história da humanidade

Vou revelar agora cinco segredos ocultos para você manifestar tudo o que deseja, especialmente para estabelecer o seu *mindset* de riqueza e de prosperidade. A compreensão deles também vai ajudar você a ativar o seu DNA milionário, magnetizar o fluxo do dinheiro e conquistar todos os seus sonhos de abundância, seja financeira ou mesmo amorosa.

Como tudo está conectado e emaranhado quanticamente, quando você libera o fluxo do dinheiro e da abundância em sua vida, natural e automaticamente você também abre espaço para prosperar e para conquistar todos os seus desejos, sejam pessoais, profissionais e até mesmo familiares. Tudo faz parte da mesma rede de energia e tudo afeta tudo, como já mencionei algumas vezes aqui.

O mais incrível disso tudo é que esses mistérios revelados estão dentro de você, pertencem a você e você precisa apenas manifestá-los. Então, vamos lá, vou transmitir agora os **5 SEGREDOS OCULTOS DA MENTE JAMAIS CONTADOS NA HISTÓRIA DA HUMANIDADE**. Esses mistérios vão revelar verdadeiros tesouros do universo totalmente disponíveis para você desfrutar o sabor da prosperidade garantida pelo **Todo**.

>> 1. Dinheiro é um fluxo de energia

Eu já falei disso para você, contudo, faço questão de retransmitir esse poderoso conhecimento: nada no universo é fixo ou sólido; tudo é maleável e mutável, inclusive o dinheiro. Você deve compreender isso, definitivamente, para aprender a manifestar o fluxo dessa energia em sua vida.

Como o dinheiro é um fluxo de energia, ele tem uma vibração específica. Você sabe qual é? Vou te contar novamente: é a energia do amor, da gratidão e da alegria, instauradas e imantadas em seu campo quântico apenas por você. Essas frequências se situam na mesma faixa vibratória, acima de 500 Hz. Então, quando você vibra nestas frequências, o dinheiro e a riqueza passam a navegar pelo oceano da sua consciência como as águas que fluem por um rio.

>> 2. Sentido existencial

A abundância e a prosperidade estão relacionadas a um aspecto muito específico, elas têm conexão profunda com o sentido existencial, isto é, com o propósito de vida. Pense comigo agora: *o que você faria se não precisasse mais trabalhar? Se você tivesse dinheiro suficiente para viver?* Tem gente que responde: *"eu não faria nada, ficaria viajando e curtindo"*.

É a isso que me refiro: a falta de propósito ou de sentido existencial das pessoas neste planeta compromete a atração do fluxo da riqueza, da prosperidade, do dinheiro e da abundância. Então, quando nos alinhamos com quem somos, com o que verdadeiramente viemos fazer aqui, quando encontramos um sentido guiado pelo amor incondicional naquilo que realizamos, estamos em harmonia com tudo e com o **Todo**. Pronto, tudo flui e nos tornamos instantaneamente prósperos e abundantes. Abundância e prosperidade vêm imbuídas de propósito de vida, de sentido existencial e de harmonia com o universo. Fora isso, são artimanhas do ego, como verá a seguir.

>> 3. Desejo ou ego

Você deseja verdadeiramente, com o coração, ou atende a um pedido imediato do seu ego? É necessário ter este discernimento para prosperar de verdade, alcançar um *mindset* de riqueza e ativar seu DNA milionário. Sem essa sabedoria, você pode até conquistar muito dinheiro, mas uma hora o fluxo vai trancar e a energia da prosperidade não mais vai passar por sua vida.

Muitas vezes, quando você pensa que quer ou deseja algo, é o seu ego se manifestando. É preciso aceitar isso e, então, superar, pois para que a prosperidade se manifeste, é preciso que você observe a sua intenção, seu coração e os sentimentos envolvidos com seu desejo e, assim, dificilmente restarão dúvidas se é seu ego se manifestando.

Faça estas perguntas para si mesmo: o que eu quero? Por que eu quero? Como eu quero? Qual a real necessidade disso? Avalie, pois muitas vezes queremos tanto, mas tanto prosperar que perdemos completamente o rumo de como isso funciona. E perdemos porque não há propósito, sentido existencial nem fundamento algum, a não ser para atender ao nosso próprio ego.

Analise: qual é a verdadeira intenção daquilo que você faz? O que há por trás de suas intenções em realizar algo? Esse é um bom termômetro para avaliar muitas das suas atitudes na vida. Cada intenção deve ser coberta de amorosidade, gentileza e harmonia com o **Todo**, sempre! Quando você conseguir abster-se dos julgamentos da sua massa cinzenta e usar somente a massa branca, que é considerada o cérebro próspero, intencionando seus pensamentos para aquilo que deseja, você conseguirá manifestar a prosperidade e muitas outras coisas.

Aquilo que você conseguir visualizar e sentir em estado de meditação, de completa plenitude, vibrando alto e na certeza, confiando, é acessado pelo seu cérebro quântico e passa, então, a ser a nova informação que sua mente concebe como realidade. Tudo passa a conspirar de forma que essa realidade seja experienciada como realidade verdadeira. Por isso, não deseje para atender aos caprichos do seu ego; deseje com o coração, apenas!

>> 4. Confiança plena

A energia da riqueza e do dinheiro não existe na dualidade, sabe o que isso significa? Não acreditar no **Todo**, duvidar, sentir medo e deixar suas crenças, seus paradigmas comandarem sua mente e seus sentimentos. Se você quer ativar o seu DNA milionário e a prosperidade em sua vida, você precisa abster-se dessa atitude e não permitir que haja dualidade em sua mente: ou você confia ou não.

Quando existem dúvidas, você provoca o decaimento atômico das partículas e cancela todo o processo de materialização da realidade, seja o dinheiro ou uma vida plena e próspera. Por isso, no momento em que você buscar realizar um sonho, desejar algo quanticamente, ativando seu cérebro quântico, se houver alguma dualidade em sua mente, um medo, uma dúvida, uma insegurança… pronto! Você acaba por retardar todo o seu processo de cocriação, incorrendo no efeito Zenão, explicado pela física quântica.

Por isso, a minha mais sincera sugestão para você manifestar a riqueza e ativar seu DNA milionário é que você confie, aceite e entregue ao universo. Agradeça como se fosse real, viva como se aquilo que você pediu fosse a mais pura realidade de sua vida agora. Sendo mais específica: imagine-se em um conto de fadas, viva a realidade que você sonha no momento presente e agradeça a realidade em que se encontra agora! Se você confia no **Todo**, o **Todo** confia o seu sonho a você. Simples assim!

>> 5. Poder legítimo

O poder que existe em você está acima de qualquer coisa no Universo, o poder que lhe é legítimo está acima da força ou de outro atributo da consciência e é ele te permite manifestar seus sonhos, cocriar riqueza, dinheiro, sucesso e tudo o que você deseja na vida. O Poder Divino existe dentro de você e faz de você um agente causal e transformador de todas as realidades no universo.

Ao olharmos para a fonte do poder, notamos que ele, o poder, está associado ao significado intrínseco da própria vida. Quando nos baseamos na fonte do poder, não estamos sujeitos a provas, não é discutível, pois o poder se baseia em princípios que residem dentro da nossa consciência, é a manifestação visível do invisível.

Observe que o orgulho, a nobreza do propósito e o sacrifício pela qualidade de vida são considerados inspirações, dando um significado à vida, e esse tipo de significado é tão importante que, quando perde o sentido, o suicídio pode acontecer. Para que fique mais claro: enquanto a força tem objetivo transitório, fazendo restar um vazio mesmo quando as metas forem alcançadas, o poder nos motiva indefinidamente.

Se a nossa vida, por exemplo, for dedicada para o bem-estar dos outros, nunca perderá o significado. Mas se o objetivo da vida, por exemplo, for apenas o sucesso financeiro, o que acontece depois de que ele é atingido? Compreende agora uma das principais causas da depressão na maioria dos homens e mulheres de meia-idade?

Em outras palavras, dedique-se com amor e com propósito a fazer aquilo que você verdadeiramente ama. Não é dinheiro, não é força, não é bem material, o que está em jogo é a expansão de consciência da humanidade. A força pode trazer satisfação, mas apenas o poder traz alegria.

Hawkins mostrou que essas qualidades podem ser medidas através do Mapa da Consciência. Em cima disso, eu posso dizer que o seu poder é intrínseco e ele pode ser medido pela qualidade das suas energias e pelo nível da sua vibração. Com esse poder supremo, você poderá produzir qualquer realidade, sobretudo um *mindset* de riqueza, ativando o DNA milionário que já existe em você.

CAPÍTULO 14

Dinheiro é energia

Já vimos que dinheiro é energia. Neste capítulo, eu o convido a abrir mais um pouco a sua mente e o seu coração para reconhecer o universo como uma fonte inesgotável de energia, frequência e vibração. Esse reconhecimento é essencial para que você se alinhe e entre no fluxo dos recursos infinitos do universo, que é o seu *banco quântico*.

Todos somos parte de um vasto oceano de energia, interagindo constantemente com a realidade energética sutil e invisível, porém poderosa, que influencia diretamente nossa vida e a manifestação da nossa realidade.

Entenda que, independentemente da sua crença na existência dessa dimensão energética, as leis universais que determinam seu destino operam dentro dessa realidade. Portanto, se você se permite conhecer e aceitar a realidade invisível da energia, fica mais fácil se alinhar com as leis que a regem para que possa manifestar seus sonhos de riqueza.

A física quântica revela que, ao contrário das noções da física clássica newtoniana, nada é estático; tudo no universo, desde objetos inanimados até células e átomos, está em constante movimento e oscilação. Estamos imersos e interagimos com essa energia vital constantemente, navegando por ela até o momento de nosso despertar para a verdade mais profunda.

A matriz holográfica

Existe um campo unificado, uma única onda de energia que contém todos os hologramas das infinitas possibilidades de existência, a *matriz holográfica*. A matriz holográfica é pura energia amorfa (sem forma), perfeitamente moldável. Também é instável, mas não no sentido de ser desequilibrada, e sim em referência à sua capacidade de ser adaptada, transmutada e alterada pela observação e pela consciência.

Você, como parte integrante da matriz, possui o poder de criar e alterar sua realidade por meio da sua vibração. Você é simultaneamente o criador e a criatura, capaz de materializar qualquer desejo por meio da sua consciência, da atenção e da intenção direcionadas. Esse poder foi demonstrado pelo experimento da dupla fenda, que evidenciou o impacto da consciência do observador na manifestação da realidade atômica (ver Capítulo 4).

Assim, como tudo no universo, o fluxo abundante de dinheiro, a riqueza, a prosperidade e a liberdade financeira que você deseja também são formas de energia, formas mais densas manifestadas na matéria, mas, em essência, são pura energia amorfa que tomou forma pelo comando da consciência. E, sendo energias, a consciência tem o poder de moldá-las na matriz holográfica para manifestar na matéria a riqueza que deseja, por meio de sua frequência vibracional.

Padrões vibracionais elevados, acima de 500 Hz, associados a sentimentos como amor, paz, gratidão e alegria, favorecem a modelação da energia para a manifestação de eventos e circunstâncias positivos; enquanto padrões negativos moldam a energia de forma a gerar realidades menos desejáveis, como a de escassez.

A materialização de riqueza e sucesso depende, portanto, do poder do pensamento focado, da qualidade das emoções, do foco em objetivos específicos e do poder da consciência como um observador quântico capaz de escolher e manifestar a realidade desejada.

A riqueza do cérebro e da mente

Existe uma conexão profunda entre o cérebro, a mente e o universo. O cérebro, com sinapses e neurônios pulsantes, que contêm a energia da matriz divina, reflete abundância e riqueza do universo. Essa interconexão indica que a abundância faz parte da sua natureza e, porque está ligado à matriz, você é capaz de acessar ideias e soluções criativas e inovadoras para manifestar prosperidade.

A riqueza do seu cérebro e mente é uma expressão da inteligência infinita, pela qual você é capaz de criar e manifestar prosperidade através de suas vibrações mentais. Bob Proctor, no livro *Você nasceu rico*,[1] destaca a importância das vibrações cerebrais na cocriação quântica da realidade, explicando como os pensamentos podem influenciar a realidade física.

Para acessar a abundância universal, é essencial reconhecer a prosperidade de sua mente e conectar-se com a fonte do universo, sendo o silêncio interior e os estados meditativos profundos as melhores maneiras de se comunicar com a matriz, pois permitem entrar em sintonia com frequências vibracionais mais elevadas que conectam seu cérebro próspero com a consciência superior. É por isso que, entre um comando e outro da Técnica Hertz, você é conduzido a acessar o ponto zero.

Abundância vibracional

Você já aprendeu que tudo no universo é energia, frequência e vibração, que nada é sólido ou estático, incluindo objetos e conceitos como o dinheiro. Isso significa que pode manifestar a energia do dinheiro a partir da energia da sua consciência por meio da observação e intenção.

As descobertas científicas recentes sobre quarks, bósons e a estrutura subatômica reforçam a ideia de que o dinheiro é uma forma de

---

1. PROCTOR, Bob. *Você nasceu rico*. São Paulo: É Realizações, 2013.

energia quântica e vibracional, e que sua manifestação em nossa vida depende da ativação consciente e da observação. Sendo uma energia neutra e simbólica, o dinheiro adquire frequência e potência vibracional conforme a relação estabelecida entre a sua consciência e ele, isto é, de acordo com o que você vibra internamente, com seus pensamentos e sentimentos, e com a frequência vibracional que emana para o universo. Portanto, a realidade financeira que experimenta é diretamente influenciada por sua vibração interna, que é moldada por seus pensamentos, sentimentos, crenças e atitudes.

O conceito de colapso da função de onda, da física quântica, ilustra como a sua realidade é formada: a vibração que você emite se alinha com uma vibração correspondente no universo, materializando seus desejos, incluindo a abundância financeira. A sua vibração é crucial para determinar a realidade financeira que vivencia: sentimentos e emoções de baixa vibração, como escassez, ansiedade e medo, impedem a manifestação de prosperidade; por outro lado, sustentar uma vibração elevada, alinhada com sentimentos de amor, gratidão e um sentimento inabalável de riqueza, facilita a manifestação de abundância.

Como ativar a energia da abundância financeira

Para ativar a energia da abundância financeira, é essencial limpar seu campo vibracional, eliminando crenças limitantes, mágoas, desejos reprimidos, sentimentos conflituosos e pensamentos confusos. Isso envolve dar um reset em sua vida, liberando espaço mental para novas possibilidades e reconfigurando seu espaço físico, eliminando itens desnecessários e relações tóxicas.

Desapegar de certas pessoas não implica abandonar familiares ou amigos, mas sim ser seletivo quanto ao tempo e energia compartilhados com eles, visando a uma simbiose quântica e uma ressonância vibracional saudáveis. É importante que você tenha esse discernimento para

DINHEIRO É ENERGIA 261

iluminar áreas obscuras da mente, permitindo a cocriação da vida desejada, rica e próspera.

Ao limpar internamente suas emoções e perdoar a si mesmo e a quem possa ter ofendido você, o campo morfogenético é alterado, expandindo a energia do amor. Como a energia que você emana é refletida de volta, vibrar no amor e na alegria cria em sua vida mais amor, paz e gratidão, elevando sua frequência vibracional para níveis que promovem o alinhamento com a abundância do universo e que facilitam a manifestação dos seus desejos.

Uma vez que o universo passa a responder prontamente às afirmações positivas e imagens mentais claras de riqueza, as energias de negações ou falta perdem espaço. Por isso, é importante a visualização criativa, a imagem mental — que eu denomino visualização holográfica —, combinada com emoções positivas e fé nesse processo.

Durante a prática da Técnica Hertz, há dois momentos em que você é conduzido a projetar imagens mentais: com o comando "Eu sou a mudança", você projeta o novo eu rico, próspero e bem-sucedido; e, mais adiante, projeta imagens mentais para vivenciar a experiência dos seus sonhos de riqueza, como se já tivessem sido realizados.

O universo responde à vibração emitida pelo seu campo, interpretando suas emoções como a linguagem divina que define os resultados da sua vida, especialmente em termos de riqueza e abundância. Portanto, é vital limpar débitos emocionais por meio do perdão e cultivar amor-próprio e gratidão, abrindo as portas do universo para a abundância permanente em seu campo quântico.

CAPÍTULO 15

As chaves do dinheiro

1ª chave: Emosentizar

Emosentizar é quando mente, coração e corpo estão unidos em um propósito com pensamentos, emoções, sentimentos, palavras e ações congruentes entre si. Eles estão todos em alinhamento vibracional. É *emosentizando* que você consegue cultivar uma mente próspera, com uma assinatura vibracional conectada com a frequência do dinheiro e da riqueza.

Vimos que a mente é composta por principalmente duas dimensões: consciente e inconsciente. Você já compreendeu a teoria ligada à abundância e já deu alguns passos para saber como está sua vibração e o que precisa melhorar, agora você está preparado para receber conhecimentos mais avançados. Quero ampliar essa compreensão e lhe explicar que, na verdade, a mente possui não dois, mas quatro aspectos essenciais, os quais, atuando em uma frequência vibracional específica, influenciam diretamente na sua capacidade de cocriar riqueza. São eles:

1. Mente pré-consciente: você nasce com ela, trazendo a memória ancestral e todas as emoções humanas em potencial. Ela é crucial no processo de cocriação, pois detém as suas predisposições emocionais e as memórias familiares, mesmo aquelas não ativadas e que se encontram em superposição quântica. É por causa do conteúdo da mente pré-consciente que mesmo que não tenha vivenciado certas situações diretamente, as emoções correspondentes já

263

existem em você, aguardando por ativação ou não. Isso se reflete, por exemplo, na forma como duas crianças da mesma família podem ter temperamentos completamente diferentes; a mesma memória pré-consciente está presente nas duas crianças, mas em uma ela pode não ter sido ativada.

2. Mente consciente: é a mente racional, lógica, intelectual, com a qual você pensa, analisa, interpreta a realidade e toma decisões; é com ela que projeta e arquiteta os seus desejos, sonhos e objetivos.

3. Mente inconsciente: é sua mente irracional, responsável pela sobrevivência. Associada ao seu sistema nervoso autônomo, controla todas as funções fisiológicas automáticas do corpo, como respiração, frequência cardíaca e digestão; ela também gerencia todas as memórias, arquivando suas experiências emocionalmente impactantes e usando-as como padrão para determinar os comportamentos futuros.

4. Mente supraconsciente: também chamada de mente superior, cósmica ou Deus, é a sua conexão com o divino, a sua centelha, o seu verdadeiro eu. É ela que capta as informações da sua mente inconsciente para promover o colapso da função de onda que cria a sua realidade.

Quando as quatro dimensões da mente estão alinhadas, você acessa a consciência conhecida como Retorno à casa do Pai, a consciência do Reino de Deus, marcada pela mais pura conexão com Deus, com a fonte, que traz paz, harmonia, felicidade e bem-estar para sua vida e para todos que convivem com você. Nesse estado, a total fluidez de dinheiro e riqueza é mera consequência!

Cada uma das dimensões da mente está associada a um tipo específico de energia:

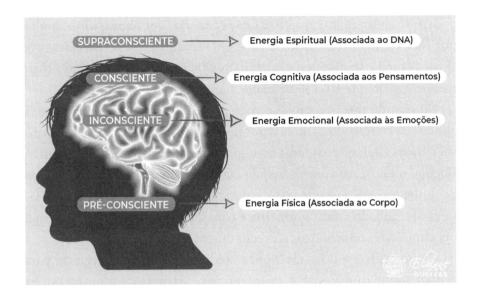

Para elevar sua frequência, você precisa trabalhar essas quatro formas de expressão da energia: cognitiva, emocional, física e espiritual, as quais se combinam para formar a sua assinatura vibracional, que por sua vez é emanada para o universo a partir do seu campo eletromagnético pessoal.

O campo eletromagnético pessoal que rodeia o corpo se expande ou se contrai dependendo da vibração da energia que você emana. Se sentir medo, por exemplo, esse campo não passa de trinta centímetros ao seu redor. Mas quando você vibra amor ele expande por todo o seu corpo e alcança proporções muito maiores, que podem chegar a cinco metros.

Por meio do seu campo eletromagnético, por afinidade, a sua vibração começa a atrair frequências compatíveis. Portanto, se vibrar prosperidade e felicidade, o que vai receber? Sucesso.

Tudo é energia! Tudo o que está sintonizado com você agora é porque está vibrando na mesma frequência que está emitindo para o universo. Até as doenças são frequências, e você se torna mais suscetível a elas quando entra na vibração do medo de contraí-las.

Isso se aplica também à crise financeira. Por que alguns são afetados por ela e outros não? Porque crise é uma frequência; ela não existe por si só. O medo se manifesta quando você vibra nele, provocando mais medo. Semelhante atrai semelhante, para o bem ou para o mal.

No mundo dos negócios, se você pensa "hoje não vai render", você alinha seu campo vibracional à pobreza e à escassez, tornando-se invisível para os clientes prósperos e as oportunidades de vendas e parcerias. Você não entra na mesma frequência dos clientes milionários, cheios de dinheiro para gastar, e, assim, nunca venderá para eles. Você precisa estar alinhado com o dinheiro e com a prosperidade para enxergar oportunidades onde outros só veem dificuldades.

Compartilhar e doar multiplica sua prosperidade. O segredo para ganhar dinheiro é ajudar o maior número de pessoas a prosperar. Se acredita que o dinheiro é algo ruim, você bloqueia a circulação dele na sua vida. Mas se enxerga valor em ajudar os outros, essa prosperidade retorna para você. E o círculo virtuoso começa a se movimentar e a ampliar.

2ª chave: Arquétipos

Deus, o universo, não "fala" nenhum idioma humano, Ele usa a linguagem não verbal dos arquétipos para se comunicar. Os arquétipos moldam as suas emoções, ações e vibrações, influenciando diretamente na cocriação da sua realidade, inclusive na sua relação com o dinheiro.

Eu mesma já vivi sob a influência do arquétipo da vítima, vendo o mundo através de uma perspectiva de limitação e autopiedade. A notícia boa é que é possível se libertar de padrões negativos e adotar arquétipos mais empoderadores por meio da decisão consciente de mudar, como o do herói, que representa coragem; o da águia, que inspira liderança; ou o do mago, que representa a transformação (ver Capítulo 12).

Os arquétipos também atuam no inconsciente coletivo, organizando nossos mundos internos e comportamentos.

Existem doze arquétipos principais em cujos padrões se encaixam as personalidades de toda a população do planeta. Cada um desses arquétipos determina sentimentos e emoções que, se não forem bem gerenciados, podem nos manter presos em estados negativos, incapazes de alcançar sucesso e prosperidade. Por isso, é importante entender sob qual arquétipo está vivendo, qual o impacto dessas energias na sua vida financeira, e como fazer se realmente deseja prosperar.

3ª chave: Energias yin e yang

A terceira chave que quero compartilhar com você é a das energias yin e yang, que são as polaridades que regem não só a sua vibração e personalidade, mas também seu sucesso, inclusive o financeiro. Yin é o princípio feminino, associado às emoções, à mente inconsciente; yang é o princípio masculino, associado ao pensamento, à ação, à mente consciente. Lembre-se também de que elas estão relacionadas às energias de pai (yang — energia masculina) e mãe (yin — energia feminina), como falamos quando tratamos das constelações familiares (ver Capítulo 6).

Vou lhe contar um pouco sobre como isso se aplica na prática, especialmente nos relacionamentos: imagine uma situação em que ambos os parceiros em um relacionamento emanam a mesma energia yang, uma energia masculina, mais assertiva e dominante. Isso pode gerar conflitos constantes, pois falta o equilíbrio das energias complementares.

Em minha experiência, eu sou predominantemente yang no trabalho, impondo minha presença e liderança. Mas, na minha vida pessoal, no meu relacionamento afetivo, quando estou à vontade em casa, adoto uma postura mais yin, permitindo-me ser mais receptiva e protegida.

Tanto nos relacionamentos profissionais e sociais como nos relacionamentos familiares e conjugais, o equilíbrio entre as energias yin e yang fortalecem os vínculos, harmonizam as relações e levam à prosperidade e ao sucesso nos objetivos comuns da parceria. Esse equilíbrio é fundamental para o sucesso em qualquer área da vida, inclusive financeiramente, afinal, dinheiro é energia, e como toda energia também precisa estar em equilíbrio. Quando as energias yin e yang estão equilibradas, o potencial para alcançar sucesso e prosperidade é amplificado.

Em resumo, seja em relacionamentos, nos negócios ou na vida pessoal, o equilíbrio entre yin e yang é a chave para o sucesso e a prosperidade.

4ª chave: Fisiologia

A quarta chave do dinheiro é a fisiologia, que tem uma capacidade imensa de alterar a sua realidade. Segundo pesquisas de universidades renomadas como Stanford e Princeton, a fisiologia, explicada através de posturas corporais, tem um poder incrível sobre nós. Por exemplo, antes de subir ao palco, adoto a postura da Mulher Maravilha por três minutos; esse simples ato altera minha fisiologia, aumentando minha confiança e reduzindo o estresse, graças à produção de neurotransmissores como dopamina e serotonina.[1]

Além da postura da Mulher Maravilha (e Super-Homem para os rapazes), existem outras posturas de poder que influenciam seu estado emocional e físico. A posição de vitória, por exemplo, com braços erguidos e pernas esticadas, expande seu corpo e a sensação de sucesso. A postura do Poderoso Chefão, por sua vez, transmite confiança e liderança, ideal para momentos em que você precisa assumir o controle.

Mas a fisiologia vai além das posturas. A linguagem corporal, incluindo o tom, a velocidade e o volume da sua voz, as expressões faciais e os gestos, também tem papel crucial: afirmar "eu sou confiante" ou "eu sou rico" com convicção, no tom e na postura certos, pode realmente alterar a sua realidade, pois convence principalmente você

---

1. CUDDY, Amy. Sua linguagem corporal molda quem você é. *Ted*, 1 out. 2012. Disponível em: https://www.youtube.com/watch?v=Ks-_Mh1QhMc. Acesso em: 20 out. 2024.

mesmo e o universo de que é merecedor e atrai aquilo que está sendo afirmado.

Momentos de raiva, por exemplo, desencadeiam uma reação eletroquímica no corpo que pode desequilibrá-lo instantaneamente. No entanto, a fisiologia também tem o poder de recuperar o equilíbrio com agilidade, demonstrando como o corpo pode influenciar a mente. Para mudar minha fisiologia e sair de frequências baixas, eu utilizo a Técnica Hertz, que estimula os meridianos do corpo, proporcionando resultados rápidos. Essa prática é mais uma evidência de que, por meio da fisiologia e da mudança de postura, podemos alterar nossa realidade de maneira profunda e significativa.

5ª chave: Energia sexual

A quinta chave do dinheiro e da riqueza se refere à energia sexual, um tema que muitos evitam, mas que carrega um poder transformador imenso.

Napoleon Hill já dizia que o desejo sexual é um dos nossos desejos mais poderosos, capaz de despertar em nós uma força criativa sem igual. Há algo ainda mais profundo nisso: cada relação sexual que temos, seja por amor ou não, deixa um "fio energético" que nos conecta à outra pessoa, o que significa que, se não formos cuidadosos, podemos acabar acumulando energias que não são nossas, afetando nossa paz interior, nosso sono e até nossa prosperidade.[2] É por isso que temos de tomar cuidado com os atos promíscuos (ver Capítulo 9).

Somos como antenas vibracionais, e o sexo é uma troca de energia intensa. Se essa troca for com alguém que carrega energias negativas, como pensamentos de fracasso ou escassez, essa energia nos afeta diretamente.

Eu passei por um período de limpeza, evitando relações sexuais, e isso mudou completamente minha percepção sobre com quem e como

---

2. HILL, Napoleon. *Pense e enriqueça*. Rio de Janeiro: BestSeller, 2020.

me envolvo. Comecei a valorizar mais a qualidade das conexões, interessando-me mais pelos sonhos das pessoas do que por qualquer outra coisa. Eu valorizava e buscava experiências incríveis que fossem além do sexo, que, para mim, era um complemento, não o foco. Com o tempo, percebi que, ao elevar a consciência, o desejo por sexo casual e movido puramente pela atração física diminui.

Um aluno uma vez me disse que, apesar de todos os treinamentos e livros, só entendeu os bloqueios em sua vida quando percebeu o impacto que a sua energia sexual desequilibrada estava causando na cocriação da prosperidade e do sucesso que ele desejava. Ele buscava autoafirmação em relações casuais, sem perceber que isso o desequilibrava e, consequentemente, afetava sua capacidade de prosperar. A energia sexual, quando desequilibrada, pode somatizar pensamentos negativos, mas quando essa energia é compartilhada entre duas pessoas que se respeitam e se amam, em equilíbrio, ela se torna uma força poderosa para o enriquecimento.

Muitas pessoas se esforçam, estudam, trabalham duro, mas não avançam na vida porque, enquanto se dedicam durante o dia para alcançar o sucesso profissional, mantêm sua energia sexual desequilibrada, sem perceberem como isso afeta a sua abundância.

Portanto, transcender esse nível e entender sua energia sexual, seus limites e escolhas é crucial. Quando você está no comando das suas emoções, a energia da prosperidade flui naturalmente.

6ª chave: A vida o trata exatamente como você trata a sua mãe

Descobri algo profundamente transformador, algo que Bert Hellinger, o criador das constelações familiares e sistêmicas, chama de "chave universal do dinheiro": *a vida nos trata exatamente como tratamos a nossa mãe*. Parece simples, mas essa compreensão mudou completamente a minha forma de ver o mundo e a minha própria vida.

No Capítulo 6, tratei mais amplamente das constelações familiares. Aqui, quero focar especificamente como a relação que temos com a nossa mãe impacta nossa vida financeira.

Segundo Hellinger, a nossa mãe está intrinsecamente ligada à nossa relação com o dinheiro, enquanto o pai está conectado aos nossos relacionamentos.

Antes de tudo, uma revelação importante: não é preciso conviver com sua mãe para prosperar, nem sequer precisa conhecê-la ou saber o nome dela. Lembre-se de que estamos trabalhando no nível sutil da energia, então quando falamos da relação com sua mãe, estamos falando do que você pensa e sente sobre ela — se é de forma positiva, focada na gratidão por sua vida, ou se é negativa, focada no julgamento e na crítica.

Quando compreendi que meus pais foram, de certa forma, os portais que me permitiram chegar a este mundo, percebi a importância de ser grata pela vida que me foi dada. Nossos pais aceitaram a missão de nos trazer ao mundo, independentemente das circunstâncias de nossa concepção.

Ainda que nosso nascimento não tenha sido planejado, quer tenha ocorrido uma relação de amor, uma relação casual ou até mesmo uma relação de violência e abuso, o importante é que houve um encontro que possibilitou a nossa existência. Mesmo nas situações mais adversas, como a ausência, o abandono ou a rejeição, existe uma lição e um propósito por trás disso.

Aprendi que nada acontece sem que seja parte de um plano maior, mesmo a rejeição de uma mãe ao filho, que o entrega para adoção ou literalmente o joga no lixo. Isso pode ser uma ferida a ser curada, mas também é uma oportunidade de superação e crescimento. Carreguei por anos a culpa de acreditar que havia rejeitado meu filho, quando, na verdade, rejeitava uma situação que não sabia como enfrentar, que era a sensação de desamparo que senti durante a gestação dele. Essa culpa me levou a momentos e lugares muito sombrios, mas com o tempo compreendi que agi da melhor maneira que pude, com a consciência que tinha naquele momento. E é assim que as curas acontecem.

AS CHAVES DO DINHEIRO   271

Atualmente, meu mantra e meu decreto são: **"Sou filha de Deus e somente coisas incríveis, fantásticas e extraordinárias acontecem comigo"**. Essa afirmação me lembra diariamente de que, independentemente do que aconteça, tudo contribui para o meu desenvolvimento.

A essência dessa chave é a honra e a gratidão. Honrar e ser grato por nossos pais não implica necessariamente ter de conviver ou ser próximo deles, mas reconhecer o papel que desempenharam ao nos dar a vida. Mesmo nas situações mais extremas, é crucial entender que seus pais fizeram o que puderam, com os recursos e consciência que tinham naquele momento. É a forma como escolhemos lidar com essas experiências que define, de fato, quem somos e o caminho que trilhamos, não os eventos em si. Esse entendimento não apenas vai lhe trazer paz, mas também abrirá as portas para uma relação mais saudável com o dinheiro e com a vida.

7ª chave: Criança ferida

A última chave é uma das mais transformadoras: a criança ferida que todos nós carregamos dentro de nós. Essa criança, marcada por inseguranças e traumas de infância, muitas vezes é a grande responsável por nossa infelicidade, e até mesmo por situações que nos levam a comportamentos extremos de desespero.

A verdade é que, já adultos, podemos não perceber, mas essa criança interior ferida e negligenciada influencia diretamente nossa capacidade de prosperar, ter sucesso e ser feliz.

Percebi que, quando nossa criança interior está ferida, nós nos tornamos vítimas de nossas próprias histórias. Tendemos a culpar os nossos pais, a sociedade, ou qualquer outro fator externo por nossos fracassos, sem reconhecer que a verdadeira causa está dentro de nós.

Se, na sua infância, você passou por situações de abandono, rejeição, humilhação, negligência ou abuso, ou se cresceu ouvindo que "você não é capaz", que "tudo o que você faz é errado", que "você é preguiçoso",

272   DNA DO DINHEIRO

que "você é irritante", ou outras frases depreciativas a seu respeito, essas experiências moldaram uma percepção de si mesmo como uma pessoa inadequada e indigna de amor e sucesso e, com certeza, impactou a construção de sua autoimagem.

Essa percepção o mantém preso em um ciclo de culpa, raiva, ansiedade, carência e tristeza, que o afasta da prosperidade, do emprego dos sonhos, da liberdade financeira e do sucesso profissional. Você fica em uma eterna busca por algo que não sabe bem o que é e, assim, nunca encontra, porque a verdadeira busca deveria ser pela cura de sua criança interior.

A tríade de abandono, rejeição e insegurança que a criança ferida carrega é como um repelente para o dinheiro e a riqueza. Para mudar essa realidade, é essencial curar essa criança, permitir que ela cresça e se transforme em um adulto saudável, maduro, confiante e seguro por dentro. Só assim você pode alcançar a verdadeira prosperidade.

Muitas vezes, não entendemos o que está por trás do sofrimento das pessoas, dos desequilíbrios que vivenciam. Mas o que aprendi é que felicidade e abundância significam estar em equilíbrio em todas as áreas da vida. Riqueza não é apenas ter dinheiro, mas estar em paz consigo mesmo e com o passado. Reconhecer, acolher e curar a criança ferida dentro de nós é o caminho para alcançar essa paz e, consequentemente, a verdadeira prosperidade.

CONCLUSÃO

Uau! Você concluiu esta leitura! Parabéns!
Tenho a certeza de que o "seu Eu do início do livro" está diferente do Eu que chegou até aqui! Mudanças profundas começaram a acontecer na sua mente, engatilhadas pelo tsunami de informações que você recebeu, instalou em sua mente e praticou.

Não tem como deletar o que acabou de aprender. Ao ler todo o conteúdo, inevitavelmente a sua consciência já começou a se expandir, e sua frequência vibracional se elevou um pouco. O universo das infinitas possibilidades se revelou e, agora, cabe a você agir para colocar todo esse conhecimento em prática.

Conhecimento adquirido só é útil se for levado para a experiência. Você só vai cocriar a riqueza que deseja se realmente praticar o que aprendeu aqui, caso contrário, é apenas um acúmulo de conhecimento intelectual que, no máximo, servirá para nutrir sua vaidade.

Ter conhecimento sobre um assunto é como ter um carro com o tanque cheio de gasolina: o conhecimento só é útil se o usar, da mesma forma que a gasolina no tanque só é útil se o carro for dirigido. Espero sinceramente que você não fique apenas com o seu "tanque" cheio de conhecimento, mas que você "dirija", que aplique em sua vida todas as informações para cocriar a realidade dos seus sonhos.

Você aprendeu tudo sobre cocriação de dinheiro, riqueza e sucesso, mas ainda há mais! No QR Code ao lado, disponibilizei um planner para ajudar você a colocar em prática todo esse conteúdo.

Não pare de praticar! Continue a elevar sua frequência vibracional. Movimente as energias para entrar em harmonia com as vibrações de prosperidade do universo. E, lembre-se, você já é riqueza e sucesso.

Beijos de luz, amo você!

#avidaéincrível

APÊNDICE

Segredos para a cocriação de dinheiro e riqueza

Com base em tudo que você aprendeu até aqui sobre frequência vibracional e energia do dinheiro, chegou o momento de tornar esse conhecimento ainda mais palpável. Ao longo deste livro, compartilhei boa parte do conhecimento que adquiri ao longo da minha jornada de cocriação de riqueza, prosperidade, abundância e sucesso. Por fim, neste capítulo, apresentarei a compilação de tudo o que vimos, como uma forma de relembrar e incentivá-lo a não deixar o aprendizado na teoria.

O que você vai ver a seguir são pontos essenciais para compreender e vivenciar uma experiência de riqueza verdadeira e plena felicidade, corrigindo possíveis equívocos ou lacunas de entendimento sobre estes conceitos. A única coisa que você precisa fazer é *aplicar* esse conhecimento!

Não leia as próximas páginas mecanicamente, apenas como se fosse uma obrigação terminar o último capítulo. Lembre-se de que você é totalmente responsável por sua realidade, por isso, escolha praticar os ensinamentos que encontrou aqui. Permita-se praticar, vivenciar e apreciar com sabedoria o néctar da cocriação de riqueza.

Quatro fatos sobre a sua relação com a prosperidade

>> Fato 1: Você tem direito à riqueza e à fortuna do universo

Todos nós, como filhos do Criador, temos direito inerente à riqueza e à fortuna do universo. Você também! Aceite! Porém, para materializar seus sonhos de riqueza e abundância, é necessário não apenas aceitar racionalmente esse direito, mas também se sentir profundamente rico e milionário, preenchendo cada parte do seu ser com a sensação de abundância sagrada. Toda essa riqueza faz parte da sua essência cósmica, e para acessar esses recursos ilimitados, você só precisa sintonizar com a vibração adequada para cocriar na matriz holográfica tudo o que deseja, desde dinheiro e bens materiais até sucesso e sabedoria.

>> Fato 2: Você é o alquimista de vibrações milionárias

Você é um alquimista poderoso capaz de criar vibrações milionárias. Tudo está ao seu alcance dentro de um campo de infinitas possibilidades, onde uma das chaves para a abundância é manter constantemente a sensação e o sentimento de riqueza e prosperidade. Essas sensações geram a química e as vibrações quânticas necessárias para você sincronizar com a onda primordial do universo e materializar a realidade de abundância desejada. Aceite seu poder de alquimista para transmutar qualquer situação negativa em positiva, você só precisa ajustar a sua frequência e a polaridade dos seus átomos, elevando sua vibração ao estado de prosperidade.

>> Fato 3: Você nasceu rico!

Embora você não saiba ou não tenha vivenciado a riqueza até agora, fato é que você nasceu rico! Pode ainda não ter visto a riqueza se manifestar materialmente em sua realidade física, mas tenha a certeza de que a abundância é um dom e um atributo inerente ao seu ser, pois você é uma centelha divina, uma extensão da essência do Criador, caracterizada por amor, alegria, gratidão e abundância, que permeia cada aspecto do ser: seu corpo físico e sutil.

Você nasceu "equipado" de todas as ferramentas para viver uma vida plena, feliz e bem-sucedida. Tem potencial para superar obstáculos e acessar riquezas ilimitadas. Tem todos os poderes, qualidades, atributos e aspectos divinos impressos holograficamente em seu ser. Você é um fractal de Deus, é uma projeção da mente infinita do Criador — sendo assim, como não poderia ser próspero, abundante e bem-sucedido?

>> Fato 4: Você pode determinar sua vibração

Você não é vítima de nada nem de ninguém, você tem o poder de definir sua própria vibração e começar agora mesmo a cocriar conscientemente todo o dinheiro e abundância que deseja. O poder de cocriação está ligado ao seu campo eletromagnético, à programação vibracional do seu DNA e à frequência vibracional que emite ao universo, por isso, sentir-se abundante antes de ter sua manifestação material é crucial. Sentimentos de sucesso e prosperidade se alinham com sentimentos positivos como aceitação, gratidão, amor, alegria e harmonia, que vibram em altas frequências, superiores a 500 Hz, 600 Hz, 700 Hz, facilitando a sincronia com a energia primordial do universo, acelerando sua conexão quântica e elevando você a um padrão vibracional que coincide com o padrão da matriz holográfica, onde sonhos e desejos de riqueza se materializam.

Portanto, alimente o sentimento de abundância interna, ajustando sua vibração à frequência natural da prosperidade, o que automaticamente abre as portas para oportunidades de dinheiro, sucesso nos negócios, reconhecimento profissional, amor e realização pessoal e familiar.

Dez princípios básicos da cocriação de riqueza

Aqui estão os dez princípios básicos da cocriação da riqueza, que ativam a prosperidade em sua consciência e em seu DNA quântico para criar um *mindset* de riqueza e prosperidade, combinando consciência, vibração, gratidão e poder do pensamento e da palavra, sempre alinhados com a confiança no universo.

1. Consciência criativa: reconheça seu papel ativo e assuma a responsabilidade pela construção da realidade que deseja. Você tem o poder de cocriação por meio do livre-arbítrio e das escolhas que faz.

2. Frequência elevada: eleve sua vibração para mais de 500 Hz, por meio do amor, da gratidão e da alegria, para ativar sua consciência próspera e entrar no fluxo da prosperidade universal.

3. Limpeza estratégica: realize uma purificação interna, desprogramando sentimentos e crenças negativos, para alinhar-se com a vibração da riqueza.

4. Mente quântica: compreenda que estamos todos conectados dentro de uma mente universal, e que sua realidade é projetada em conformidade com a conexão e o alinhamento com essa mente.

5. Infinitas realidades: tenha consciência de que existem infinitas possibilidades e realidades no universo; você pode manifestar qualquer uma delas.

6. Mindset do dinheiro: aja como se já fosse rico, familiarizando-se com o dinheiro e apreciando a riqueza em todas as suas formas.

7. Poder do pensamento: use o poder dos pensamentos positivos e de alta vibração para transformar a realidade desejada.

8. Agradecimento pelas conquistas: celebre, festeje e agradeça por todas as suas conquistas financeiras, mesmo que pareçam pequenas, assim você ativa sentimentos de bem-estar e aumenta a abundância em sua vida.

9. Poder das palavras: reconheça o poder vibracional das palavras, abstenha-se de palavras negativas associadas à pobreza, substituindo-as por afirmações positivas, comandos, mantras e orações para programar a sua mente inconsciente e se comunicar com a fonte de criação para manifestar riqueza.

10. Silencie e entre em ponto zero: após definir seus desejos, solte-os ao universo e entre em estado de quietude mental, para se alinhar harmoniosamente com essa manifestação.

Sete atitudes para cocriar abundância financeira

Para cocriar abundância financeira e tudo o que você desejar, inclusive a felicidade plena, coloque em prática as atitudes essenciais! Lembre-se de que, para mudar sua realidade, você precisa ser o milagre que deseja vivenciar!

1. Pensamento próspero: cultive um *mindset* de riqueza, acreditando e sentindo que já vive uma vida de abundância; mantenha uma vibração de prosperidade para gerar harmonia interna e elevar a sua frequência vibracional.

2. Autoconfiança: desenvolva um forte sentimento de autoconfiança, acreditando em suas capacidades e no poder da sua fé. Isso gera uma vibração potente, alinhando-a com o fluxo da abundância e da felicidade.

3. Plena aceitação: liberte-se de crenças limitantes sobre dinheiro e riqueza, aceitando plenamente seu poder divino interno e sua capacidade de cocriar a realidade que deseja e assumindo a responsabilidade por sua vida.

4. Atenção ao desejo: direcione sua atenção, energia e ações para seus desejos de riqueza, mantendo comportamentos alinhados com a prosperidade. Isso fortalece seu campo vibracional e atrai riqueza.

5. Persistência compensadora: persista consciente e estrategicamente em seus sonhos, sem confundir com esforço ou resistência. A persistência alinhada a um propósito maior gera alta vibração e sintoniza resultados positivos.

6. Desejo puro no universo: garanta que seu desejo por riqueza seja genuíno, ancorado em intenções positivas e livres de negatividade. Pergunte-se frequentemente sobre as razões de seus desejos para manter a pureza e a nobreza de suas intenções.

7. Expansão e crescimento: deseje, planeje e execute ações que visem à expansão financeira e pessoal, baseando-se em princípios quânticos e neurocientíficos. Concentre-se na multiplicação de seus recursos e na contribuição para o bem comum, alinhando-se com as leis universais da cocriação.

Dez passos para cocriar a vida dos sonhos

Seguindo os passos a seguir, com dedicação e consciência, você direcionará seu poder pessoal para transformar seus sonhos em realidade.

1. Divirta-se: encare o processo de cocriação de riqueza com leveza e bom humor, sem ansiedade. A alegria e o equilíbrio emocional são cruciais para manter a vibração elevada e positiva. Assim, encontre prazer nas pequenas etapas e conquistas de sua jornada.

2. Seja específico: a clareza é fundamental no processo de cocriação, por isso você deve definir seus objetivos com precisão, como se estivesse dando coordenadas exatas ao universo para entregar seus desejos. Detalhe o que quer, seja uma promoção de emprego, uma quantia de dinheiro ou qualquer outro objetivo material. Essa especificidade ajuda o universo a compreender e atender aos seus pedidos mais eficazmente, como também o ajuda a se manter motivado para fazer a sua parte.

3. Solte e confie: após definir claramente seu pedido, é importante soltar e confiar no processo, relaxar a mente e as emoções, liberando qualquer tensão ou ansiedade que possa impedir a materialização dos seus sonhos de riqueza. A confiança no potencial infinito do amor universal e a entrega são essenciais para permitir que seus desejos se manifestem sem resistência.

APÊNDICE   281

4. Foque o presente: mantenha seu foco no momento presente, sem ruminar as dores do seu passado ou preocupar-se excessivamente com o futuro. A cocriação eficaz ocorre no agora, você precisa ser hoje aquilo que deseja vivenciar no futuro.

5. Use a imaginação: a imaginação é uma ferramenta poderosa na cocriação, por isso, habitue-se a visualizar e vivenciar em sua mente o seu desejo realizado nos mínimos detalhes. Quanto mais real, com sensações e sentimentos, for a imagem mental da sua prosperidade, mais efetivamente transmitirá essa informação ao universo. Lembre-se sempre de que o cérebro não distingue realidade de imaginação e que o universo responde à energia das suas emoções.

6. Estabeleça um prazo e aja: defina um prazo para a realização dos seus sonhos, estabeleça suas metas e aja concretamente para executá-las, pois assim você demonstra ao universo sua convicção e determinação. A ação é um componente crucial na cocriação, pois alinha suas intenções com esforços práticos, facilitando a manifestação dos seus desejos.

7. Agradeça: pratique a gratidão desde o início do processo. Agradecer pelo que você já tem e pelo que está por vir amplifica a energia positiva e reforça sua fé nas possibilidades infinitas do universo. A gratidão antecipada é uma poderosa afirmação de fé e expectativa positiva.

8. Deixe fluir: mantenha-se aberto e receptivo, permitindo que o universo atue. Confie que você realizará seu desejo da melhor forma possível. Resistir ou tentar controlar excessivamente o processo pode criar bloqueios energéticos que impeçam a manifestação.

9. Acredite no seu sonho: tenha fé inabalável em seus sonhos e na sua capacidade de realizá-los. Elimine dúvidas e medos, mantendo uma postura de confiança plena no processo de cocriação. A crença firme em seus desejos é fundamental para transformá-los em realidade.

10. Preze pela privacidade dos seus desejos: mantenha seus sonhos e desejos como algo pessoal e íntimo. Compartilhar demais pode dispersar a energia concentrada e introduzir dúvidas ou negatividade externa. Focar exclusivamente a riqueza, a prosperidade e a abundância sem influências externas ajuda a manter a pureza e a força da sua intenção, acelerando a manifestação dos seus desejos.

Dez códigos secretos da ciência da manifestação da riqueza

Para superar barreiras emocionais e energéticas, alinhar-se com as vibrações elevadas do universo e cocriar uma realidade de prosperidade e abundância, siga estes dez códigos secretos da lei da atração.

1. Espírito de doação: a doação conecta você com a energia do amor, da gratidão e da abundância do universo, elevando sua vibração acima de 500 Hz. Doar é uma evidência de abundância — só quem é abundante doa! Lembre-se de que o ato de doar vai além da doação de dinheiro ou bens materiais, também contam as doações de tempo, amor, atenção, conhecimento, compaixão e outros itens de valor não material.

2. Foco: concentre-se no que deseja ou em como gostaria de se sentir. Como o foco de um laser, direcione toda a sua energia para a realização de seu desejo, afastando-se de padrões negativos e bloqueios vibracionais.

3. Proatividade: a proatividade eleva sua frequência e conecta você à fonte de criação, permitindo que milagres se manifestem e que a energia se mantenha em movimento constantemente.

4. Boa intenção: o universo reflete suas intenções, por isso, desejar o bem e manter boas intenções em todos os seus pensamentos e todas as suas ações eleva sua vibração e o alinha com o sucesso, com a prosperidade e com a abundância.

5. Organização: a organização interna e externa reflete no universo, sendo assim, mantenha a mente, as emoções e o ambiente físico ao seu redor organizados, para purificar suas energias e elevar a frequência.

APÊNDICE   283

6. Desejo e fé: Acredite que seu sonho já existe e já é seu! A fé é a ponte entre o seu pedido e o recebimento, movimentando energia e manifestando a realidade desejada.

7. Abundância infinita: reconheça que a abundância do universo é inesgotável e naturalmente sua. Reconecte-se com essa fonte fazendo a limpeza emocional e mental.

8. Treino e repetição: a excelência vem com dedicação e amor pelo que faz. Motivação, propósito e amor vibram em alta frequência, sintonizando o sucesso que você deseja.

9. Perdão: perdoar eleva sua vibração ao nível do amor, aproximando-o da iluminação espiritual. Perdoar a si mesmo pelas emoções negativas que você sente repetidamente é outra maneira de se conectar com a fonte universal de amor.

10. Merecimento: aceite-se e ame-se, reconhecendo seu merecimento de todas as coisas boas por ser filho ou filha do Criador. Sair das vibrações densas e subir para a esfera do amor e da gratidão abre caminhos para a prosperidade em todas as áreas da vida.

ACESSE UM PROGRAMA INTENSIVO PARA COCRIAÇÃO DE DINHEIRO E RIQUEZA

A lém de todo o conteúdo aprofundado deste livro, você vai receber técnicas, exercícios e ferramentas poderosas para colocar todos os ensinamentos em prática e mudar sua realidade financeira.

O DNA *do dinheiro* inclui mais de 10 mil reais em presentes incríveis:

HoloCINE — As prisões emocionais do novo mundo e os códigos da liberdade

Treinamento em filme, exibido em 5 episódios + 4 sessões de Materialização de Sonhos com técnicas inéditas para desbloqueios das prisões emocionais apresentadas. Já foi assistido e impactou a vida de mais de 5 milhões de pessoas no mundo. Você vai DESPERTAR para o novo mundo! Vai entender o motivo de ainda não ter alcançado realização financeira, nos seus relacionamentos, na sua saúde e nem a paz de espírito, mesmo com tanto esforço. A culpa não é sua! Ninguém até hoje te mostrou como mudar isso. Mas... com o HoloCINE, a verdade será revelada para você através dos códigos da liberdade que, quando decifrados, poderão destravar sua vida para uma nova realidade em todos esses pilares:

- **Dinheiro:** sua vida é bloqueada financeiramente pois você vive em uma prisão emocional em relação ao dinheiro, que provavelmente foi implantada ali quando você ainda era uma criança, criando crenças limitantes que o impedem de prosperar.
- **Relacionamento:** as prisões emocionais também agem nos relacionamentos. Existem crenças que estão te aprisionando a um comportamento nocivo que pode estar impedindo você de encontrar a alma gêmea ou se relacionar melhor com amigos e família.

APÊNDICE   285

- **Saúde:** sua mente e seu corpo são um só e tudo que sua mente carrega de lixo mental também está acumulando no seu corpo, e isso é um dos maiores causadores de inúmeros problemas de saúde que podem estar te atrapalhando.

Você fará uma viagem pelo passado, presente e futuro, compreendendo quais são as feridas emocionais, traumas, crenças limitantes que ainda fazem parte da sua vida e precisam ser libertas para o acesso ao Mundo de infinitas possibilidades.

- **Técnicas de reprogramação mental:** um conjunto prático de exercícios que ajudam a identificar e substituir padrões de pensamentos limitantes. Essas técnicas permitirão que você elimine crenças negativas sobre o dinheiro e cultive uma mentalidade de abundância.
- **Afirmações e aformações:** afirmações são declarações positivas que reforçam a autoconfiança e atraem vibrações de prosperidade. Já as aformações são perguntas afirmativas poderosas, envolvem a mente em um processo de exploração positivo, como: "Por que sou tão próspero?". Essas práticas criam ressonância e abrem o caminho para a realização financeira.
- **Decretos poderosos:** frases assertivas que têm a função de alinhar sua frequência vibracional com o fluxo de abundância universal. Os decretos funcionam como comandos direcionados à mente inconsciente, potencializando a cocriação de uma nova realidade financeira.
- **Exercícios de visualização:** uma prática guiada que ajuda a sintonizar a mente e o corpo com a frequência da abundância, facilitando a atração do dinheiro. Os exercícios te orientam a visualizar seus objetivos financeiros com clareza e a incorporar a emoção de já tê-los conquistado, potencializando o processo de manifestação.
- **Teste para identificar a frequência:** um teste prático e simples que permite a você medir sua frequência vibracional atual em

relação ao dinheiro. A partir dos resultados, poderá identificar bloqueios e focar as áreas que precisam de ajuste para alinhar-se com a prosperidade.

- **Planner para cocriação de dinheiro:** uma ferramenta de planejamento que combina metas financeiras, afirmações, práticas de gratidão e monitoramento de progresso. Esse planner oferece um espaço para que você registre seus objetivos e visualize seu progresso, mantendo-se motivado e comprometido com a sua jornada de prosperidade.
- **Protocolo para sair das dívidas:** um passo a passo detalhado que orienta o leitor a se libertar das dívidas. Com uma abordagem prática e espiritual, este protocolo não apenas auxilia na eliminação das dívidas, mas também na mudança de mentalidade, para manter-se financeiramente equilibrado.
- **Ferramenta para desbloqueio e ativação de dinheiro:** um conjunto de exercícios e práticas energéticas para remover bloqueios emocionais e crenças limitantes em torno do dinheiro, criando espaço para a fluidez financeira. Esta ferramenta foi projetada para alinhar a energia pessoal com a abundância, desbloqueando o fluxo de dinheiro e ativando o potencial financeiro do leitor.

E muito mais. Esses bônus oferecem ferramentas essenciais para transformar o modo como você se relaciona com o dinheiro, contribuindo para uma jornada completa de autodescoberta e empoderamento financeiro.

Acesse o QR Code abaixo e potencialize seus resultados gratuitamente.

Fontes Minion e Din
Papel Alta Alvura 75 g/m²
Impressão Imprensa da Fé